Heinrich Zimmer, geboren 1890 in Greifswald, ist 1943 in New Rochelle bei New York gestorben.
Heinrich Zimmer habilitierte sich 1918 nach einem Studium der Germanistik und vergleichenden Sprachgeschichte in Indologie, erhielt 1924 die Professur für Indologie in Heidelberg, die er 1939 aufgab. 1939 lehrte er in Oxford, 1940 an der John Hopkins University in Baltimore und später an der Columbia University of New York. Wichtige Werke: »Kunstform und Yoga« (1924); »Philosophie und Religion Indiens« (1951).
Die Aufsätze dieses Bandes erschienen zwischen 1925 und 1932 zuerst in der Zeitschrift »Corona«. Heinrich Zimmer entwirft in ihnen eine erste weitgespannte Konzeption von Yoga und Buddhismus als einer Auseinandersetzung der vorarischen-mutterrechtlichen Religion mit der vaterrechtlichen Gesetzesreligion der arischen Eroberer. Die Frage nach dem Sinn des Lebens hat im indischen Denken stets einen großen Raum eingenommen. Diese Vorstellungen finden ihren Ausdruck in der Geschichte des Yoga, dem das umfangreichste Kapitel des Buches gewidmet ist. Durch die Vertrautheit Heinrich Zimmers mit den religiösen Erfahrungen und Vorstellungen abendländischer Religionsstifter, Philosophen und Mystiker, die er teils in Parallele, teils in Gegensatz zu den religiösen Ausprägungen des indischen Geistes stellt, wird sein Werk besonders lebendig und eindringlich.

insel taschenbuch 45

Heinrich Zimmer

Yoga und Buddhismus

HEINRICH ZIMMER

YOGA UND BUDDHISMUS

INDISCHE SPHÄREN

INSEL

Mit zwölf Tafeln
Durchgesehen von Stefan Zimmer

insel taschenbuch 45
1. Auflage 1973

Vertrieb durch den
Suhrkamp Taschenbuch Verlag
Umschlag nach Entwürfen von Willy Fleckhaus
Satz: Becker, Bad Soden Druck: Elmer, Ulm
Printed in Germany

Inhalt

Vorwort

Diese Aufsätze wurden zwischen 1925 und 1932 geschrieben. Sie erschienen zuerst einzeln in der Zeitschrift »Corona«; später wurden sie in einem Band zusammengefaßt. Wie alle frühen Werke Zimmers enthalten sie schon seine grundlegenden Einsichten und endgültigen Formulierungen zu den behandelten Themen, hier vor allem zum *Yoga* und zum *Buddhismus*. Auch seine Methode, die religiösen, kulturellen, geistigen und sozialen Entwicklungen Indiens dem Europäer am Vergleich mit abendländischen Entsprechungen oder Gegensätzen verständlich zu machen, sehen wir hier schon ausgiebig angewandt.

So nimmt es nicht wunder, daß Zimmer nach seiner Emigration, als er 1942/43 an der Columbia University seine Vorlesungen über indische Religion und Philosophie hielt, für die Darstellung der großen Bewegungen in der indischen Geistesgeschichte diese Erstlingsarbeiten verwendete und daraus längere Stellen wörtlich ins Englische übernahm.

In den »Indischen Sphären« nun besitzen wir seine erste großartige Konzeption von Yoga und Buddhismus als einer Auseinandersetzung der vorarisch-mutterrechtlichen Religion mit der vaterrechtlichen Gesetzesreligion der arischen Eroberer. Wäre Zimmer nicht mitten aus der Arbeit an diesem bedeutenden Stoff gestorben, so hätte er sowohl das Ganze wie gewisse Einzelheiten vielleicht noch in eine etwas andere, neue Form gegossen. Leider war es ihm nicht mehr vergönnt; doch haben wir in dem vorliegenden Werk eine interessante Darstellung der Materie in der ihm eigenen dichterischen Gestaltung vor uns.

L. H.-G.

DER INDISCHE MYTHOS

Seit längerem schon, seit der Epoche zu unserer Dichtung, die man sehr unzulänglich »Neu-Romantik« zu nennen pflegt, seit dem letzten Jahrzehnt des vergangenen Jahrhunderts ist bei uns wieder in wachsender Breite Gutes und Helles über Mythos und mythisches Denken gesagt worden. Wir stehen, wie in der Zeit der großen Romantik, in einer dauernden Welle der Aufgeschlossenheit dem Mythischen gegenüber; der Stoff der großen Ernte in Völkerkunde und Religionsgeschichte wandelt sich zu Geist.
In der Mitte des vorigen Jahrhunderts galt das Mythische als etwas Überwundenes, Gegenstand geschichtlicher Beratung, abgetan als Element des Erkennens vor dem Walten des rationalen Geistes. Aber seine Kraft, das Leben durch Gestalten und Bilder zu deuten, scheint zeitlos. Seit vier Jahrzehnten ist es in unserem Denken mit Leitbildern und Sinnzeichen wieder vielfältig lebendig. Eine ganze neue Seelenkunde holt sich ihr Pathos aus seinen Figuren und Situationen. Sei sie wie immer, ihr rationaler, positivistischer Klärungswille zieht die Hälfte seiner Wachstumskraft, mehr als sein halbes Vertrauen aus dem alten Boden mythischer Sinnbilder, und der Mythos bewährt an ihr seine zeitlose Lebendigkeit, seine immer gewandelte Nährkraft und seine unerschöpfte Faszination.
Nicht anders erging es noch Hegel, als er den weltgeschichtlichen Gang der Menschheit logisierend nachzeichnete. Er belebte alten Mythos neu, indem er sein Sinnbild deutend in sich aufnahm. Am Eingang des Griechenkapitels seiner »Philosophie der Geschichte« tritt der ägyptischen Sphinx mit ihrem Rätsel in Ödipus der griechische Mensch gegenüber. Mit der Lösung des Rätsels,

dessen Sinn der Mensch ist, stürzt er den tierhaft-göttlichen Dämon, Sinnbild endender Weltzeit, in den Abgrund des Gewesenen und bringt den Menschen als das neue Maß der Dinge herauf. – »Die Lösung«, sagt Hegel, »und Befreiung des orientalischen Geistes, der sich in Ägypten bis zur Aufgabe gesteigert hat, ist allerdings dies: daß das Innere der Natur der Gedanke sei, der nur im menschlichen Bewußtsein seine Existenz hat.«

Großartig tritt hier der alte Mythos, Weltalter und -räume scheidend, Weltschicksal bezeichnend, an den Anbeginn der Weltzeit griechischer Selbstbesinnung, die noch die unsere ist. Welch bedeutende Sinngebung im weiteen geschichtlichen Blick erfährt die dunkle alte Sage, dieses grausame tiefsinnige Stück alter Familiengeschichte frühgriechischer Herrscher von Theben ... – Hegel deutet an ihrer alten Hieroglyphe, wie vor ihm Sophokles im jungen demokratischen Athen; Ödipus wird zum Sinnbild in seiner aktuellen geschichtsphilosophischen Periodisierung, wie er dem tragischen Dichter der Perserzeit Träger religiöser Problematik ward. Dabei ist schon Sophokles der geschichtlichen Sphäre des archaischen Familienwirrsals vergleichsweise ferner als etwa unser Schiller seinem Stoff, wenn er den Zwist zwischen Vater und Sohn im Haus des spanischen Philipp zum Gefäß der Freiheitsideen von 1789 macht.

So steht der Mythos immer bereit mit anscheinend unerschöpfbaren Möglichkeiten, Sinnbild, Gefäß zu sein der Geisterkämpfe, Schicksalsentscheidungen und -deutungen aller Zeiten, keinem Denken feind, allem offen, das die eigene Problematik in seinen Gestalten zu sehen vermag.

Auch Epochen, die dem Mythischen am fernsten scheinen, indem sie den Sieg des Rationalen feiern, Völker, deren nüchterne Helle seinem Tiefendunkel widerstrebt, sehen

den Wettlauf in seinem Spiegel. Ovid verwandelt, was Orient und Hellas als Sinnbilder göttlichen Naturgeschehens, heroischen Menschenloses wissen, in wunderliche Spiele; Molière nimmt Alkmenes Schicksal aus der Königsgeschichte des alten Theben, die Liebe des Gottes zum sterblichen Weib, Trug und Wunder, zum durchsichtigen Maskenspiel der Galanterien des Sonnenkönigs – für eine Fabel mit höfischer Moral an die Adresse unfreiwillig begnadeter Ehegatten, wie Herr von Montespan einer war: »le grand dieu Jupiter nous fait beaucoup d'honneur, ... mais enfin coupons aux discours, ... sur telles affaires le meilleur est de ne rien dire«.
So dient der Mythos Amphitryon von Kleist bis Giraudoux zum Spiegel der Besinnung in Ernst und Witz, so greift die soziale Parodie in Offenbach zum Mythischen, wie in Racine die Feier der Leidenschaft nach seiner tragischen Maske langt.
Es ließe sich eine Betrachtung denken, ein Buch, das die immer wechselnden, beinahe allseitigen Funktionen des mythischen Elements im Denken und Gestalten des Abendlandes zu seinem Gegenstande nähme, seine proteische Wandlungskraft, allem zu dienen, von den Zeiten streng mythischen Denkens bis auf uns: der Philosophie wie bei Hegel (oder bei Schelling und Hebbel), der Heilkunde wie heut, dem Sozialen bei den Franzosen, dem menschlichen Geheimnis bei Kleist, dem Sittlichen und allen großen Mächten bei Goethe in Iphigenie, Pandora, Helena und ihren Geschwistern. – Ein Buch, verlockend und tief – auch weil es einstweilen nur unsere Idee ist. Aber den ganzen Reichtum des Abendlandes an Schicksal und Einsicht könnte es spiegeln –, und ein anderes Buch, das es auch nicht gibt, könnte ein Gleiches für Indien unternehmen. Der ganze große Gegensatz beider Kulturkreise könnte dann am Vergleich der unterschiedlichen

Rollen und Aufgaben, die Mythisches hier und dort gefunden hat, mit bildhafter Kraft in die Augen springen.
Das Buch über die wechselnden Lebensschicksale und -aufgaben des indischen Mythos gibt es einstweilen so wenig wie das westliche; aber was einige seiner Seiten enthalten könnten, läßt sich im Geist aufblättern.
Es gibt Mythen voller Dunkel. Sie scheinen eine Vergangenheit zu haben, die sie selbst nicht mehr wissen, von ihr her sind sie mit Sinn beladen, den sie nicht mehr sagen können. Was sich an ihnen deuten läßt, scheint ihnen erst neuerlich aufgeprägt als Sinngebung einer neuen Epoche, an einem Wendepunkt ihres Wandels durch die Zeit. – Daneben sind andere, geheimnislose – man meint sie an ihrem Ursprung selbst zu greifen. Aber wie sie fühlbar keine Vergangenheit haben, scheint ihnen auch keine Zukunft offen, in der sie sich auswüchsen als wandelbare Träger wechselnden Sinnes.
Von den Veden her sind im brahmanischen Indien Bräuche im Schwange, die den Knaben mannbar machen: der Bart wird ihm zum erstenmal geschoren, und der als Kind nackt herumlaufen mochte, bekommt sein erstes Männergewand. Die Götter selbst schenken es ihm, seine Blöße zu decken. Dazu wird ein Mythos erzählt, warum der Mensch des Kleides bedarf, und warum die Götter es ihm schenken. Der Mensch ist in Indien ein Geschöpf wie andere, nicht Tier unter Tieren, denn er kann mehr sein als sie, aber er ist auch nicht einziges Abbild des Göttlichen wie Adam. Darum ist es wunderbar, daß er allein unter allen Geschöpfen ein Kleid trägt, das ihm nicht anerschaffen ist von Natur. Seine Eigenart hat ihre Geschichte, die sie erklärt. Es heißt: »Was nämlich das Fell des Rindes ist, das war anfänglich am Menschen. Die Götter sprachen, ›das Rind fürwahr trägt (oder erhält) alles hier‹« – das sprechen die Götter dem rinderzüchtenden Arier nach – »›wohlan,

wir wollen das Fell, das am Menschen ist, auf das Rind legen. Dank seiner wird es den Regnenden, dank seiner den Reif, dank seiner die Hitze ertragen‹. Sie häuteten den Menschen ab und legten sein Fell auf das Rind. Dank seiner erträgt das Rind den Regnenden, dank seiner den Reif, dank seiner die Hitze. Abgehäutet fürwahr ist der Mensch. Darum kommt bei ihm, wo immer ihn Schilfgras oder etwas anderes schneidet, Blut hervor. Daher legten sie dies Fell auf ihn: das Gewand. Darum trägt keines außer dem Menschen Gewand. Darum eben soll er trachten, schön gewandet zu sein. Nicht aber soll er vor dem Rinde nackt sein. Denn das Rind weiß, ›ich trage sein Fell‹, es zittert in Furcht, ›er wird mir das Fell nehmen‹.«

Solche Mythen ohne Dunkel gibt es in aller Welt ohne Zahl. Sie erklären, warum die Dinge sind, wie sie sind. Sie haben ihre Geschichte: die gilt es nur herauszufinden in Intuition – zu erfinden. Sie ist gültig, wenn sie vieles plausibel macht – etwa auch, was hier nicht gesagt ist, warum das Rindsfell, das Leder, so haltbar ist –: es ist ja eigentlich doppelt. Denn es heißt ja nicht, daß die Kuh ohne Fell war, als die Götter um ihretwillen den Menschen abhäuteten – aber die Allernährende sollte geborgener sein als andere Geschöpfe.

So dient der Mythos am Anfang indischer Überlieferung den Brahmanen der Veden zu Natur- und Welterklärung. Phantasievoll und rationalistisch zugleich deutet er das So-sein der Dinge aus einer besonderen Herkunft. Die priesterliche Universalwissenschaft der Zeit, die opfern und bitten kann, beschwören und zwingen, verwünschen, hexen und heilen, die über alles Lebendige gebieten will, über Kräfte, Geschöpfe, Dinge, die alle gleich lebendig-personhaft sind, findet im Mythischen ihre Bedeutung. Der Erfolg der Magie bestätigt praktisch ihr Gelten, der Mythos erklärt Zusammenhänge und Eigentümlichkeiten, er ist das theoretische Element. Er gibt der traditionellen Übung der Bräuche die Sicherheit, warum sie geschehen, gibt ihr die Sicherung durch Wissen oder Scheinwissen um das Geheimnis der Kräfte, die im Spiele sind. Er beglaubigt die magische Technik, wie unsere Wissenschaft die rationale. Beglaubigt ferner ihre Verfahren und sein Wissen durch Herleitung von den Göttern. Früher als die Menschen haben die Götter erkannt, gewußt und getan. Sie sind die größeren Magier, Vorbilder der »Götter auf Erden«, der Brahmanen, die von ihnen die Allmacht des Zauberns lernten und jetzt freilich selbst die Götter zu zwingen vermeinen.

Brauch, der gilt, kommt von den Göttern, und Mythos erzählt, wie das geschah. Das Feuer hat die Kraft, den Toten himmelauf zu tragen zu seligem Leben bei den Göttern. Selige selbst, Gandharven – wer anders hätte es vermocht? – schenkten den ersten Brand vor Zeiten einem königlichen Menschen.

Eine göttliche Himmelsfrau hatte sich ihm in Liebe gesellt, ihre Umarmung war sein Himmel auf Erden. Aber die Überirdischen neideten dem Sterblichen das übermenschliche Glück. Mit List schufen sie's, daß die Göttin den Geliebten nackt sah, wie er war: ein bloßer Mensch, – da mußte sie ihn verlassen, himmelwärts kehren. Er aber verging in Sehnsucht nach ihr. Endlich fand er sie wieder, aber sie versagte sich ihm. Dann kehrte sie tröstend noch einmal zurück, gab ihm den Sohn, den sie ihm geboren hatte, und lehrte ihn die Seligen um das Feuer bitten, und wie sein Sohn durch das Feueropfer ihm nach dem Tode in den Himmel helfen könne, in dem er sie auf immer wiederfände. – Aber der König verlor das Feuer, das die Himmlischen ihm gaben. Da ward er belehrt, mit Quirlstock und Holzbrett es neu zu zeugen. Und Quirlstock und Holz, deren Vereinigung das Feuer ewigen Lebens zeugt, wurden

nach den Liebenden genannt, wie der Sohn ihrer Vereinigung, dessen Feueropfer dem Vater ewiges Leben schenkt, »Āyus« – »Lebenskraft« – genannt wurde.
In der magischen Priesterlehre dient dieser hintergründige Mythos ganz rational, die himmlische Herkunft der Flamme, die sich am Holze niederläßt, zu erklären, ihre Wundernatur zu beglaubigen, daß sie unsterblich macht, und die Namen der Feuerhölzer zu begründen. – Aber ein älteres Lied in den Hymnen des Veda gibt diesem Melusinenstoffe tieferen Sinn. Wenn sich die Göttin versagt, dem ehemals geliebten Menschen zu erneuter Gemeinschaft zu folgen, spricht sie:

»Als ich verstellt unter Sterblichen weilte,
drei Jahre Nacht um Nacht mit dir vereint,
aß ich einzig ein Klümpchen Butter
des Tags, – und bin noch immer davon satt.«

Ein Abgrund trennt Götter und Menschen: Vergänglichkeit. Und kein gewolltes Dunkel gewogener Nacht kann den grenzenlos Verschiedenen dauernde Gemeinschaft sichern; ein Blitz der Himmlischen, der neben den Liebenden niederfuhr, hat die Ungleichheit ihrer Paarung an den Tag gebracht. Aus dem Mund der Geliebten selbst erfährt der Mensch die Grenze seiner Menschheit und ihre mögliche Überwindung durch die Magie eines Sakraments:

»So sprechen die Götter zu dir: es ist einmal so,
du bist dem Tode verwandt.
– Dein Geschlecht soll den Göttern opfern – du selbst
im Himmel selig sein.«

In diesem Liede ist der alte Mythos schwermütigen Verzichtes voll und den Gläubigen tröstend. In ihm ruht ein erhabener Abschiedsblick des Menschen auf vergangenen Möglichkeiten des ersten mythischen Weltalters, wo Menschen, als Priester und Könige, Gehilfen und Gesellen der Götter waren in deren Kämpfen um die Sicherung des

Weltregiments, wo die hohen unter ihnen mit Seherkraft und reiner Heldenstärke Gefährten der Götter im Himmel waren, wie die »Himmelbewohnenden« leibhaft die Hütten der Menschen betraten. Das Weltalter dieser Gemeinschaft von Gott und Mensch ist unwiederbringlich dahin – das ist der Sinn des Liedes. Magie, Sakrament, von den Göttern geschenkt, und der Glaube daran, schlagen allein den Spätgeborenen eine Brücke über den Abgrund zwischen Himmel und Erde. – Diesen Sinn prägte der Dichter des Liedes dem alten Mythos von Götterfrau und Menschenmann auf – niemand wird wagen, zu meinen, es sei der uranfängliche Sinn seines hintergründigen Geschehens. Es ist nur, soweit uns Überlieferung reicht, die früheste Sinndeutung, Lesung der alten Hieroglyphe in Indien – anderwärts hat sie alte Geschwister mit anderem alten Sinn.

So lebt derselbe Mythos im magischen Ritualwissen, in der kurzatmigen, rationalen Herkunfts-, Ursachen- und Namendeutung auf einem anderen Niveau als im Munde des älteren Liederdichters. Der tiefendunkle, hohe Stoff lebt im Dienst der Zwecke magischer Theologie gleichsam sehr »unter seinen Verhältnissen«. – Nicht anders als etwa – bei völliger Verschiedenheit der Sphären – antiker Mythos bei Offenbach oder Giraudoux.

Augenscheinlich sind es die Dichter, die wahren Dichter allein, wie der des alten Liedes, nicht Ritualgelehrte hier, Stückeschreiber dort, die dem wandlungsfähigen Mythos ein offenbares Leben auf seinem geheimen Niveau schenken können – vogelfrei, wie er ist, samt allem vergangenen Geistesgut. Ihr Weltgefühl oder Natursinn, ihr Amt, Zeit um Zeit Mundstück menschlicher Schicksalswende zu sein, kann sein Motivgewebe, das immer bereitliegt, mit der Einprägung neuen Sinnes beleben. Sie entreißen ihm scheinbar das Geheimnis seiner dunkelnden Gestalt, indem sie ihm einverleiben, was sie für alle in ihrer Zeit leiden und erleben – berufene Stimme für alle. Dann erwachen der Mythos und das Schicksal des Menschen aneinander zu gestaltigem Leben, dann kommt der Mythos aus Halbdunkel und Dumpfheit nur mehr erahnbaren Tiefensinnes zu bedeutungsreicher Erhellung seiner Bezüge, als Träger eines hohen Sinnes, und das gestaltlose Schicksalsgefühl des Dichters findet an ihm den Stoff, sich zu inkarnieren. Über ein Jahrtausend später, wenige Jahrhunderte vor Beginn unserer Zeitrechnung, ist der alte Mythos in Händen buddhistischer Mönche. Inzwischen gewandelt, in seiner alten Prägung unlesbar geworden, märchenhafte Wundergeschichte. Der häßlichste Prinz Indiens heiratet die schönste Prinzessin. In ihr ist die Göttin zur Erdenfrau geworden, nur Spannung ist zwischen dem Paar, kein Abgrund mehr. – Sie erträgt seinen Anblick nicht, nachdem sie den Gatten einmal im Licht erkannt hat, flieht ihn, bis ein Wunder geschieht und göttliche Schönheit, die ihm von Anbeginn bestimmt war, die Häßlichkeit, die Ungleichheit von ihm tilgt. Die Rollen sind vertauscht, insgeheim ist er der Göttlichere von beiden.

Aber aus dem Mythos ist eine Wundergeschichte geworden, die ihres eigenen Sinnes kaum innezuwerden vermag – am wenigsten im Munde der buddhistischen Mönche, die sie aufgreifen. Das vermöchte sie wohl, wenn ein Dichter sie spräche. Die Mönche aber greifen sie auf, wie sie eben im Schwange ist, süß und dumpf, und brauchen sie, sinnarm deutelnd, ärmer noch als die Ritualwisser einst, im Rahmen der Buddhalegende. Der Prinz war der Buddha in einem früheren Leben, und ein kleiner äußerer Zug seiner Geschichte reimt sich auf eine Geste des Buddha in seiner letzten Existenz. Hier lebt der Mythos wieder ganz seinem Sinngehalt, *einem* möglichen Tiefensinn seines dunkelnden Gewebes entfremdet.

Bis ihn nochmals, nach weiteren zweitausend Jahren, wie am Anfang des sichtbaren Überlieferungsraumes, ein Dichter aufgreift – Tagore im »König der dunklen Kammer« – und nichts ahnend von jenem sterblichen König der Vorzeit, seinen König zum Sinnbild Gottes macht, die Geliebte aber, die Göttin von einst, zur Seele des Menschen. So wechselt das Licht. Sie darf den König ihres Herzens nicht schauen wollen, blind muß sie ihm glauben, seinen Anblick erträgt sie nicht, er ist – göttlich – über allen menschlichen Maßen, furchtbar in seiner Größe wie geheimnisvoll in seinem Tun. – Semeles Schicksal, Eros und Psyche scheinen dieser jüngsten Prägung nah, wie Melusine der frühen – ohne daß der Dichter sie gewahrte. Auch Tagore ist nur ein Durchgang für das Leben des alten Stoffes, Episode einer neuen Prägung. Der Stoff aber wird weitergehen, wie Iphigenie zu Goethe kam und wieder auf einen Dichter wartet – weitergehen in die Zeit, für die wir selbst nur ein Stück Überlieferung sein werden: Dämmer für uns – wie er aus dem Dämmer der Zeiten vor unserer Überlieferung, mit ihr, und schon gestaltig, heraufstieg.
Es wäre ein Stoff für tausend und einen Abend, wenn's einer vermöchte, dies unsterbliche Leben aller indischen Mythen Stück um Stück zu entrollen: ihr Hinschlummern im sinnarmen Mißbrauch lehrhafter Betriebe von Priestern und Mönchen, ihr traumhaftes Dämmern, ringendes Bemühen um wache Klarheit ihrer selbst im Munde des Volkes, und etwa dazwischen die hohen Momente blitzender Helle, wo sie sich selbst in einem neuen Sinn ergreifen und alle Gestalt an ihnen bedeutendes Leben atmet.
Aber die epochalen Kräfte – Ideen und Impulse der Zeiten –, die bei ihrer gebräuchlichen und mißbräuchlichen Verwendung den mythischen Gebilden ihr Leben einströmen, um an ihnen Gestalt, greifbar und wirksam zu werden, lassen sich aufrufen.

Die Lieder des Veda, Beschwörung und Preis der Götter, verweben in ihren Strophen allerwegen das Mythische – es ist ja das Dasein der Götter. Aber sie entrollen sein Gewebe nicht oft zu erzählend sich selbst erhellendem Bericht. Zusammengeknäult, zu Anspielungen geballt, bricht es über die Lippen des Sängers – denn der Gott weiß sich ja selbst mit seinen Taten. Erinnern genügt; geheimnisvoll bedeutendes Anrühren des Gottes, seiner Erscheinungsformen und Taten, trifft ihn magisch im Innern des Wesens, zeigt ihm, daß der Mensch um ihn weiß und mit Wissen ihn bannt. Die knappste Form, ihm erinnernd zu schmeicheln, ihn zu mahnen, zu neuer Tat anzueifern, das Gefühl seiner selbst zu wecken, – sind seine vielen Namen. Sein Wesen sagt sich in ihnen aus. Was er tat, was er kann – sein Mythos –, ist in ihren Silben geronnen. Er heißt nach seinem Wirken, seinen Siegen, nach den Dämonen, die er erschlug.

Aber der Wille, den Gott zu bannen, daß er hilft und wohlwill, schlägt das Leben des Mythos selbst in Bann. Weithin genügt es, die magisch bewährten Namen zu reihen, nichts auszulassen im anspielenden Erinnern der Taten und möglichen Wandlungsformen der göttlich-personhaften Kraft, sie einzukreisen mit alledem, daß sie nicht anders kann, als helfen, willfahren, dem Beschwörenden dienen. – Hier ist im Einzelnen deutende Wandlung, Geschichte mythischer Elemente möglich, im Ganzen bleibt es ein Zustand. Das magisch Bewährte behauptet sich starr, Abweichung vom Gewohnten birgt Gefahr, ob Verstehen notwendig sei, bleibt offen, das Wissen der Formeln nach Ort und Stunde ihrer Verwendung, nach zugehörigem Brauch und rechtem Tonfall genügt.

Das ist die Sphäre magischer Technik, sie braucht nach den Hintergründen ihrer Handhabung so wenig zu fragen, wie unsere rationale Technik in handwerklicher Anwendung nach der wissenschaftlichen Problematik fragt, die hinter ihr steht. Sie fragt wie diese nur nach der genausten Regel des Handhabens. – Hier, wie im Ritualwissen, fehlt dem Mythos als Ganzem zu wandlungsreichen Schicksalen die Frage nach seiner Bedeutung – mag sie ihn auch von Fall zu Fall erreichen und mit dem Leben einer Idee gestalt-umprägend erfüllen.

Das große Schicksal, das an den Mythos herantritt und seine Gestalten zu wunderbarem Leben in Wandlungen weckt, ist das Schicksalsproblem des alten Indien selbst: der eigentliche Gegenstand seiner Geschichte. Sie besteht nicht im Wechsel der Dynastien, in Blüte und Zerfall der Königreiche, zeitweiliger Fremdherschaft von Skythen und Hunnen – aber in der Verschmelzung der arischen Einwanderer und ihrer geistig-sittlichen Welt mit dem ganz anders gearteten Urgrund vorarisch-indischer Kultur, die, überaltert-alterslos, Weltzeiten, Auf- und Untergänge in ihrem mythischen Erinnern bewegt. In ihrer mächtigen Umklammerung, der Mischung alten und neuen Blutes, der hohen Spannung gegensätzlicher Weltbilder und Lebensformen, löst sich die archaische Enge, schmilzt die ausschließende Starre brahmanisch-arischer Tradition zum ungeheuren Gestalten- und Ideenspiel des Hinduismus, tiefer und tiefer durchtränkt von allem Erbgut indischer Erde, dem sie sich anfänglich verschloß, um sich rein zu erhalten.

Seit dem 6. und 5. Jahrhundert vor unserer Rechnung breitet sich mit vielen Lehrer- und Stiftergestalten, unter denen der Buddha die wirksamste ist, vor unserem Auge eine überraschende Blüte geistiger Kräfte und Ideenmassen. In ihnen treibt die vorarische Welt mächtig neben brahmanischer Tradition herauf, in neue arische Volkssprachen gewandet, indes jene sich im Geheimnis ihrer sakralen Kunstsprache, im altertümlichen Sanskrit, der

Sprache der arischen Götter, abschließt. Kosmologie, Lehren vom Menschen in Psychologie, Physiologie und Metaphysik, eine Geschichtsphilosophie mit zyklischem Zeitgefühl sind unserem Blick, kommt er vom Veda her, neu –, sich selbst aber sind sie geläufig und alt. – In die jüngeren Schichten des Veda senken sie mit einzelnen Vorstellungen ihre sprengenden Wurzeln, nun aber – wie mit einem Zauberschlage szenischer Verwandlung – stehen sie, für unseren Blick, da wie ein Wald, der vom Gebäude des Vedawissens nichts weiß. Am eigenwilligsten bewahrt, wenn auch durch asketische Zielsetzung gefärbt, strahlt ihr Licht aus der Lehre der Jaina's, die, älter als der Buddhismus, zu Buddhas Zeit, um den Rang mit ihm streitend, einen neuen Aufschwung nahm mit ihrem Heiligen Mahāvīra.

Wenn dieses Indien, uns (von den Veden her) befremdend, sich vertraut, das einmalig Große, geschichtlich Schicksalhafte solcher Stiftergestalten wie Buddha und Mahāvīra bezeichnen will, stehen seinem Erinnern uralte Formen aus der eigenen Geschichte bereit. Der Buddha ist einzig unter Menschen und Göttern, nicht weil es nie seinesgleichen gab, sondern weil er schon immer einmal da war in seiner Einzigkeit. Zug um Zug, Lehre um Lehre gab es ihn in früheren Weltaltern je einmal, auch dreimal – mitunter auch nicht. Er ist jüngstes Glied einer Reihe übergöttlicher Lehrer, deren gleichartige Gestaltenfolge über Weltalter im Spiegeldämmer erinnerter Vorzeit verschwimmt. – So ist Mahāvīra den Jaina's der vierundzwanzigste der Stifter und Erneuerer der Lehre, die, über Epochen weit voneinander getrennt, die untergegangene immer erneuen in den weiten Bögen auf- und absteigend kreisender Weltzeit.

Und das ist keine Phantasie, der vorm einmalig Großen bangte, daß sie es einordnen möchte – es ist Wissen, daß

diese Typen geistiger Führer, asketischer Lehrer über alle Klüfte geschichtlicher Epochen hin, wie die arische Einwanderung eine aufriß, Indiens Eigenstes sind, seine Epochen bezeichnen. Bei den Funden der Städte alter Induskultur des 3. Jahrtausends vor unserer Zeit, die Veden und Ariern vorauf sind, fand sich in Mohenjo Daro eine blaue Fayenceplatte: sie zeigt einen Asketen im Yogasitz mit verschränkten Knien, flankiert von Adoranten – Göttern oder Menschen – und Schlangenwesen. Diese Darstellung entspricht genau den Vorstellungen und Bildern von Buddha und Mahāvīra aus der Wende unserer Zeitrechnung, ist, über drei Jahrtausende fast ihnen vorauf, Geist ihres Geistes, Zeichen ihres Sinnes.
Dies Zeitgefühl, das Weltalter indischen Daseins erinnert, sieht, was uns Aufgang indischer Geschichte ist – den Einbruch der Arier –, als eine neue, sehr junge Epoche oder Episode: ein Weltalter mehr – wie wir nachmals den Einbruch des Islam oder die Engländer in Indien als einen neuen Akt des langen Schauspiels sehen. – Hier spricht das Gedächtnis der alten Urmutter Indien. Was uns, voreilig, der Prähistorie uneingedenk, von literarischer Überlieferung her, ihr ganzes Leben dünken mochte, ist ihr nur ein Weltentag. Sie erinnert, was wir bei uns vergessen haben, dem Boden erst entreißen müssen, um es neu zu lernen: die eigene Vorgeschichte. Freilich erinnert sie's nicht im einzelnen, geschichtlich – aber mythisch in Sinnbildern und Typen (etwa der Heilsbringer), die sie bereithält, daß immer erneutes Leben ihren Umriß fülle.
In diesen weitesten Zeitraum mit Auf- und Niedergängen, Hell und Dunkel, strömt als göttliches Weltgeschehen Mythos ein aus zwei Welten: aus der vedisch-arischen und der eingeboren-indischen. Hier findet er einen gegliederten Rahmen, den zyklischen Zeitlauf: eine Bahn, sich zu entrollen. Die einzelnen Mythen, im Veda um Götter, Heilige

und Fürsten geballt, im anderen Indien gebunden an Berg und Fluß, Wallfahrtsorte und heilige Badeplätze finden sich zu epochalem Nacheinander, ordnen sich zu einer sinnbildlichen Geschichte indischer Gottesgestalten, Kultformen, Lebensordnungen und Weltbilder.

Das Zeitgefühl dieses Entfaltungsraumes entspringt einer Kultur, die schon vor dem Einbruch der Arier alt geworden und in sich schwer geschichtet ist; Vielfältiges an Glauben und Erbgut bewegt sie in sich – so sieht sie Götter als vergängliche Gestalten, bewegt sie erinnernd wie wechselnde Dynasten und Herrscherfamilien. Ihr werden sie zu wechselnden Formen des Einen Göttlichen. Göttergestalten bezeichnen Weltstunden. Weltschaffend ist das Göttliche Brahmā. Brahmā regiert den Aufgang einer Welt, wie Vischnu ihren Bestand. Rafft das Göttliche die aus sich entfaltete Welt vernichtend wieder in sich hinein, ist es Schiva. Dreieinig ist es in diesen seinen Aspekten, wie das Leben in seinen drei Formen: Geburt, Dasein und Tod. Alle Gestalten wandelt es sich an. Vedisches Erbe: der Gott als Fisch, Eber und Schildkröte, die Erde vorm Untergehen im Weltmeer rettend, sie tragend, sind Formen des Erhalters Vischnu. Halb-Mann-halb-Löwe, menschhafter Zwerg, der zum kosmischen Riesen wird, dämpft er den Übermut der Dämonen. Als menschlicher Fürst, Friedenskönig und Tugendspiegel, war er Rāma, Herrscher von Oudh. Als Krischna lehrte er die Bhagavadgītā und wird wie jener noch einmal als Held und Heiland kommen, Indien vom Joch der ungläubigen Fremden zu erlösen.

Immer ist einer Indra, König der Götter, wie jeweils einer Manu, der erste Mensch einer Weltzeit. Wie jeweils einer ein Buddha, das Weltalter erleuchtend, oder ein Jina, Ebenbild Mahāvīras. Die Namen der Indra's und Manu's wechseln wie Namen der Könige von Dynastien, die Funktion bleibt, wie ihre Träger kommen und gehen. Hier ist

Geschichte, wie wir sie erleben, nicht mehr möglich. Im zyklischen Auf und Ab ihrer Wellen ist schon zuviel erlebt – zu oft das Gleiche, als daß noch Eins ein Einziges sein könnte. Im Gedächtnis fortleben kann es nur als typisch, sinnbildlich in mythischer Figur. Ehe diese archaisch gebundene Welt etwa unseren Durchbruch zum Begriff des Individuellen hätte finden können, hat ihr kreisendes Schicksal den Sinn dafür verfestigt, sich zyklisch zu erleben, zu erinnern, und unsere Möglichkeit abgeriegelt. Auf der geraden Linie hat jeder Punkt einen anderen Wert, in seinem Abstand zu den beiden Enden, auf der Kreislinie ohne Ende und Richtung gilt jeder Punkt gleich, ist vertauschbar mit jedem. Wir sehen Geschichte als Gang auf einer Geraden, von den Anfängen zu uns. Zarathustra prägt dies Zeitgefühl mythisch, Paulus und Augustin geschichtsphilosophisch an den Wirklichkeiten des Alten und Neuen Bundes, Hegel und sein Jahrhundert haben es zur Entwicklungsidee säkularisiert. Christentum und Entwicklungsglaube blicken einsinnig vor und zurück, das eine sieht in Golgatha den Angelpunkt der Zeitenwende, von der es gläubig vorwärts schaut, der andere gleitet mit seinem Standort dahin auf der Zeit, beide sind an ihre Standorte gebunden mit Perspektiven und Bewertung.

Dem zyklischen Zeitsinn ist der Standort frei. Was dies Freisein meint, zeigt, neben vielem anderen, eine der klassischen Traditionsmassen des Hinduismus, »die alte Überlieferung, wie Vischnu als Fisch sie lehrt« (Matsyapurāna). Sie lehrt, wie viele ihresgleichen, alles was ein gläubiger Hindu von Gott und Welt, an Pflichten und Bräuchen wissen muß. Bürgschaft ihrer Gültigkeit ist, daß sie aus Gottes Munde kommt.

Das höchste Wesen – als weltordnender Erhalter ist es Vischnu – spricht zu Manu, dem ersten Menschen. Als

Riesenfisch hat der Gott ihn samt seiner Arche über die Sinflut der Weltauflösung, da alles zu Wasser ward, glücklich geleitet. Nun belehrt er den frommen indischen Noah, den wieder einmal ersten Menschen im Morgenlicht seiner aufgehenden Weltzeit. Was dem Inder, der sein Wort aus diesem Buche vernimmt, fernste Vergangenheit ist: Weltentstehung und Kämpfe der Götter und Widergötter ums Weltregiment, dann die Könige der Vorzeit, Heroenwirken, Zeitalter des Epos, die nahe Vergangenheit – alles das kündet der Gott dem ersten Menschen als Zukunft. Die eigene Gegenwart des Hörers wird Zukunft in seinem Munde, und Künftiges, das der Hörende nicht mehr erleben wird, entsteht im schildernden Worte des Gottes als greifbare Gegenwart.

Was war? was ist noch? – alles ist gleich nah, gleich fern: die alten Kämpfe der Götter, greifbar dramatisch geschildert mit Schlachtruf und Pfeilgeschwirr, das Geheimnis der Kosmogonie, – so nah, so fern wie ein Heiland der Zukunft und wie das Gegenwärtige: auferlegte Pflichten und die Wallfahrtsorte rings, von Gnadenschätzen leuchtend.

Dieses Zeitgefühl ist das Bewußtsein Gottes, vor dem es nichts Vergangenes gibt, nichts, das erst kommen müßte, um da zu sein. Und der Mythos als sinnbildliche Geschichte der Weltalter lebt in diesem Bewußtsein Gottes – hier ist Schelling nah, aber auch fern –, lebt im Bewußtsein seiner Kosmogonien, Weltspiele und -untergänge und in den wechselnden Gestalten, die er annimmt, die Welt durchwaltend, ihr Ringen schlichtend, mit Wunder und Lehre erhellend.

Vor Gott, der das All ist, geschieht immer das Gleiche. Er sieht das Kreisende, wo wir die Gerade sehen. Entwicklung ist wahr, so wahr wie Zerfall – beide sind scheinbar gerade Bogenfragmente riesiger Kreise. So tobt durch die

Weltalter von Anbeginn der Kampf der Götter und Widergötter – vedisches Erbstück – im Himmel und, menschlich verlarvt, auf Erden: wechselndes Glück, Herrschaft und Ohnmacht tauschen die Spieler. Es gibt keinen Endstand göttlicher Harmonie in der gestaltigen Welt. Ihre Blüte verwittert, welkt und zerfällt, aber sie steigt als junger Lotos aus den alles verschlingenden Wassern des Todes, die das göttliche Element ewigen Lebens sind. Das göttliche Leben der Welt geht immer weiter, stampft durch die Tode seiner Gestalten, blüht auf seinen Toten. Wenn Kosmen zergehen, ballen sich neue aus ihrem zerlösten lebendigen Stoff, aus gleichen Kräften, mit denselben Spannungen geladen. Keine Furcht vor ewigem Tod, und daß einmal keine Welt mehr wäre; – daß es immer weitergeht durch alle Tode des Einzelnen und Zerfall der Welten: das ist der Atem, der, wie Wind den Raum, die grenzenlose Zeitenweite füllt. – Das ist aber auch das Antlitz der Meduse.

Dies wechselvolle Spiel spiegelt geschichtliches Schicksal: das Ineinanderströmen der beiden Götterwelten altindischer Erde und brahmanisch-arischer Einwanderung. Gegensätzliches, das einander ausschloß und feind war, ringt miteinander, um sich in unlöslicher Umarmung zu finden.

Die arischen Götter sind, wie ihr Volk in seiner nomadischen Vergangenheit, an keinen Ort gebunden, fahren auf Wagen daher, wie jenes in Zeltwagen – in himmelschwebenden Wagenwelten. Nirgends auf Erden verhaftet, kommen sie zum Opfermahl, wo ihre Priester den heiligen Bezirk ausmessen und weihen.

Daneben, von ihnen besiegt, aber zäh und mächtig, überall in Fluß und Berg zu Haus, die alten Götterkräfte mit Tempeln und Wallfahrtsorten: Berggottheiten und Schlangengötter der Wasser, mit seligen Welten am Grunde, und andere Hüter der Fruchtbarkeit und nährenden Feuchte in Wolken und Erde, Hüter der Erdschätze an edlem Metall und Gestein. Mit Kobrahauben und Elefantenkopf, auf Pfau und Tiger reitend, allen Kräften indischer Erde verwandt, wie die rosselenkenden Sieger ihr fremd.

Eine eigenartige Göttergesellschaft: diese Neuen. Es mangelt an Frauen. Indra, ihr König, hat zwar eine Gattin, aber sie hat kein Gesicht, hat keinen eigenen Namen. Sie heißt nur Indrānī, ist nur sein weiblicher Schatten. – Und alle sind kinderlos. Ein Weib wird unter ihnen greifbar, die Morgenröte, aber sie ist ein verbuhltes Mädchen. – Wo sind die Mütter? – das ist ein reiner Männerverband. Da muß noch ein männlicher Gott das Gebären besorgen: der »Herr der Ausgeburten« (Prajā-pati) bringt die Geschöpfe hervor: er erhitzt sich und schwitzt sie aus – oder er legt ein Weltei und bebrütet es. Welch sonderbar männliche Welt – und in ihren Menschensitten streng auf Vaterrecht gestellt.

Daneben die alte Mutter Indien, mit Muttergöttinnen ohne Zahl, mit Götterfrauen, Schlangenweibern, Baumgöttinnen, Göttinnen der Gebirge. Allen vorauf die »Bergestochter« (Pārvatī), Kind des höchsten Himālaya, und ihr anderes Ich, die Herrin des Vindhyagebirges im Süden, daneben die Mütter, die Fieber und Blattern wehren, und viele andere. Und in jeder Menschenfrau, jedem kleinen Mädchen läßt sich die göttliche Weltmutter verehren. Sie ist die Weltfrau, vom Scheitel zu den Zehen trägt sie in ihrem Leibe den Kosmos – geschichtet: oben die Himmel, mitten am Leibe die Erde, niederwärts Höllen und Unterwelten (Abb. 1). Vorarisch alte Vision der Welt, den Veden fremd, den Jaina's vertraut.

Der Mythos gibt sinnbildlich zu lesen, wie dies Gegensätzliche sich durchdrang. Er verknüpft die alten lokalen Kulte mit den Göttergestalten des freischwebenden, er deutet die ortgebundenen alten und kleinen Kräfte als Erscheinungsformen jener weltweiten großen, setzt an ihre Stelle brahmanische Heilige, bindet raumloses mythisches Geschehen an altgeheiligte Stätten. Vorarische Götter werden, wie alte und neue Heilige, zu Inkarnationen des vedischen Vischnu, er saugt sie auf, nimmt sie zu Masken, die er, Mal um Mal aus überweltlicher Ruhe in den Weltlauf eingreifend, nach Wahl sich vorhält. Genealogien entstehen, in denen das Blut beider Götterkreise sich mischt, wie im Leben der indischen Stämme und Rassen.

Das höchste Sinnbild dieser Verschmelzung bietet der große Mythos von der endlichen Vermählung des vedischen Schiva mit der Tochter des Himālaya. Da finden sich beide Welten zur Eintracht der Ehe. Ihre Kinder sind der elefantenköpfige Gott und der Gott auf dem Pfau, vorarische alte Gestalten. Alle Götter mühen sich, diesen Bund zustande zu bringen, auf daß aus ihm der pfauenreitende Kriegsgott als Kind des »Großen Gottes« (Mahādeva) und der höchsten Göttin geboren werden, mit seinem Siege über die Dämonen die Welt neu zu ordnen. Schwierigkeiten türmen sich auf, schließlich gelingt es, das Paar zu einen. Aber nicht ohne Mühsal, Enttäuschung und Wunder tritt schließlich das sieghafte Kind ins Leben. – Und absonderlich ist auch die Entstehung und Verbindung zum Vater beim elefantenköpfigen »Sohne« Schivas. Die langen Kämpfe, die es gekostet hat, bis tiefe Gegensätze sich versöhnten, spiegeln sich in den Verwicklungen und Wundern mythischen Geschens, das schließlich das Einswerden des Alten mit dem Fremden feiert.

Hier erfüllt der Mythos geistesgeschichtlich und sozial eine Aufgabe höchsten Ranges: in eins zu setzen, zu harmonisieren, was Völkerschicksal, Einwanderung, Sieg und Unterdrückung, ideell wie im Leben übereinander gelagert hat – zu verschmelzen, was sich verkapselt hat, zu verknüpften, deutend anzugleichen, was gegeneinander steht, alle Religion Indiens aus vielfältiger Schichtung in einen vielgliedrigen Organismus umzubilden, der ein in sich strömendes Auf-und-Ab, alle Gläubigen mit ihren vielen Göttern, bei ihrer ritualen wie sozialen Zerklüftung, einander nahebringt. Hier wird der Mythos zum vornehmsten Instrument der größten geschichtlichen Aufgabe indischer Religiöser, aus dem Gewimmel der Götter und Kulte die religiöse Einheit, sei sie noch so komplex, die Hinduismus heißt, herzustellen.

Dabei siegt das Alte (wenn auch das Neue, gewandelt, sprachlich die Form gibt). Die indische Mutter wandelt den Eroberer und Gast, der aus ihr sich nährt, zu ihrem Kinde. Die Ehe des höchsten Götterpaares ist dem Inder oberstes Sinnbild einer ideal unlöslichen Einheit gegensätzlicher Pole in vieler Beziehung – und diese symbolische Ehe ist ganz, wie eine Ehe augenscheinlich sein soll: Schiva, der Mann, heißt zwar der »Herr« (īschvara), aber seine Frau, die Bergesgöttin, ist die »Macht« (schakti). Sie ist Kraft, »Können« schlechthin. Ohne sie kann Er nichts. Ihr vereint, sie an ihm – ist er göttliche Allkraft. Tritt sie aus ihm, liegt er ihr zu Füßen, nicht Schiva mehr – nur »schava«: ein »Leichnam«.

Diesen Aufstieg der großen vorarischen Muttergöttin zur Gattin des »Herrn«, zur Herrin des Herrn, zur Allmacht in und über allen Göttern, vedischen und ältern, gibt der Mythos zu lesen, als die sinnbildliche Religionsgeschichte, die er ist. Im Wandel ihrer Rolle, erst zu dienen, dann zu herrschen, ergibt sich eine innere Chronologie seiner Gesichte.

Ihre Idee, Gattin und Mutter zu sein, durchdringt sich mit dem vedischen Begriff der Kraft (schakti) – der Kraft, die jedem Gotte inne ist, dank der er in seiner Sphäre wirkt und kann, was seines Amtes im Kosmos ist. Diese Kraft ist (vor allem bei Indra) Māyā: Kraft, sich zu verwandeln, groß oder winzig zu werden, Gestalt zu tauschen, vielfältig zu sein und zu verschwinden, zu verbergen, was ist, und Dinge zu gaukeln, wie sie nicht sind, Blendwerk zu wirken, um den Feind zu vernichten.

Alle die Großen haben Māyā – das ist ihre Größe –, aber die Māyā der Götter ist stärker und feiner, hinterhältiger als die Māyā der Widergötter und Dämonen. Auf deren Seite ist leibliche Kraft und gewaltiger Wille, unbändiger Trotz und Übermut – Titanentum. Damit greifen sie nach dem Weltregiment, wie die Riesen der Edda. Aber dumpf sind sie dabei und schwer, wie Fafner und Fasolt. Die Götter aber sind listig und hell, ihre Māyā ist witzig und entreißt verschlagen, erfindungsreich den Gegnern, was Gewalt ihnen gewann.

Am größten aber ist die Māyā des Gottes, der das Ganze ist, der die Welt wie Atem aus sich hervortreibt, sie innerlich durchwaltet, wie unsere Lebenskraft den eigenen Leib, und an ihrem Leid nicht leidet – wie wir die Atmung unserer Zellen nicht spüren, nicht ihren Aufbau und Zerfall, – Er, der den Kosmos, wenn er verwittert ist und flau geworden, wieder in sich hineinzieht, ins übergestaltige, unbewußte, eine Sein. Er wirkt vielfältige Māyā, indes die Welt besteht. Flehen die Götter um Hilfe gegen die Dämonen, deren Übermut unbändig die Erde belastet, und er steigt nicht selbst hinein in die Welt, sie zu schlichten, – so reißt er sich etwa, überweltlich ruhend, zwei Haare vom Haupte, ein helles, ein dunkles: das werden zwei Helden und Heilande sein, Balarāma und Krischna, die renken den Weltlauf ein. So wirkt er in vieler Gestalt in die gestaltige Welt hinein, indes sie rollt. Aber die ganze Welt, wie sie rollt, ist nichts anderes als seine Māyā: spielende Selbstverwandlung seiner unsterblichen Lebenskraft zu vielen Gestalten, die werden und vergehen.

Diese Allkraft (schakti), die Göttin, ist Brahmā, dem »Ältervater«, der die Welt erschafft, Gehilfin. Er ist von den Veden her ehrwürdig als Name und Bild für den Gott, der das Ganze meint. Aber wenn Vischnu ihn in dieser Rolle beerbt, ist sie schon Herrin. Vischnu ruht, wenn keine Welt ist – zwischen den Zeiten –, in magischen Schlaf gebannt, auf den Wassern, der Lebensflut, aus der die Welt immer neu entsteht. Dann thront Brahmā, zum Demigurgen herabgedrückt, auf der Lotosblüte, die aus Vischnus Nabel wächst. Er will die Welt erschaffen, wie es seines Amtes ist. Aber zwei Dämonen, aus dem Schmutz in Vischnus Ohren erstanden, wollen ihn vernichten. Da betet Brahmā zur göttlichen Kraft Vischnus, zu dieser weiblichen Gewalt, die ihn mit Schlaf betäubt, daß er nichts gewahrt. Betet zu seiner Māyā, die ihm die Welt, indes sie nicht ist, innen als seinen Traum vorspielt, der ihn befängt. Im Schlummernden ist sie Traumkraft und Schlaftrunkenheit. Sie allein, das Weib, kann den Gott der Veden samt seinem demiurgischen Amte retten, wenn sie den Schlafenden freigibt und im Erwachen wirkt als seine Kraft, die die Dämonen überlistet.
Zuletzt, nach Vischnu, steigt in sinkender Weltzeit altindischer Kultur Schiva in den Zenit. Der Todesgott wird höchster Herr. Nun wird die Göttin, seine Māyā und Schakti, seine göttliche Kraft, zum höchsten Wesen. Sie heißt »die Göttin« – Devī – schlechthin. Alle Götter sind nur Gestalten ihrer Kraft, sind, wie die Farben Brechungen des Lichts, spielende, scheinhafte Wandlungen ihres Selbst. Als ihrer aller einzelne Kräfte versagen, die Dämonen zu meistern, da strömen sie mit Zorngewalt sich aus, all ihre Kräfte zu vereinen. Da braut sich etwas Gewaltiges – die Göttin, die in ihnen allen vielfältig wirksam war, ersteht zu ungeheurer Gestalt. Und alle Waffen und Geräte der Götter, die ihnen Amt und Stärke gaben, nimmt sie

spielend in ihren Wald von Armen – sinnbildlich und zur Zier; sie bedarf ihrer nicht, denn Heere fließen aus dem Atem ihres Mundes. So danken die Götter ihrer partikularen Kräfte, die Ohnmächte sind, zugunsten des ewigmütterlichen Urquells ab, dem sie entstammen. Und großer Inbegriff des Göttlichen aller indischen Religionen, schreitet die Göttin trunken von sich selbst zum Siege.

Da ist der Weltentag altindischer Religion vollbracht, der Umlauf ist zu Ende, der mit dem Eintreten der Arier anhob. Alle Spannung, die sich den großen epischen Ablauf des Mythos erschuf, um sich darin zu spiegeln, sich darin zu lösen, ist in dieser Einheit bildhaft versöhnt. Wie im Bilde der Ehe der Göttin mit Schiva alles Schmerzliche, Ringende religiöser Geschichte beschwichtet ist zu Harmonie in der Spannung der Geschlechter, zum Einklang der Dualität. – Ein neuer Weltentag kann anbrechen, mit neuem Gegenspiel: die Herrschaft des Islam steht vor der Tür, seefahrend reckt Europa seine Arme aus.

So ist der Mythos die sinnbildliche Geschichtsschreibung Indiens bis an die Schwelle neuerer Zeit – wie er auch seine wahre Dichtung ist. Im anonymen Kollektivum von Heiligen und Priestern, Sehern und Volkserzählern und dem ganzen Volk, das hörend und empfangend unablässig an ihm mitgeschafft, wirkt der dichterische Genius Indiens. Nicht im Euphuismus und der Stilkunst der Poesie im engeren Sinne geht sein atemberaubender Flügelschlag – aber im Mythos dieser Kultur, in der Friedrich Schlegel ahnend »das höchste Romantische« d.i. nach seinem Wortgebrauch: das Mythisch-Dichterische schlechthin.

Aber der indische Mythos leistet Wunderbareres. Im Westen zerbrach Mythos als ein Ganzes an der Philosophie, in der kritischen Zersetzung mythisch-magischer Denkformen – in Indien belebt er sich am Höchsten philosophischer Erkenntnis, lehrt es in Bild und Vorgang.

Wunderbares geschieht in diesen Mythen. Ein Heiliger will die Māyā Gottes, in der Gott sich dem Bewußtsein der Geschöpfe als Weltgestalt verschleiert – als ihr Bewußtsein –, in ihrem Spiel erkennen. Seinem gläubigen Ringen neigt sich der Gott, erscheint und hört seine Bitte. Heißt ihn ins Wasser steigen. Da fand sich der Seher wieder als ein Mädchen. War eine Prinzessin, heiratete einen König, sah Söhne und Enkel aufblühen, sah Macht und Glück lange Zeit, und leerte den Becher des Grams bis zur Neige. Ihr Vater und ihr Gatte wurden Feinde, da gab's eine Schlacht, in der alle fielen: der Vater, die Brüder und Brüdersöhne, – der Mann, die Söhne, die Enkel. Weinend schichtete sie den Scheiterhaufen für alle, legte Feuer daran, schrie »weh meine Söhne!« und warf sich hinein. Da umfing sie – kühlende Flut. Sie erhob sich, fand sich im Wasser, war wieder der Heilige. – Und lachend sprach der Gott »wer ist dein Sohn, um den du klagst?« – Verwirrung und Scham befiel den Heiligen, und der Gott sagte weiter »*so* sieht meine Māyā aus, die du erkennen willst, – von wehvoll-dunkler unerwünschter Gestalt, allen Göttern unergründlich, – wie willst du um die unergründliche wissen?«

Eine orientalische Geschichte bei uns erzählt von dem Manne, der zum Zauberer ging, die Zukunft zu schauen. Der hieß ihn seinen Kopf in eine Bütte Wassers halten. Da war er ein anderer, war der und jener und erlebte viel. Mehr als ein Leben: Irrfahrten und Abenteuer, Pracht und Glück, Todesängste und Verzweiflungen. Und wie er in alledem, vielleicht in einer Angst, einmal den Kopf nach hinten warf – hob er ihn aus der Bütte und hatte ihn kaum eine Atemlänge unterm Wasser gehalten.

Ich weiß nicht, wo die Geschichte steht (eine ähnliche wird von Mohammed erzählt) – aber hierher kommt sie: aus dem indischen Mythos. Und ihre Tiefe, die Fragen:

was ist Wirklichkeit? was geht in einen Augenblick? und was tragen wir in uns herum? – ist Leben weniger als ein Traum? – die Fragen hat sie aus der indischen Philosophie. – Aber weitergewandert vom Boden, aus dem sie wuchs, ist sie schon ganz auf dem Weg, zur Wundergeschichte zu entarten, die sich selbst nicht mehr ganz versteht.

Ein anderer Zug aus diesen Mythen: wieder einmal haben die Dämonen den Göttern die Herrschaft entrissen. Da steigt der Allgott Vischnu selbst in die Māyā seiner Welt hinab, in den Schoß der Göttermutter, daß sie ihn als Retter gebäre. Der Unendliche, der das Ganze ist und mehr als es, schlüpft in die Welt, die weniger ist als ein Teil an ihm, schmiegt sich in den Schoß einer ihrer zahllosen Gestalten. Da bebt die Welt, in diesem Wunder, ihn zu fassen, der sie umfaßt. Der König der Dämonen fragt: was ist? warum erbebt die Erde? was meint dies Zeichen? – Ein Gottgläubiger, der bei ihm steht, versenkt sich in Tiefenschau hinreißender Gesichte, sucht mit dem innern Aug den Gott und findet ihn im Mutterleib. Er sieht das Kind im Mutterleibe, und in dem Kinde sieht er die ganze Welt. Den Himmel und die Erde samt den Meeren, alle Götter und Geschöpfe, die Dämonen und den König sieht er, sieht sich selbst, den Schauversunkenen im Innern dieses Kindes...

Was ist wirklich? wo sind wir? ... in solchen Augenblikken hebt der Mythos als Geschehen sich selber auf, er stockt, zerbröckelt – er wird durchscheinend dünn, Strahl aus dem Transzendenten bricht durch sein verblassendes Geweb. Jetzt scheint sein Farben- und Gestaltenspiel nur abzurollen, um jäh zerschwindend dies Bestürzende in uns zu werfen: ein Schwindelgefühl, das Helle ist – das unsagbare Dasein des Transzendenten in dem Spiel der Welt.

Noch einen solchen Augenblick: – wieder einmal ist die gestaltige Welt nur Meer, und alle Lebensgestalt ins Urelement der Wasser zerlöst. Nun schlummert das göttliche Wesen in Alleinsamkeit, ruht riesigen Leibes auf grenzenlosem Meer, seinem anderen Ich. Was einst als Welt entfaltet aus ihm quoll und wieder quellen wird – jetzt regt es sich *in* ihm. Ist es der Traum des Schlafenden, wie entfaltete Welt sein Wachsein?

Da schlüpft einmal aus dieser inneren Fülle ein Heiliger dem schlafenden Gotte zum offenen Munde hinaus. Fällt ins Weltmeer und kennt sich nicht aus – da ist ja keine Welt! – er schwimmt und schwimmt, um nicht zu ertrinken. Ermattend sieht er: fern strahlt ein großer Schein. Ein Riese liegt wie eine Wolke auf dem Meer. Den Gott zu schauen, treibt er heran, »wer bist du?« will er ihn fragen – da ist er schon wieder *in* seinem Leibe. – Wieder daheim in vertrauter Welt, bei Königen und Brahmanen, bei Opferfesten und Einsiedeleien, und hält was ihm widerfuhr für einen Traum.

Irgendwann aber schlüpft er wandernd wieder zum Munde des Gottes hinaus ins nachtdunkle Meer und zittert wieder vor Angst. Da sieht er ein strahlendes Kind unter einem Baum spielen, und ihm ist, »das hab ich vor Zeiten schon einmal erlebt«, – er rudert sich heran. – Mit einer Stimme, tief wie Wolkendonner, grüßt ihn das Kind, ruft ihn mit Namen und nennt den eisgrauen Heiligen »Kind«. Das kränkt den Alten. Aber der Gott, der mit seiner Māyā Gestalt annimmt, wie er will, gibt sich ihm zu erkennen, beseligt ihn mit seinem Wort, zieht ihn an seinen Mund, nimmt ihn in sich hinein.

Was ist wirklich? sind wir in Gott geborgen, oder ausgesetzt, verloren im dunklen Lebensmeer? läuft die Weltzeit oder steht sie still? treibt Gott die Welt aus sich hervor: ein Wirkliches, – oder träumt er uns nur innen? was ist Māyā? was wirklich?... wie tauscht das ineinander, ist und ist nicht. – Liegt das Wirkliche unter der Schwelle

von beiden: von Träumen und Wachen? in der gestaltlosen lebendigen Tiefe, die nicht Bewußtsein, Welt und Ich – aber Sein ist, in die alles sinkt, was wir erleben, der alles entquillt, was wir uns sind? – die Tiefe, die Traum und Wachen als ihre Reflexe spielt; diese Tiefe, die wir nicht fassen können, die wir aber ewig sind, unter der wechselnden Maske der Meduse des Lebens – jene Meerestiefe in uns, unergründlich, deren oberes Wellenkräuseln Leben und Sterben sind? – aus der alles Leben gestaltig quillt: Träume und Ängste, Wachsein, Wünsche, Taten, Erkenntnis und Blindheit.
Hier spricht Indiens höchste Philosophie, Vedānta, »Ende der Veden«, in Bild und Zeichen. Sie wandelt den farbigen Gestaltenfries des Mythos zum Transparente ihres Lichts. Hier erfüllt der Mythos die höchste Aufgabe: philosophische Erkenntnis, zu der die Kultur ihr Lebensgefühl begreifend geläutert hat, allen greifbar zu machen, ohne sie zu trivialisieren, – im Sinnbild nämlich, das sagbar unaussagbar ist in Sinn und Hintersinn. In dieser großen letzten Phase lebt der indische Mythos von der Philosophie, wie er bei uns als ein Ganzes an ihr zerbrach. Philosophie des Vedānta: – nicht Durchdringung der Weltsicht mit Logos, nicht Vernunft als Organ der Erkenntnis, aber Aufhellung des Paradoxons unseres Daseins: daß wir transzendent sind. Aufhellung des Paradoxons der Transzendenz: daß die Welt uns ist, wie sie sich uns spielt, und zugleich nicht so ist; daß wir uns sind, wie wir uns geschehen lassen, uns vollziehen müssen, und dabei ganz anders wesen, allem enthoben, was uns zu binden scheint. Wir selbst sind Gott und Māyā – zwei in Einem, wie das göttliche Paar.
Der Stil, mit dem Mythos sich hier durchtränkt, ist tropisch und barock, voll rhetorischem Pathos und szenischen Wundern. Alle Theater-Feerie unserer barocken

Oper mit Maschinenkunst und Verwandlungsspiel – uns noch lebendig in Spätlingen wie »Zauberflöte« und Raimunds Märchen, erneuert als Szenenzauber in Wagners »Ring« – verblaßt am maßlosen Aufgebot proteischer Gestalten, die ihre Māyā gegeneinander spielen lassen in jäher Verwandlung eigener Gestalt und des Raumes, verblaßt vor der kosmischen Māyā Gottes, die sich im Ganzen entfaltet –: ein rasender Tanz, dessen trunkene Gesten Gestalten und Schicksale sind. In seltenen Träumen leben wir, wie hier geschieht. – Von diesen Mythen gilt im höchsten Sinne Hegels Wort über Indien: »es ist Gott im Taumel seines Träumens, was wir hier vorgestellt sehen, ... es ist das Träumen des unbeschränkten Geistes selbst«. Was dieser komischen Oper ihre Leidenschaft, ihren hohen Lyrismus gibt, ist eine völlig neue Seelenluft, weltverschieden von der magischen Sphäre des Veda mit Zwang, Angst und Beschwörung. Hier ist die grenzenlose Hingabe des völlig preisgegebenen Geschöpfes an die Allmacht Gottes, liebende Ergebung, Glaube an sein Allerbarmen –: bhakti. Wissen um die Allmacht seiner Māyā; Gebet, ihr Schleier möge fallen, und der Mensch, spielende Selbstverwandlung Gottes, möge seiner selbst innewerden als Gott, der er ist, und so zu ihm eingehen.

Indien kennt nicht den sterbenden Gott, Osiris, der als Horus wiederkehrt, Adonis, Kore, die als grüne Saat aus dem Grab der Erde aufersteht, – den sterbenden wiedergeborenen Vegetationsgott. Der noch der unsere ist, wenn Christus stirbt und aufersteht, – freilich völlig verwandelt durch die Idee freiwilligen Gottesopfers für alle. Gewandet in die Glorie des Leidens, das er wie keiner vorher als Weg zu Gott geheiligt hat.

> »Je sais que la douleur est la noblesse unique
> où ne mordront jamais la terre et les enfers« –

dies höchste Wissen des christlichen Dichters, und sein Gebet:

»Soyez béni, mon Dieu, qui donnez la souffrance
comme un divin remède à nos impuretés«

– dieses Gebet ist Indien fremd. Seine Erlösungslehren heißen das Leid fliehen wie die vergängliche Lust, heißen den Menschen sich verwandeln ins Überweltlich-Überpersönliche des Göttlichen, heißen das Ego samt Lust und Leid wegläutern, es ausweiten in ein Unendliches, das, von der prunkhaften Existenz des Ego her gesehen, Leere und Nichts scheint oder das Über-All.

Aber der indische Gott kann lachen. Das kann der christliche nicht. Und dieses Lachen des Triumphes und der Gnade besitzt nur er.

Das berühmte olympische Gelächter homerischer Götter ist eine flache Lache – über Hephäst, den ungetümen Hinkebold, den eilfertigen Grobschmied, der sich in die Rolle des blanken Götterknaben Ganymedes drängt, den Eltern Nektar einzuschenken, in dem Hera und Zeus ihren Hader ertränken; – oder über Hephäst, den bekümmerten Hahnrei, der die eigene Lächerlichkeit im Netze fing und seine Frau Aphrodite bei dem Buhlen Ares dem lachenden Zeugenblick der Götter preisgibt. Wie anders klingt das Lachen des indischen Gottes. Im Triumph, wenn er, in den Weltlauf greifend, ein Geschöpf vernichtet, das sich seiner Ordnung entgegenstemmt, das selbstbesessen und übermütig herrschen will, nicht ahnend, daß es nur ein Stück seiner Māyā ist, eine Laune Gottes im Spiel des Ganzen, die er auslöscht, eine Geste seines Tanzes, die er abbricht. Das Lachen des Gottes über die sieghafte Vollkommenheit seiner trügerischen Māyā, daß ihr Geschöpf sich dünkt, von sich aus etwas zu sein, und den Herrn des Spiels nicht weiß.

Daneben aber das Lächeln des Gefallens und der Gnade am Geschöpf, »du weißt um mich, bist mein, bist Ich« – das Lächeln, mit dem er einen an sich zieht aus dem Wirbel des Lebens, ihn in sich aufnimmt in seine überweltliche Ruhe – einen, der da weiß: »ich bin Er. Ich bin Gott – und wußte es nur nicht, in Ich und Gestalt, Person und Welt befangen. Die sind nichts anderes als spielende Gesten, in die das göttliche Selbst kraft seiner Māyā sich wunderbar zum Scheine meines Ich, zum Schein der ganzen Welt verwandelt.«

Hier wird der Mythos zum Gefäß des Gott-Erkennens durch Gottesliebe, zum Gefäß der bhakti. Sie ist augenscheinlich vorarisch altes Verhältnis zu Gott – ihre unbedingte Hingabe, ihr kindhaftes Vertrauen entspricht dem Glauben an die Mutter. Von den Veden beschwiegen, wird sie seit der Bhagavadgītā neu verkündet. Daß sie erst entstünde, wenn sie uns in der Überlieferung nachvedischer Zeit sichtbar wird – in den letzten Jahrhunderten vor unserer Zeit –, ist ein optischer Trug (wie andere, die rein chronologischen Verhältnisse indischer Überlieferung naiver Auswertung nahelegen), ist eine falsch gelesene Perspektive unseres geschichtlichen Bildes.

Welche Eigenschaften befähigen eine indische Menschengestalt, mythisch zu werden im höchsten Maße: nicht nur als eine Figur im bunten Gewebe des Mythos, aber als sinnbildliche und verpflichtende Gestalt, wie es der Buddha und Krischna (um nur sie zu nennen) als Beispiel und Lehrer der Menschen geworden sind?

In Hellas sind Ödipus, Alkestis und Antigone vor anderen zu diesem höchsten Range gekommen. In ihnen allen steckt ja ein geschichtlicher Kern: sie waren Personen, Glieder alter Fürstenhäuser, und ihr Geschick ist ein Stück alter Familiengeschichte. Es ist nicht das Wunderbare, auch nicht das Grauenhafte, an ihrem Schicksal, das sie so unsterblich gemacht hat, zu Sinnbildern noch für uns – es ist das Element des Sittlichen an ihnen. Nicht Vatermord und Inzest, die neuerer Seelenkunde an Ödipus so bedeutsam scheinen, haben seinen Namen bis zu uns getragen, aber das Sittliche an ihm, das seinem Verhängnis die Waage hält, es schließlich bezwingt und in Segen wandelt, daß er die Frevel meiden will und *so* sich drein verstrickt, daß er sich selbst erkennen will: ob Frevler oder nicht, daß er mit naturhafter Gewalt das Gleichgewicht des Sittlichen wieder herstellt, indem er selbst die Sühne an sich vollzieht. Darum kann der leidvollste aller Menschen zum Segen vieler werden, die Stätte Attikas heiligen, an der er als Heros zu den Göttern sich entrückt.

Das Menschliche in seiner höchsten Form als Sittliches hat bei uns die Kraft, Menschengestalt ins Mythische zu heben und ihr am grenzenlosen Leben teilzugeben, das der Mythos hat. Vollzug der höchsten Anlage der Person zum Sittlichen, ihre Selbstverwandlung zum lauteren Gefäße seiner reinen Essenz durch furchtlose Aufopferung des Ichs und alles Hangens an Glück und Leben im Dienste höchster Gebote –: das ist der Weg Antigones. Der Weg, auf dem sie, allem Ego abdankend, das hohe Geschenk der Person in letzter Läuterung verklärt zurückempfängt: – Person als Verkörperung des Sittlichen selbst. – Sie geht in den Tod und kehrt aus ihm zurück zum ewigen Leben im Mythos bei uns, wie Alkestis, durch Herakles' gerechte Kraft dem Hades entrissen, in die Arme ihres Gemahls und ins Sonnenlicht des Diesseits wiederkehrt – verwandelt durch den Tod, bewußt zum Kind geworden beider Welten: des Transzendenten und des Hier, wie auch alle Wesen, die das Geheimnis dieser Wandlung nicht auf sich herabziehen können, es sind, ohne dessen innezuwerden.

In jeder menschlichen Existenz, in uns allen, steckt die Anlage, mythisch zu werden, Heros und Träger des Göttlichen, – wenn einer dem höchsten Sittengebot, zu werden, was er ist, und sich selbst in seinem höchsten Sinne zu vollstrecken, unter schwerstem Schicksal genügt – wenn er mit dieser Vollstreckung schwerstes Schicksal an sich zieht und besteht.

Anders in Indien. Auch hier wird mythisch, wer das Göttliche in sich verwirklicht. Aber dieses Göttliche ist kein Sittliches, es ist Kraft jenseits aller Gestalt und Namen, ist jenseits von Geschehen, Person und Kosmos. – Wer alle einzelne Bestimmung an sich löscht, Person und Schicksal, wer wie Gott ist, jenseits beider in grenzenloser Ruhe, und nur spielend in ihren Kontur und Ablauf verwoben, wird mythisch.

Freilich geht dieser Weg auch über ein höchstes Sittliches. Er geht über die völlige Entäußerung von der Person, einbegriffen ihren unbewußten Grund von Trieben und Begrenzungen, die als Bereitschaften der Tiefe, Person immer neu aufzubauen, in uns schlummern oder gären. Der werdende Buddha (Bodhisattva) zertut das Ich mit Opfern ohne Maß, in Leben ohne Zahl – so allein kann er werden, was er ist: transzendent, allem Schicksal enthoben. Und kann – letztes Ziel – sich selbst und anderen offenbar dies werden, was im geheimen jeder ist, wenn auch Māyā, Befangenheit in Ich und Welt (avidyā), ihm ewig den Anblick der eigenen Transzendenz verstellen will.

Aber wenn er als edler Prinz einem bösen Bettler klaglos die schöne Frau, die holden Kinder hingibt, daß er sie wegführe in ein Sklavenleben sinnloser Trennung, trostloser Qual – oder wenn er die knabenhafte Blüte seines königlichen Lebens wegwirft zum Fraß für eine Tigerin, die in der Wildnis geworfen hat und vor Entkräftung ihre

Jungen nicht zu nähren vermag, so geschehen diese Opfer – sinnleer, absurd vom Menschlichen her gesehen – wegen ihrer menschlichen Absurdität, um ihrer Unmenschlichkeit willen. Das Menschliche und sein Sinn, aller soziale und persönliche Wert, in dem das Sittliche ankert, will hier zertan werden; im Hinweggehen über ihn, das ihn auslöscht und menschlich gesehen absurd scheint, vollzieht sich das Transzendieren. Diese Opfer geschehen, um das schon erfühlte Geheimnis der eigenen und allgemeinsten Transzendenz zu ergreifen und in sich aufzunehmen – das Geheimnis, daß wir nicht sind, als was wir uns haben, sondern daß wir unaussagbar sind, grenzenlos in unserm Sein, aber befangen, verhaftet in dem, woran wir uns haften: Ich und Welt. Diese Opfer geschehen, um diesem Geheimnis der Transzendenz durch keine natürlichste menschliche Regung des Sich-selbst-Bewahrenwollens abzudanken, vielmehr um ihm zu genügen, indem der Mensch durch völlige Entäußerung seines Menschtums, seiner Kreatürlichkeit sich in die transzendente Sphäre aufschwingt.
Der werdende Buddha nimmt mit der Tat solcher Opfer voraus, was er als bewußtes Sein sich einverleiben will, auf daß es ihn ganz erfülle und beherrsche und jeder Rest von Menschsein als Notwendigkeit und Grenze seines Daseins von ihm abfalle. Dann wird dies Menschsein zu einer beiläufigen und wahlfreien Geste an ihm, die er beliebt zu üben wie eine Konvention des Umganges mit Mensch und Welt, wenn er mit ihnen umgeht. Eine Konvention, die ihn sowenig bindet, wie ein Zeremoniell, in das man sich mit lächelnder Anpassung einfügt, indes diese Konvention alle Kreatur – Götter wie Menschen und Tiere – eine jede in ihrer Sphäre, als das Gesetz ihres Daseins bindet und ihr die Grenze ihres Daseins zieht mit Endlichkeit, Vergänglichkeit, Gestalt und Gaben,

Geist- und Triebgebundenheit – mit allem, was das Wort Māyā meint.
In der Vollendung dieses Weges, eben in der Möglichkeit, mythisch im höchsten Sinne zu werden, liegt das Sittliche unterhalb des Vollendeten, wie alles Menschliche. Es ist nicht die Essenz, die ihn verewigend ganz erfüllt, es ist wie eine lichte Wolke unter seinen Füßen, die ihn aufwärts trug in das Essentielle der transzendenten Sphäre. Wie alles Menschliche, ist es für ihn ohne Sinn geworden, Sinn nur mehr für die anderen, die noch in der Māyā sind. Er kann nicht mehr dagegen verstoßen. Denn er ist hinter sich selbst getreten, steht jenseits der eigenen Person, jenseits aller Gegensätze von Ich und Du, Leiden und Tat. Sein Dasein in der Welt ist spielende Anpassung an ihre gestaltige Konvention – ist Schein in ihrem Scheine. Er tritt in die Hülse seiner Person wie Gott in seine Māyā. Sein Tun geht ihn nichts an, er stirbt nicht seinen Tod. Handelnd schaut er sich selber zu, wie einem, den er wohl ehemals kannte.
Das ist auch Krischnas Lehre in der Bhagavadgītā. Aber Krischna bewährt sie auch. Vor Beginn der vernichtenden Schlacht im indischen Epos, einer Art Weltkrieg der Ritterzeit, stellt er die Wahl: auf der einen Front sollen seine Freunde kämpfen, die Jugend- und Waffengefährten – auf der anderen er selbst allein. Aber Er nicht mit Waffen in Händen – nur mit seinem Rat. Und dieser Rat und die andere Front siegen: das große Heer, das ganze Hirtenvolk, dem Krischna geschwisterlich verbunden ist seit der Idylle seines kindhaften Heldentums, deckt die Walstatt.

So hat er es selbst voraus gewußt. Sein Rat war ihr Tod. – Aber sagt er nicht selbst, der menschgewordene Gott, in der Bhagavadgītā:

»Nicht wird er geboren, noch stirbt er je,
nicht ist er geworden, noch wird er je,
der ungeboren Ewige in uns wird nicht getötet,
  wenn der Leib getötet wird.

Wie einer verschlissenes Kleid ablegt,
ein anderes frisches überwirft,
so legt verschlissene Leiber ab
  und wandert in neue, der in Gestalten sich verleibt.«

Dieses gotthafte Leben zu lehren: in völliger Hingabe an das Leben unangerührt zu sein von seinem Lauf, wie Gott die Welten und Gestalten aus- und einströmt, ganz in ihnen und ganz *jenseits*, das ist das geheime Ziel des indischen Mythos, das gibt seiner reifen späten Form bis an die Schwelle unserer Zeit den völlig einzigen Charakter.

DER BRAUCH DER FISCHE

Altindische Politik und der Geist des Abendlandes

Schöpfer und Hüter der Doktrin altindischer Politik sind weniger die Könige, zu deren Nutzen sie geprägt ist, vielmehr ihre Räte und Kanzler, Brahmanen, Angehörige der obersten Kaste, die das magische und weltliche Wissen verwaltet, soweit es Ansehen genießt, die Zauberer und Gehirnmenschen altindischer Kultur. Das sind Theologen besonderer Art, Zauberpriester, die im Glauben an die Allmacht ihres Rituals mit dem ursprünglichen Schrecken der Menschen vor Göttern und Dämonen fertig geworden sind; ihr Wissen steht als beherrschende Kraft so anerkannt in ihrer Welt wie bei uns die Wissenschaft. Im Umgang mit dem Dämonischen, das sie überlistet, dem Göttlichen, das sie zur Wirkung rufen, haben sie das Grauen verlernt; wovor Gefühl erschrickt, Moral sich empört, kann ihnen an dem Ort, wo es zu Haus ist, nicht leicht unnatürlich erscheinen. Sie haben den Schwachen stark gemacht und ihm Sicherheit gegeben: dem Menschen gegen die Übermächte ringsum, so kennen sie das Geheimnis, wo der Starke schwach und zu treffen ist und wie der Ohnmächtige sich behauptet. Als Ritualisten wissen sie um das richtige Vorgehen im einzelnen, was jede Situation besonders fordert, denn das Dämonische ist das Unvorhergesehene schlechthin, und sie haben es überlistet. Als Hüter aller Tradition wachen sie über einer starren, zeremoniellen Lebensformung, wie sie magisch gebundenen Kulturen eigen ist, über einer sittlichen und sozialen Ordnung, die gläubige Unterwerfung, Opfer und rituelle Erfüllung verlangt und, auf sich selbst als Ganzes gerichtet, das Glück des Einzelnen nicht in ihr Blickfeld zieht; sie sind die gültigen Verwalter jener Inhumanität, die von archaischen Kulturen untrennbar scheint und in Indien die allgemeine Wesensliebe des Buddhismus wie einen leuchtenden Schlagschatten ihrer dunklen Gestalt hervorgebracht hat.

Volkstümliche Lehrbücher der Politik, das bekannte »Pantschatantra« oder »Hitopadescha« – die »Unterweisung in dem, was frommt« – geben die politische Doktrin in Form von Tierfabeln. Es ist bezeichnend für das Wesen altindischer Politik, daß ihre Lehre keinen Trennungsstrich zieht zwischen der politischen Sphäre und dem Reich der Natur. Das Leben der Tiere untereinander, in Feindschaft und Überlistung, daß eins des andern Beute ist und ihm zu entkommen sucht, daß Schwache gegen den Stärkeren vereint mit ihm fertig werden können, – diese grausame Unschuld des Lebens, das sich fristen will, indem es einander verschlingt, ist das unmittelbare Abbild der politischen Welt. Lehren, die sich aus der grenzenlosen Insekurität, der Preisgegebenheit und Erbarmungslosigkeit des natürlichen Daseinskampfes ziehen lassen, gelten uneingeschränkt für die Sphäre der Politik.

Aber auch die Grenze der politischen Doktrin gegenüber der allgemeinen Lebensklugheit bleibt offen, eine »Unterweisung in dem, was frommt« wendet sich offenbar an alle; aus dem Verhalten der Tiere untereinander mit Kampf und Bündnis, List und Gewalt kann jeder lernen. So sind diese politischen Lehrbücher in Tierfabelform – ursprünglich schon in usum delphini gemeint – schließlich zu Schulbüchern der sanskritkundigen oberen Stände geworden und Allgemeingut wie Reinke Vos bei uns und wie ihre Nachbildungen bis zu Lafontaine und Gellert. Indien hat aus seiner Sprache keinen besonderen Ausdruck entwickelt, der unserem Wort »Politik« entspräche, – kein Wort, das sich vom Begriff des Gemeinwesens, wie der antiken Polis, herleitet und nachträglich in allgemeinerer

Funktion auch für das geschickte Verhalten des Einzelnen in unpolitischer Situation gebraucht werden kann; umgekehrt heißt das indische Wort für Politik einfach »Führung« (nīti) als Inbegriff klugen Verhaltens und ist aus weltweitem Anwendungsbereich, aus der Sphäre der Tiere und Menschen auf den eigentlichen Bereich der Politik, den Staat, verengt. Hier kann es zusätzlich »rāja-nīti«, »königliche Führung«, oder »danda-nıti« d. i. »Handhabung des Stockes« heißen, denn der Stock (danda) ist in Indien das Zeichen richterlicher Gewalt und Strafe. Der König trägt ihn wie der richtende König der Toten; er schafft Recht und erhält die Ordnung. Politik als rechte Führung des Königs, als Lehre, wie er sein Amt zu führen hat, um es sich zu wahren, und wie er mit dem erhobenen Stock der Strafe die sich selbst zerreißenden Mächte des Daseinskampfes in Bann hält, ist also nur ein Sonderfall allgemeinsten Wissens um die Technik der Selbstbehauptung.

Der König bedarf dieser Lehre am meisten; bei aller Machtfülle, die sein Amt umgibt, ist er in seiner Person gefährdeter als andere Menschen und ist, wie sein Abbild im indischen Schachspiel, zugleich eine allseits abhängige und nicht sehr schlagfähige Figur. Zwei Zonen, in denen die allgemeine Gefährdung alles Daseins gesteigert erscheint, durchdringen einander in der politischen Lehre: die Situation des Königs, einsam an der Spitze des Staats und im Kreise bedrohender Nachbarn, und die Situation des Tiers, preisgegeben in der Wildnis, – die eine ist der praktische Gegenstand der Lehre, die andere gibt ihr den beispielhaften Hintergrund. Darin liegt dann die allgemeinere Funktion der besonderen politischen Lehre: sie ist ganz auf die Staatsform und Problematik des Despotismus gemünzt, aber am Bilde dieses Grenzfalles zeigen sich die Prinzipien der Sicherung und Machtausweitung überhaupt verschärft wie unter einer Linse und dienen auch denen zur Lehre, die innerhalb des sozialen Gefüges durch Recht und Sitte geschützter sein mögen.

Die Staatsform, der die politische Lehre gilt, ist der indische Despotismus, wie er seit dem 6. Jahrhundert v. Chr., etwa seit Buddhas Zeit, geschichtlich greifbar wird, – eine gnadenlose Form der Monarchie. Kein Charisma des Bluts, keine gottpriesterliche Funktion rückt diese Könige über die anderen Menschen hinaus als unantastbar. Zwar das monarchische Prinzip steht über allem Zweifel; mit dem ganzen sozialen Gebäude, dieser reichen pyramidalen Gliederung in Kasten, einer äußersten Funktionsteilung der Stände nach gestuften Tabus ritueller Reinheit, mit dem ganzen magischen Zeremonial des Lebens, das jedem Menschen nach Geburt, Geschlecht und Lebensalter Genauestes auferlegt und verwehrt, nur scharf Umrissenes offenläßt, und selten darunter ein Moment der Wahl, – mit der ganzen Starre einer archaischen sakramentalen Kultur ist auch das Königtum als unerläßlicher Hüter dieser gesamten Ordnung gesetzt. Aber es untersteht der naturgegebenen, gottoffenbarten Tradition, – daß diese von allen in erfüllte Lebensordnung umgesetzt werde, ist sein Wächteramt. Traditionsgebunden, ohne schöpferisches Prinzip, hat kein indischer Herrscher von sich her die Autorität besessen, das geltende Recht zu kodifizieren und neu zu prägen, wie Hammurabi oder Justinian oder die Neubegründer chinesischer Kaiserhäuser.

Als Person scheint der König auswechselbar wie nur einer in seinem Amt. Höher als er, zu Kritik und Tadel bereit, reizbar in ihren Vorrechten und ihrer überlegenen Würde, stehen Brahmanen und Asketen, – hier zahlreiche und verstreute Träger des gotthaften Fluidums, das anderwärts die Pharaonen, der Sohn des Himmels, der Mikado auf ihr eines Haupt versammeln, – gefährliche wie unentbehrliche Walter priesterlicher Funktionen und magischer Kräfte, menschhafte Verleiblichung des Übermenschlichen. Mit solchen Gestalten der Priester und Seher, Asketen und Heiligen senkt eine unsichtbare Rangordnung kosmischer Typen, auf deren ungreifbaren Rängen Götter und Übermächte thronen, ihre Wurzeln rings in die sichtbare Welt, – schon durch die Tatsache der Seelenwanderung, die Tier und Bettler morgen zum Gott erhöhen kann und den König in die Hölle stürzen, die alle Lebensmonaden zeitlos durch alle Sphären hohen und niederen Daseins wirbelt nach der Reinheit ihres Handelns und Erkennens. Oberer Walter der sichtbaren Welt, steht der König niedrig in diesen Rängen; König sein ist eine hohe Chance nur für den, der ganz gebannt aufs Sichtbare schaut. Der Buddha war als Königssohn geboren, das Reich seines Vaters war ihm gewiß, ja ihm war verheißen, der Traum indischer Könige, Oberherr über alle zu sein, solle sich an ihm erfüllen. Aber er streifte das alles ab, Geschenke und Versprechen des Lebens, um bar und bloß die Welt zu überwinden, statt sie beherrschend, sich an sie zu binden. Was wiegt eine Krone, wenn man den Blick für drüben hat, für das zeitlose Kreisen in Wiedergeburten, wenn man den besonderen Geschmack des Episodischen am einzelnen Lebenslaufe auf der Zunge schmeckt!

Das einzelne Leben als Episode, Menschendasein eine mittlere Chance zwischen Göttern oben, Tier- und Höllendasein unten, alles im Augenblick Versagte vorstellbar als Chance einer Zukunft oder als schon gekostet in zur Erinnerung umgestülpten Wunschträumen, dieses Heut und Hier in seiner Bitternis, Not und Enge entlastet durch die Möglichkeit äußerster Relativierung in Zeit und Raum, – das gibt dem ungemeinen Druck und Zwang des sozialen Gefüges in Indien eine Elastizität bis an die Grenze des Traumgebilds, – das ist das wirksamste Ventil, Kräfte, die anderwärts zu politischen Gebilden, Parteien, Bewegungen, zu Revolutionen, politischer und sozialer Neugestaltung sich ballen, ins persönlich Imaginäre zu verpuffen; – dieses indische Lebensgefühl ist wohl der größte unsichtbare Alliierte des Königs, seine Stellung nach innen zu festigen.

Eine tiefe Unlust zu öffentlicher Verantwortung und persönlichem Hervortreten im indischen Charakter hängt damit zusammen; der längst korrupte Zustand einer ehrwürdigen Ordnung mag offenbar sein, – wer wagte ihn zu ändern? Wer fühlte in seiner episodischen Person das Maß, den zeitlosen Rahmen zu wandeln? Handeln, – davor warnen die Weisen. Handeln verstrickt in Schuld; Gewalt, ohne die kein Handeln ist, muß man nach dem kosmischen Gesetz der Vergeltung früher oder später erleiden, wie man sie geübt hat. Der erste Schritt ist frei, dann ist man verstrickt; wo endet das Ringen? Aktivität ist wie ein Krieg, man mag ihn vom Zaun brechen, aber nicht enden, wann man will. Weil nichts mit dem Tode aus ist, scheint es besser zu dulden als zu streiten. Schlimmes Regiment ist wie böses Wetter: ein Stück Natur, man muß sie ertragen und sucht sich vor beiden zu bergen.

Stadt, Landschaft und Stammesart bilden keinen politischen Eigenraum, der von der Doktrin mit seiner besonderen Stoßkraft in Rechnung gestellt werden müßte. Die Vorstellungen, in denen der einzelne sich selbst erlebt, sind unpolitisch, bürgerlich und religiös: Familie, Kaste, Beruf und Sekte. Der Despotismus duldet keine wehrhaften Bürger. Das ist die Sicherheit der Monarchen in Zeiten der Ruhe; in Gefahr von außen ist er auf sich selbst angewiesen und auf seinen Apparat.

Falls nichts an seiner Person und Leistung zu rühmen ist,

bleibt er das notwendige Übel, das vor Schlimmerem schützt: die Gewähr der Rechtsordnung, die sich zwischen den Menschen und das Chaos seiner entfesselten Triebe im Daseinskampfe stellt, – die Gewähr, daß dieser Kampf nicht zum reinen Naturzustand in der Wildnis entarte. »Wäre nicht der Stock«, heißt es von der Strafgewalt des Königs, »dann gingen die Menschen zugrunde; wie die Fische im Meer fräßen die Starken die Schwächeren auf« – das ist der »Brauch der Fische«, die reine Ordnung der Natur, die sich erhält, indem sie sich verschlingt. Im Kampf der Staaten gegeneinander herrscht sie uneingeschränkt, in ständiger Drohung ist der Apparat der Macht gegen die anderen gerichtet.
Der König gilt als Gemahl der Erde, ihr Leib, das Land ist sein eigen. So nimmt er ein Sechstel des Bodenertrags, dazu die gesamte Grubenausbeute der bedeutenden Vorkommen an Gold und Edelsteinen. Regiebetriebe, Krongüter und Wälder, ein dichtes Netz von Steuern und Zöllen, Strafjustiz als Einnahmequelle mit hohen Geldstrafen und Vermögenskonfiskation, – all das pumpt die Kräfte in den königlichen Staatsapparat, erhält Hof, Beamte und Heer, dazu eine Armee inoffizieller Agenten, Spione, Organe. Denn die Atmosphäre dieses Apparates ist Mißtrauen nach innen wie außen. Eine Staatslehre bezeichnet dem König vierzig Formen der Bereicherung bei seinen Organen. »Wer kann sagen, wann die Fische, die im Wasser schwimmen, vom Wasser trinken?« – »Eher kann man den Weg gewahren, den ein Vogel durch die Luft zog, als welche verhohlenen Schliche die eigenen Beamten wandeln.«
Zum Apparat zu gehören ist eine Chance, man ist Nutznießer der Macht, ist ein Teil des Subjekts im Ausbeutungsprozeß des Despotismus. Der Chance entspricht die Gefahr: von Intrigen umsponnen, der Verleumdung

sicher, von Spitzeln umgeben ist die Gunst, die den Bevorzugten trägt, augenblicks widerrufbar und von Laune und Furcht des Höheren überschattet. Sich unentbehrlich machen bleibt eins der Geheimnisse, um zu dauern. Dazu darf man »alle Dinge nur bis auf einen Rest erledigen«, sonst wird man überflüssig und versinkt, – wie jene Katze, die sich der Löwe einmal aus dem Dorfe holte, damit sie ihn vor einer Maus in seiner Höhle schütze. Immer wenn er schlief, kam eine Maus aus ihrem Loch und nagte an seiner Mähne, und wenn er sie fangen wollte, entwischte sie. Aber der Kater, der sich von Abfällen seiner Beute nähren durfte, behütete seinen Schlaf. Bis er eines Tages so gut wie in Ungnade fiel, weil er zu tüchtig war. Er hatte die Maus erwischt. Als der Löwe sie nicht mehr rascheln und pfeifen hörte, gab er dem Kater nichts mehr zu essen. Es gilt Schwierigkeiten und Feinde in einem gewissen Umfange zu erhalten; dank ihrer erhält man sich selbst. Es war Wallensteins Unglück bei Lützen, nicht daß er geschlagen wurde, aber daß sein großer Gegenspieler fiel. Sobald der Wiener Hof den Alpdruck Gustav Adolf los war, mußte er in seinem eigenen General, dem Retter, die große Gefahr sehen. »Es gibt keinen geborenen Freund oder Feind«, sagt die indische Lehre, »Gelegenheit und Einigung macht Freunde und Feinde.«
Vollkommene Verhohlenheit ist der Umgangsstil dieser Politik, »man trage seinen Feind auf der Schulter, bis man hat, was man will; im rechten Augenblick wirft man ihn ab, daß er zerschellt wie ein irdener Krug am Steine«. – »Wer darauf sinnt, was ihm frommt, und einen bezwingen will, tu es bedachtsam. Holt er schon aus, ihn zu treffen, rede er freundlich zu ihm; schlägt er zu, noch freundlicher; hat er ihm das Haupt abgeschlagen, soll er weinen und klagen!« und ein anderes Wort sagt, »glücklich die Könige, die nachts ruhig schlafen!«

In dieser prekären Haltung, waffenstarrend, drohend und behutsam tritt der König in den Kreis seiner königlichen Rivalen um die Gunst der Göttin Erde, die jeder allein zu besitzen träumt. Das Schlachtfeld dieses Kampfes, der vorderindische Kontinent, ist von anderem Bau als Europa: eine große gliederlose Masse, durch Ströme quer in sich verbunden, durch Berge nicht eigentlich zerklüftet. Hier liegt die Mehrzahl der Staaten wie Deutschland: rein geographisch hat sie Feinde ringsum, nur einige lehnen den Rücken an Meer und Gebirg, die Ränder des politischen Raums. Daher kommt die politische Standortstheorie, daß der König inmitten eines Ringes von feindlichen Nachbarn sitze, die im Augenblick der Schwäche über ihn herfallen können, – eine Theorie konzentrischer Ringe, in deren Mitte er selbst, in deren zweitem Ring die Feinde seiner Feinde, seine natürlichen Bundesgenossen sitzen, und so sich folgend Ring auf Ring einander bedrohende Kräfte, die jeweils den Nachbarn des Feindes als möglichen Verbündeten empfinden. Die neuere Geschichte Europas, besonders der Gegensatz Deutschland–Frankreich zeigt, daß hier ein ganz Allgemeines richtig gefaßt ist. Seit Karl V. von den Habsburgern in Spanien und im Reiche umfaßt, sieht Frankreich seinen natürlichen Verbündeten in der Türkei; der Kurfürst von Bayern aber, von Österreichs Nachbarschaft bedroht, fand seinen natürlichen Freund in Ludwig XIV.; Napoleon mußte Alexander von Rußland zu sich hinüberziehen aus der Koalition mit Österreich und Preußen, mußte ein Polen in ihrem Rücken aufrichten, – die ganze Ententepolitik gehört hierher.

Das Netz politischer Beziehungen und Spannungen ist in diesem Raume indischer Politik äußerst dicht und kompliziert in wechselseitigen Abhängigkeiten, zugleich höchst unbeständig, denn jeder seiner Faktoren wechselt an Gewicht je nach der inneren Solidität, die vom einzelnen Träger der Macht abhängt. Krieg ist unvermeidlich, als Präventivkrieg bevorzugt und kann fürs Prestige des Königs unerläßlich sein. Aber man ist sich bewußt, wie sehr er Vabanque-Spiel ist, er öffnet dem Unvorhergesehenen nach allen Seiten die Tür, eine verlorene Schlacht entscheidet oft über das Schicksal der Dynastie. Es fehlen zu sehr die patriarchalisch-moralischen Reserven, die z. B. den Habsburgern eine längere Serie unglücklicher Kriege erlaubten. Abfindung des Feindes mit Opfern, Spaltung seines Lagers durch Bestechung, Familienzwist oder Abfall der Bundesgenossen, friedliches Gewinnen durch Verständigung über gemeinsame Interessen, – »sāman« genannt nach Zaubermelodien, mit denen man Dämonen einlullt, – sind gleichwertige, weniger riskante Mittel der Politik neben der kriegerischen Entscheidung. Lautlos und hellhörig schlafen wie die Gazelle, furchtbar ausgreifen wie der Löwe, sich stillhalten wie die Schildkröte, die ihre Glieder unter dem Schilde birgt, sich blind und taub stellen, sind wechselnde Verhaltungsweisen, von den Umständen geboten. Man soll den Feind nicht zum Äußersten treiben, Verzweiflung kann unerwartete Kräfte entfalten, und ein verlängerter Krieg ist gewagt, die Gesamtkonstellation kann zu schnell wechseln; – andererseits gilt: »ein Rest von Feind ist wie ein Rest von Feuer oder Schulden, – alle drei wachsen wieder nach«. – Überraschung ist das Hauptmoment glücklicher Politik, tiefes Geheimnis die Atmosphäre, Verrat das gewohnte Mittel, Spionage, Bestechung und Intrigen sind die tägliche Abwehr und Vorsorge nach außen wie innen. In allem das Gefühl: wer ist nicht schwach? wer nicht gefährdet? wie verwundbar ist der Starke! wieviel vermögen die Umstände, und wer beherrscht sie, weiß sie voraus? wieviel vermag der Augenblick, wenn ihn der richtige Mann ergreift!

In diesen konzentrischen Ringen großer und kleiner Raubtiere, die einander belauern, umschleichen, in Schach halten, träumt jeder davon, Herr des Ganzen zu werden. Alle anderen sollen, die Häupter neigend, den Schimmer ihrer Diademe in den Nägeln seiner Füße spiegeln, seine siegreichen Kriegselefanten sollen aus allen Meeren trinken und die Erde ihm nach allen Himmelsrichtungen gehören. Dann wäre auch im Reiche der Politik, wie es in der sozialen Ordnung sein sollte, der Naturstand, der Brauch der Fische, daß der Große den Kleinen frißt, vorüber. Freilich nicht abgeschafft, nur aufgehoben durch das Recht des Stärksten und nur für die Dauer seines Daseins. Ein Friedenstraum der indischen Massen, und als solcher immer wieder mythisch verklärt, – aber keine Aufgabe, zu deren Verwirklichung alle aufgerufen wären, kein in die Zukunft weisendes Ideal, das in wechselnden Anläufen immer greifbarere Wirklichkeit werden soll, sondern ein Göttergeschenk von oben, mit kreisender Wiederkehr im Fluß der Zeiten immer wieder einmal möglich, wenn sich die Zeit erfüllt und unter den Menschen ein übermenschlich Hoher, Gewaltiger aufsteht, der mit seinem Stocke der Macht der ganzen Erde den Frieden der sozialen Ordnung geben kann, weil er die politische Sphäre mit der Einschmelzung alles Gegenraums und seiner Spannungen gänzlich aufgehoben hat. Indiens politische Doktrin nennt sich »Lehre des artha«, – ein Wort, das etwa lateinisch »res« entspricht und die Fülle des Realen meint: Geld und Besitz, Interesse und Zweck. Die Doktrin des artha meint, daß Macht eine materielle Angelegenheit sei: greifbare Werte aller Art, um aus ihnen das Interesse all der Menschen zu speisen, die der Despot als seine Organe an sich fesselt. Das Moralische wird dabei scharf gesehen: nicht als ein Übergeordnetes, Grenzenziehendes, sondern als unentbehrliches

Ingrediens, als Forderung des Fürsten an sich selbst, anderen und sich selbst überlegen zu sein an Selbstbeherrschung und Leistungsfähigkeit, wie er überlegen sein muß an Charme und List. Erbarmungslosigkeit und Kraft, sich einzusetzen. Es wird ferner gesehen als unentbehrliche Beimischung der Macht, sie erträglicher zu machen in der Brutalität ihrer Sicherungsmaßnahmen, es ist das Öl. Moral ist einkalkuliert als Wirkungsmittel: soweit wie möglich das Zeremoniell ihrer Formen ehren, das stärkt die Moral der anderen und verschleiert die Drohung.

Aber die ganze Doktrin durchzieht eine leidenschaftliche Polemik gegen das Vorrecht der Moral, die Handlungsweise des politischen Menschen entscheidend zu leiten. »Dharma«, das Sittengesetz, das alle Untertanen unter sein Gebot beugt, dessen beugende Kraft in Wirkung zu halten das Amt des Königs ist, – dharma kann für den König selbst nur bedingte Geltung haben; artha, sein existenznotwendiges Interesse, muß ihm höher stehen. Wie der vollendete Heilige jenseits von Gut und Böse steht, dem Spiel der Welt enthoben, und Worte wie Schuld und Unschuld ihren Sinn an ihm verloren haben, muß der König, um sich in seiner Funktion zu behaupten, jeden Augenblick jenseits der Sittenordnung treten können und ganz auf seine Selbstbehauptung sehen. Dazu ist jedes Mittel recht, denn sich behauptend dient er dem Ganzen, erhält er die Ordnung, mit seinem Sturz droht das Chaos des Daseinskampfs ohne Grenzen.

Diese Doktrin schaut ganz aufs Sichtbare. Mit gereiztem oder überlegenem Ton erwehrt sie sich des Gewölks moralverquickter Metaphysik, das die indische Atmosphäre füllt: der Lehre der Seelenwanderung und Vergeltung; ein verlorenes Lehrbuch, aus dem zitiert wird, nennt die Veden, die höchste Autorität brahmanischer

Orthodoxie in weltanschaulichen Dingen, »Schwindel«; es meint, »wer den Wettlauf kennt, weiß: das dient nur der Vernebelung«. Der Träger politischer Macht wird erzogen, bewußt und gewaltsam abzusehen von dem, was alle andern binden soll, vom theologisch-moralischen Element, das die Massen beherrscht. Denn die Doktrin der Politik ist in ihrer Zuspitzung auf den politischen Menschen wie alles Lehrgut in Indien eine Lehre für Eingeweihte oder Spezialisten.
Wie Arzt und Priester, Zauberer und Handwerker im Besitz ihrer besonderen geheimen Lehre sind, um ihrem Stoff gewachsen zu sein, so ist der Politiker, der Fürst der Eingeweihte in die Lehre der Macht. Solche Wissenslehren sind Göttinnen und verlangen eifersüchtig, daß man sich ihren besonderen Geboten gänzlich unterwirft. Wer der Macht dienen will, daß sie ihm diene, verschreibe sich ihr ganz, sonst wird er sie gar nicht bewahren können. Dem Ganzen notwendig als Hüter der Ordnung, kann der Fürst der Notwendigkeit seines Amts nur genügen, wenn er sein besonderes Gesetz, Macht unter allen Umständen zu wollen, ausschließlich erfüllt. Damit löst sich für ihn und auch für die Augen der anderen der Zwiespalt zwischen Macht und Sittenordnung: die Macht zu wollen unter allen Umständen ist die besondere Moral des politischen Menschen; was den unpolitischen schuldig macht, ist sein Gebot, ist die Erfüllung seiner Idee, seiner besonderen Funktion im Spiel des Ganzen.
Indiens politische Doktrin ist wie Indiens ganze Weltansicht unsentimental, naiv zynisch; der politische Bereich ist angesehen mit dem unmenschlichen Auge der Natur. Erst die Griechen haben den Menschen für uns als etwas Besonderes entdeckt, als dieses Tier mit Humanität, und mit ihm das sentimentale Verhältnis des Menschen zu sich selbst und zur Menschheit. Seitdem sind

Sentimentalität und zynische Selbstbehauptung die beiden Pole, zwischen denen die politische Willensbildung des Abendlandes spielt. Die Sentimentalität ist vom Zynismus her leicht zu belächeln, und doch ist sie das Plus, das den christlich-modernen Menschen, den Abendländer, seit dem Hellenismus von der archaischen Haltung des Menschen scheidet, die Alt-Indien und Ostasien verkörpern. Sie fügt der politischen Weltansicht eine ganze Dimension hinzu. Das Reich der Natur, der »Brauch der Fische«, die einander fressen, ist zeitlose Gegenwart, Zustand schlechthin, wird erlitten und ausgeübt, zynisch konstatiert oder metaphysisch überwunden, Stagnation ohne Dynamik; die sentimentale Humanität aber trägt den menschlichen Willen, diesen Aggregatzustand des Ganzen zu wandeln, wie ein Ferment hinein, – den Willen, der in eine Zukunft weist und um ihre Gestaltung ringt. Sie bringt die Idee der Menschheitsgeschichte, daß es so etwas gäbe: eine besondere Menschheitsgeschichte, die sich als einmaliges Epos über die Bindungen des zeitlos kreisenden Naturstandes erhebt.

In dieser Humanität steckt ein neuer Sinn für das Ganze der politischen Welt und eine Verantwortung für dieses Ganze. Es ist nicht mehr nur ein Schauplatz streitender Kräfte, ein Gesamtraum ichbesessener Mächte, die sich vielleicht auf Zeit von einer zentralen Übermacht bändigen lassen, sondern dieses Ganze ist wie unser eigenes großes Ich, für das wir alle verantwortlich sind, und soll eine Einheit werden, in der keiner verloren ist.

Diese westliche Idee des Ganzen ist das Erbe des Imperium Romanum mit seiner Fiktion, den ganzen bewohnten Erdkreis umgreifend zu befrieden. Über die antiken Staatsbegriffe der Polis und Res publica, die der Selbstbehauptung des Vereinzelten dienen, über den Begriff des Vaterlandes, den Cicero prägte, hinaus, erhebt sich die

Idee der Pax Romana, des Römischen Weltfriedens mit universaler Geltung. Die politische Schöpfung des Augustus findet ihre ideelle Interpretation durch Vergil, den großen sentimentalen Dichter der Antike. Äneas, der den Keim des römischen Weltreichs pflanzt, vernimmt, ins Schattenreich hinabgestiegen, aus Anchises' Munde im Elysium den göttlichen Auftrag, den die Weltgeschichte Rom bereithält, »parcere subiectis et debellare superbos« – »die Unterworfenen gnädig zu regieren und die Widerspenstigen in Kriegen zu bezwingen«. Hier hat die Macht, auf der Höhe ihrer Expansion einhaltend, in ihrer vereinsamten Größe erschauernd, den Drang, dieses Wunder an Kraft, das sie nach dem Brauch der Fische in Selbstbehauptung und Verschlingen geworden ist, nicht nur als Zustand zu genießen, sondern als Aufgabe zu begreifen und sich darin zu verklären. Das ist ein Moment, den die jeweils größte Macht im Westen immer wieder erreicht, sie begreift sich als verantwortlich für ein Werdendes, zu Gestaltendes; so die Kirche, ihrer Idee folgend wie als geistliche Erbin des Imperium Romanum, mit ihrer Weltmission; aber auch der Engländer in der weltlichen Formel von »the white man's burden«, von der Verantwortung des weißen Mannes, die christliche Zivilisation in Verwaltung der Erde planetar zu machen, die anderen Rassen zu westlicher Humanität zu erziehen.

Ethisches Pathos und objektive Ironie umfunkeln diese Formel. Aber das Verantwortungsgefühl für das Ganze als eine zu entwickelnde Größe oberhalb des nur gebändigten Naturstandes ist mehr als bloße Maskierung des Machtwillens, sich selber annehmbar zu machen. Daß er die Notwendigkeit empfindet, sich zu rechtfertigen, ist das Besondere an ihm, – dieses Gewissen, daß er zur Macht nicht einfach ja sagen kann, wie ein Löwe zu seiner Pracht, sondern daß er sie als verpflichtend für das Ganze nehmen muß, daß sie ihm selber Grenzen setzt. Von den Beherrschten und Bedrohten aus kann das als große Verlogenheit wirken, und der Mächtige, der sich durch Macht verpflichtet fühlt, sieht sich ungern an sein Glück erinnert, Subjekt der Politik zu sein und entsprechend im Genuß der größeren Fülle. So erscheint der koloniale Imperialismus den Ausgebeuteten und Bedrohten als »höhere« Verlogenheit, der Westen mit seiner humanen Moral als das verlogene Raubtier neben dem immoralisch-naiven des Ostens, das nur verschlagen ist, grausam mit gutem Gewissen.

Das Mittelalter lebt mit Entschiedenheit von der Ideologie eines Ganzen, für das alle verantwortlich sein sollen, daß es in sich den Naturstand überwindet; die Mythe der Christenheit soll einen Frieden im Innern schaffen und die Wut der Fische nach außen lenken, die Kreuzzüge sind ein sichtbarer Versuch einer solchen Zusammenfassung der sich selbst zerfleischenden Kräfte gegen den ideellen Feind. Aber Friedrichs II. orientalisierende Despotie in Sizilien, mittelalterlicher Wegbereiter fürstlicher Tyrannis bis in den Absolutismus hinein, rehabilitiert mit ihrer Doktrin die reine Geltung des Brauchs der Fische, wie ihn dann Machiavell für seine Zeit konstatiert. Man hat die indische Lehre gern mit Machiavell verglichen, aber gerade sein »Principe« weist über die reine Zuständlichkeit sich selbst zerfleischender Despotismen hinaus; am Eingang der Moderne schwebt ihm das Ideal der Nation vor, eines in seinen Grenzen geeinten Italiens, ledig der Despoten und fremden Gewalten, die es zerfetzen. Diese Idee eines naturhaft in sich befriedeten Ganzen als nahe reale Möglichkeit von selbstverständlicher Dauer hebt Machiavell über die Trostlosigkeit des reinen Naturaspekts hinaus.

Die zivilisatorische Mission, auserwähltes Volk zu sein, die der englische Puritanismus dem Alten Testament entnimmt, bringt in weltlicher Form noch einmal eine den Kreuzzügen ähnliche Situation: wieder ist eine Gegenwelt fremder Kultur und Rasse ausgegrenzt, für die dem kolonialen Imperialismus der Brauch der Fische mit gutem Gewissen gilt. Noch einmal, wie schon bei den spanischen Conquistadoren, gibt die Mythe der Christenheit mit der Idee einer Ganzheit, die ihren Gegenraum hat, dem expansiven Kräftedrang zu seinem Beutefelde das gute Gewissen einer Mission.

Auch diese Episode ist vorbei, und eine gewisse Aktualität der indischen Doktrin mag darin gefunden werden, daß die Frage auftauchen kann: welcher erdumfassende Mythos könnte heute dem zeitlosen Brauch der Fische als wirkende Idee, ihn verschleiernd und faktisch temperierend, entgegengehalten werden? – Mythen wachsen aus dem individuellen Schicksal einzelner Völker und Kulturkreise; die Erde als Ganzes, wie sie sich jetzt zusammengeschlossen hat, besitzt kein gemeinsames Schicksal, hat noch keinen verbindlichen Mythos. Eine Schwierigkeit der Verständigung in Genf, den Brauch der Fische einzuschränken und an Stelle des »atha« einen »dharma« zu setzen, scheint darin zu liegen, daß man an keine gemeinsamen mythischen Urbilder appellieren kann, um Gefühle aufzurühren oder zu bannen, daß man vielmehr die mythischen Erbmassen nationaler Heldengeschichte gegen sich hat, und gegen sie mit rationaler Einsicht und freiwilliger Einschränkung nationaler Egoismen ankommen soll.

Heute ist kein Gegenraum mehr da, in den die Kräfte, die einander expansiv bedrohen, abgeleitet werden könnten mit gutem Gewissen, mit ideologischer Verklärung. Der Vorrang der Christenheit, die Einzigkeit westlicher

Humanität sind sich selbst zweifelhaft geworden als Grundlagen eines planetaren Mandats, die Unterworfenen zu erziehen, die Widerspenstigen zu beugen, und haben durch lohnende Geschäfte mit dem östlichen Gegenraum, auf den sie sich beziehen konnten, sich selbst abgedankt. So scheint der Augenblick wieder der zynischen Natursicht recht zu geben; die Ironie gegen die Konferenzler mit ihrer Hochspannung zu tagen, – diese fischgläubige, wehrgläubige Ironie scheint berechtigt, – auch angesichts der Ruhe und Schnelligkeit, mit der sich fürs allgemeine Bewußtsein das Grab über der frischen Katastrophe schließt, und angesichts der Gelassenheit weithin, mit der sie nur als Vorspiel und Probe künftiger, viel gründlicherer Zerstörungen empfunden wird.

Aber es scheint undenkbar, daß das Prinzip der Humanität, diese eigentliche Geburtsakte des Abendlandes verschwände, diese folgenreichste Erfindung der Griechen, an der das rationale menschbezogene Weltbild mit all seinen Erfolgen der Erd- und Stoffbeherrschung, als ihre greifbarste Konsequenz, hängt, – daß es verschwände, auch wenn es einer ganz verwandelten Erdsituation gegenübersteht.

Seine augenblickliche Schwäche, ein höheres Aggregat politischen Lebens als den reinen Kampf der Kräfte heraufzuführen, ist ein Schein – es war allezeit schwach, das liegt in seinem Wesen und gehört zu seiner Stärke. Freilich, wenn der Brauch der Fische, von ihm aus gesehen, manchem als reiner Atavismus erscheint, der durch Vernunft und Güte überwindbar wäre, so gilt die psychologische Einsicht, daß unsere stärksten, tiefsten Atavismen zeitlos sind, daß sie immer wieder zur Herrschaft kommen in Affekten und hemmungslosen Entladungen, wenn die Lage des Menschen kritisch wird. Er greift auf sie zurück, ihre dämonisch-explosive Substanz wird seine

Kraft und Rettung; auf Zeit durch Disziplin gemeistert, im Gleichlauf erträglicher Tage als entbehrlich und störend zurückgedrängt, sprengen sie den Bann errungenen Gleichgewichts im Alarm der Selbstbehauptung.

Aber darin, daß Verständigung statt Kampf nur eine Idee ist ohne greifbare Drohung, liegt ihre Stärke; darin, daß der Brauch der Fische keinen vagen Gegenraum mehr findet, sich auszuleben mit gutem Gewissen, wenn er im anerkannten Ganzen gebannt sein soll, – in der planetaren Einheit des politischen Kraftfeldes, die kein Ventil mehr hat, liegt der neue Ernst der Situation: ein objektiver Zwang zur Verantwortung für dieses kollektive Ganze, der früheren Jahrhunderten mit der luftigen Elastizität ihrer Räume abging.

Die Idee einer Ordnung jenseits des Brauchs der Gewalt läßt sich heute nicht mehr im Transzendenten verankern wie im Mittelalter; sie muß sich praktisch-rational und ganz unmythisch geben: darin liegt ein Stück Unmöglichkeit, daß sie dem Brauch der Fische nur zur Verschleierung diene und als ideologischer Wunschtraum über einer chaotischen Wirklichkeit schwebe. Daß sie ganz auf den Nutzen, das greifbare Reale, also auf »artha« aus ist, könnte dem fischgläubigen Zyniker, der nur an artha, an sein Interesse glaubt, zu denken geben.

Die Frage, wieweit Recht den Naturstand imprägnieren kann, hat eine langsam schleichende Geschichte, deren Linie Einbrüche zeigt, aber ein Richtung wahrt im Sinne wachsender Organisierung des gesamten Zivilisationsganges, und dem Politiker, auch wenn er die Rechtsform rein als Kampfmittel der Macht gebrauchen muß, ist die Macht der Idee des Rechtes gegenwärtig. Soweit sich Recht nicht in Organisation des Wirklichen erfüllen kann, weil die dämonischen Kräfte die stärkeren bleiben, wirkt es als die große Fiktion, als Erfindung über dem unausweichlichen Schicksal; auch wenn es von ihrer Gewalt ironisiert wird, wirkt es als die Idee, die über die Not des Augenblicks Aufgabe setzend in die Zukunft weist; und Politik im großen, wie Indien sie nicht gekannt hat, weiß, daß die waffenlosen Ideen so starke Dämonen sind, wie die sich selbst zerreißenden Kräfte des reinen Naturstandes. Sie sind die zögernden Genien, denen nicht zu opfern den Naturstand heraufrufen heißt, der nach seinem Gesetze den verschlingen muß, der sich ihm verschreibt.

YOGA UND MÂYÂ

Über das Epos der Geschichte, seine Fanfaren des Siegs und den Sand um die Trümmer, über Größe und Leiden, in die sich die Völker werfen, heben sie einiges empor, das weniger vergänglich ist als »Frühling und Herbst« ihrer Aufgänge und Abbrüche, die ihnen schwer und einzig dünken, als hätten Menschen sie nicht von je erlebt, indes die Natur auf sie blickt, wie auf Wolken, die sich ballen und zerrinnen. Ein Dauernderes heben sie über sich hinaus, das sie überlebt und in sich verdunkelnd über die Zeiten leuchtet und Spätere bannt: stille Masken und große Gebärden, Gestalten und Mythen, Formeln und Reihen von Bildern, bedeutende Bräuche und Zeichen voll Bannkraft. Das sind die Mäntel, in die der Mensch seine Blöße gegenüber dem Schicksal schlug, das sind seine Antworten auf das Rätsel der Sphinx, auf das zeitlos wechselnde Geheimnis, wie der Mensch es vermochte, sich selbst im Spiel des Ganzen zu begreifen und zu tragen.

Überlieferung, die sich selbst vergißt im Wandel der Geschlechter, Schrifttum, das ein leiser Finger der Zeit ausgelöscht hat, längst ehe seine Bücher zu Staub werden, Monumente, die zerbröckeln, – aus diesen vergehenden Schalen bricht als geläuterter Kern ein Erbgut der Völker, das Menschen immer wieder gefunden haben, indem sie sich selbst und ihr Schicksal in ihm gespiegelt sahen. In Indien sind die Mythen und der Yoga zwei große dauernde Formen, in denen das fließende Geheimnis des Menschen und seines Schicksals dunkel leuchtend Kristall geworden ist; aus beiden nahm die indische Kunst das Eigene ihrer Gebärden und Figuren, mit denen sie bannt wie Ägypten mit seinen Pyramiden und Sphinxen.

Der Yoga hat im Gange indischer Geschichte viele Formen entwickelt und manchen Zielen gedient, er sitzt im Kern alles höheren Lebens in Indien; als Technik der Selbstentwicklung und Seinsverwandlung schimmert er wie eine Fundgrube, die ausgeschöpft sein will.
Yoga ist ein einsames Geschäft. Wer sich ihm ergibt, entzieht sich dem Geflecht der Welt. Alle Typen der Vereinsamung stehen in seinem Dienst: der Einsiedler der Wildnis, der ewige Pilger, der Mönch und Bettelasket. Alle angeborenen Ordnungen, die in Indien den ganzen Menschen fordern und einspinnen, streift er ab: Dorf- und Standesgemeinschaft, Lebensritual- und Kultgemeinschaft, ja auch die innigste, die Diesseits und Jenseits umfaßt: die Familie als unlösliche Einheit der Lebenden mit ihren Toten, – diese im Ahnenkult greifbare Schicksalsgemeinschaft des gleichen Blutes, dessen frühe Väter drüben mit dem letzten Enkel hier leben oder vergehen. Wer sich dem Yoga ergibt, muß sich vereinsamen wollen und alle Verzahnungen in angewordener Gemeinschaft von sich abschleifen. Der Mönchsorden, der ihn aufnehmen mag, die Bindung an den Lehrer ist eine Zweckgemeinschaft willentlich Vereinsamter.
Ein zeitlos alter Typ indischer Askese lebt noch heute, – herabgesunken zu Schau- und Schreckstück, zu Bettel und Erwerb an Straßen und Wallfahrtsorten: der Yogin, der ewig auf einem Beine steht oder die Arme gen Himmel reckt, bis sie ihm versteifen und verdorren; der sich kopfabwärts wie eine Fledermaus an den Füßen aufhängt oder sich zwischen vier Feuern röstet und die Sonne des Südens als fünftes auf sich stechen läßt, der im winterkalten Wasser der Flüsse verharrt oder auf einem Lager von Dornen und Nägeln ruht.
Die quere grausame Behandlung seines Leibes erpreßt Grauen und Bewunderung: da stellt einer vollkommenen

Gleichmut gegen alles Liebe und Unliebe zur Schau. Fühllos wie die göttliche Natur des Alls, ist er sichtbar jenseits der Gegensätze getreten, die das Verhalten aller Kreatur in Verlangen und Vermeiden bestimmen, – sie berühren ihn nicht mehr.

Die mythische Überlieferung Indiens ist voll von Göttern und Heiligen, besonders aber Dämonen, die solche Askese üben. Sie heißt noch nicht »yoga«, aber »tapas« – »Glut« (zu lateinisch »tepor, tepidus« gehörig). Es ist Glut, wie sie die indische Sonne verzehrend, todbringend strahlt, ihre unwiderstehliche Kraft, die schnelles Reifen und Verdorren wirkt, gibt Indien das Bildwort, das unserem Begriffe »Kraft« entspricht.

Tapas zu üben, »Glut zu glühen«, wie es heißt, ist der große Versuch, durch unerbittliche Züchtung des Willens zu freiwilligem und zweckfreiem Leiden unabhängig zu werden vom eigenen Leibe, dem Inbegriff der Endlichkeit und alles wechselnd hinfälligen Spieles. An Stelle seiner Gedächtnislosigkeit, die Genossenes wie Ausgestandenes gern vergißt, seines Flutens und Ebbens in Kräftedrang und Unkraft, an Stelle seiner Tyrannei des Bedürfens und Gelüstens soll sich ein Erinnern an den Vorsatz unverrückbar steter Haltung ausprägen, soll vollendeter Gleichmut gegen alle Forderungen von Außen und Innen treten. Passive Souveränität gegenüber dem Zwange der Natur, auf irgend etwas, Gefahr oder Lokkung, Trieb oder Störung, reagieren zu müssen, ist das Ziel. Es geht um die Überwindung des Leibes als der Sphäre der Kreatürlichkeit und um die Anbildung einer unmenschlichen Haltung als Form der Weltüberlegenheit.

Diesem altertümlichen Glühen in selbstverhängtem Leiden ist mit späteren Formen des Yoga gemein die völlige Sammlung des Willens, den natürlichen Fluß zu vergewaltigen, in dem der Mensch sich geschehen läßt unter wechselnden Anstößen seiner Umwelt und Innenwelt, diese Sammlung des Willens, völlig abzudanken dem sich vergessenden und vertauschenden Rhythmus spontanen Lebens.

Hier kämpft ein Wille um völlige Freiheit von Ich und Umwelt. Zäh und unerbittlich gegen sich selbst wird der Mensch in maßloser Lust selbstverhängten, immer gesteigerten, zweckfreien Leidens sich schließlich ungeheurer Macht über sich selbst bewußt. Das Gesetz der Natur, das alle bindet mit Reiz und Not, liegt unter ihm; – da steht er: ein imaginärer Weltüberwinder, als Sieger über die kleine Welt, den Mikrokosmos seines Leibes, blickt er den Mächten des Makrokosmos, des Weltganzen ringsum, triumphierend ins Auge. Das ist die große Form der Dämonie des Willens zur Souveränität in Selbstabgeschiedenheit. Sie schwimmt in einem Gefühle in sich beschlossener Allmacht, in grenzenlosen Möglichkeiten, wirkend sich auszustrahlen, und dieses Fluidum wird von den anderen gespürt und weckt in ihnen Furcht und Ehrfurcht. Sein Ausbruch, wo es Widerstand wittert, ist der Blitz flammenden Zornes: Verwünschung und Tod.

Schiva, der allmächtige Asket unter den indischen Göttern, ist die sinnbildliche Gestalt dieser Kraft; »reglos wie ein Klotz« sitzt er auf Gipfeln des Himālaya glühend in seiner Glut, einen Strahl aus ihrer Fülle läßt sein Zorn sich entfahren, als der Liebesgott seinen Pfeil auf ihn zu richten wagt, um ihn ins mythische Weltgeschehen zu verstricken. Mit einem Blitze seines Auges brennt er den lockenden unwiderstehlichen Boten des Lebens zu Asche, der im Auftrag der Götter sein Herz zu bewegen versucht.

Wenn dieses Allmachtsgefühl in sich glühender Kraft sich in den narzißgleichen Selbstgenuß seiner maßlosen Möglichkeiten verliert, vergeudet es seine gestaute Kraft in der Entfaltung gigantischer Traumwelten göttlicher Allmacht, Pracht und Lust. Der Dämon »Goldgewand« glühte im ersten Weltalter zehntausend und zehnhundert Herbste in gewaltiger Glut, bis Brahmā, der weltentfaltende, weltüberlegene Gott ihm gewährte, was immer er verlange. Da wählte sich der Dämon, unverwundbar zu sein von allen Wesen und Waffen und nicht bei Tage noch bei Nacht zu sterben. Er wünschte die Kräfte aller Götter, die innen die Welt durchwalten, auf sich zu vereinen. Brahmā gewährte es ihm, und als Inbegriff der in ihm glühenden Gewalt entfaltete der Dämon seine Herrschaft über die Welt in prahlenden Maßen, indes die Götter in Ohnmacht zu schattenhafter Schwäche schmolzen. Seine maßlose Kraft ward Gestalt in fürstlich-kosmischen Prächten, lebte sich aus in Glanz und Freuden, Tyrannei und Machtlust ohne Grenzen. In diesem Farbenspiel verzehrte sie sich und ging zur Neige. Da nahte ihm der überweltliche weltordnende Gott Vischnu und machte ihm den Garaus, die göttliche Ordnung der Welt wiederherzustellen. Er kam in einer grauenhaften Wundergestalt, die der Dämon nicht hatte vorausahnen können, als er sich gegen alle Gefahr von Göttern, Tieren und Menschen zu sichern wähnte. Nicht Mensch, nicht Tier, aber halb ein Löwe, halb ein Mann, nahte ihm der Gott und zerriß ihn, – nicht bei Tage und nicht bei Nacht, wo er gefeit war, aber in der Phantasmagorie eines Weltunterganges, den die Zauberkraft des Gottes heraufbeschwor, daß Mond und Sterne bahnenlos durcheinander wirbelten und die Sonne als schwarzer Leichnam ohne Kopf am Himmel schwamm. Da ging es dem starken Dämon wie den nordischen Göttern mit Baldur, als sie den Gott aufblühenden und sterbenden Lebens der Natur zu ewigem Blühen gegen den Tod feien wollten: sie hatten die Mistel vergessen, die immergrüne, die stärker ist und im Jahreswechsel nicht stirbt wie der holde Gott, dessen Tod immer wieder beweint werden muß, wie seine Wiederkunft ersehnt wird. Der Dämon lebte den scheinbar unendlichen Möglichkeiten der Allgewalt, die er in endlichem Ringen in sich gestaut hatte, da ward sie verschwendet, und sein Pakt gegen den Tod hatte ein Loch, wie alle Rechnung des Endlichen auf Ewigkeit.

Darum ist es Gebot dieser Askese, die Fülle glühender Kraft eifersüchtig geballt in sich zu bewahren: dann hängt sie als dauernde Drohung, als Blitz in der Wolke über der Welt ringsum bis zu den waltenden Kräften des Alls, den Göttern. Dann wird diesen Göttern auf ihren Sitzen heiß vor dieser gesammelten, alles drohenden Glut, die unberührbar ihres Waltens spottet, das ebbend und flutend alle Kreatur umspinnt und durchspült.

Diese zäh gesteigerte Glut des Yogin kann die Götter bezwingen: eines Menschen unbeugsame Askese bewog in mythischen Zeiten die Gangā, die am Himmel floß, zur Erde hernieder zu strömen, die, der Wasser beraubt, zu verdorren drohte, – bewog Schiva auf den Höhen des Himālaya den schmetternden Sturz des Götterflusses mit seinem Haupte aufzufangen.

Bezeichnend für diese Form der Askese ist die Abspaltung einer abgerungenen Sphäre des Seins jenseits der spontanen Verflochtenheit ins Naturganze von Leib und Welt, ein auf Trotz gestellter Wille zum Eigensinn, zum Ledigsein der Gezeiten, die den Menschen durchspülen.

Es gibt noch keine beschreibende Typenlehre, die geschichtlich die Formen der Loslösung vom archaischen Zwange kollektiver Kreaturverbundenheit darstellt, die Überwindung jener frühgeschichtlichen Lage, die ein eigenständiges, ablösbares Ich noch nicht kennt. Lévy-Bruhl hat für diese Atmosphäre den Begriff der »participation mystique« geprägt. Dieser »Bann unfreiwilligen Teilhabens« an der Umwelt erlaubt noch nicht, einen klaren trennenden Kontur um die eigene Person zu ziehen. Innen und Außen sind nicht als solche deutlich geschieden. So lebt das Kind in seinen ersten Jahren.

Dieser Zustand bedeutet gegenüber den Wellenstößen der Umwelt Preisgegebenheit und Geborgenheit in einem. Da gibt es noch kein strikt persönliches Erleben und Schicksal: Rausch und Panik, was immer Tag und Nacht verhängt und was das Ritual des Lebens vorschreibt, durchspült die archaischen Menschen als Gezeiten ihres Gruppendaseins. Wie Zellen eines Organismus Spannung und Mattigkeit teilen, alle Blätter am Baum unter einem Windstoß flüstern, alle Halme des Feldes sich beugen, reagieren die Menschen im »Banne unfreiwilligen Teilhabens«.

Hier ist Magie etwas sehr Reales. Das richtig gesprochene Zauberwort durchdringt die Person des Anderen widerstandslos, verwandelt, verhext sie. Denn im Banne unfreiwilligen Teilhabens ist der Andere durchlässig für das Fluidum des zaubernden Willens, er leitet elektrisch den Strom, der ihn trifft. Die Person ist gleichsam schalenlos und füllt sich wie ein Schwamm mit den wechselnden Strömen der Umwelt.

In uns Heutigen scheint dieser Bann, unfreiwillig teilzuhaben, weithin gebrochen durch eine lange Kultur des Rationalen und Individualen. Aber die Gewalt aller Massenbewegungen, die Aura der Führeridee, beweist im Großen sein ewiges Leben, wie auch alles unwillkürliche Wissen um das Unbewußte des Anderen in Sympathie und Feindschaft davon zeugt. Wo diese Sphäre noch unangetastet steht, ist auch das Fluidum der Allmacht im Asketen nicht Größenwahn und Irresein, nicht leere Inflation des Ich; wenn Innen und Außen noch unfreiwillig aneinander teilhaben, allgemein wunderbar verschmolzen sind, ist der Yogin wirklich die Macht über andere, die er über sich selbst errungen hat. Durch sein bloßes Dastehen bewährt er sich als wirkende Kraft und beherrscht seine Umwelt, wie ein schreckender Fetisch, ein Gnadenbild oder ein schützendes Amulett wirksam magische Kräfte strahlt.

Es ist eine mühsame und lange Errungenschaft, daß wir gegen solche Dämonie des Willens unseren Willen zur Selbstbewahrung setzen können, – daß wir, statt einer Übermacht in Furcht und Ehrfurcht zu erliegen, eine Vergewaltigung abzuwehren vermögen, die das heilig Unangreifbare unserer Person antasten möchte.

In der frühgeschichtlichen Sphäre der einander kollektiv verschmolzenen Menschen steht übermenschlich, göttlich und heilig da, was in unserer Gesellschaft, die sich aus eigenständigen Personen aufbaut, keinen Platz mehr hat mit seinem Anspruch auf magische Bewirkung unfreiwilligen Teilhabens: diesem Yogin-Typus entspricht bei uns in asozialer Selbstversunkenheit ein Irrer mit seinem Größenwahn.

Aber noch Gandhi, eine höchst soziale und politische Erscheinung mit einem westlich orientierten Programm nationaler und wirtschaftlicher Unabhängigkeit, zieht in Indien seine Wirkung auf weite Massen zum großen Teil aus der Erneuerung dieses Asketentyps in seiner Person: unablässig drängt er sich zum Leiden, nicht bloß als politischer Märtyrer, – ebensosehr in ständig gezeigter, vorgelebter Selbstqual freiwillig verhängter Entsagungen, zweckfreier Mortifikationen seines Leibes.

Das unfreiwillige Teilhaben ist ein zweideutiger Zustand: sein Trost ist, in keiner Not einsam zu sein; seine ewige Qual, alle Schwingungen der Umwelt teilen zu müssen. Aus dieser Preisgegebenheit erhebt sich der Mensch an verschiedenen Stellen der Erdgeschichte zur Eigenständigkeit und Souveränität. Die seltene Erscheinung des wahren Helden tritt über den Horizont, der keiner Götterhilfe, keiner Zauberwaffe bedarf, der nicht erbebt, wo alle zittern. Am Eingange unseres europäischen Weges zur souveränen Person steht der Achill Homers. Er galt den Griechen als erzieherische Idealgestalt wie sein Sänger als nationaler Pädagog. In Achills Gestalt erhebt sich der griechische Mensch in heroischer Entscheidung über die leidvolle und bergende Verbundenheit mit den fließenden Mächten des Lebens: er hat das kreatürliche Los – Leib und Vergänglichkeit – überwunden, als er den frühen Tod der Lust am langen Leben vorzog. Da schlug der Sohn der Thetis den Mantel seiner verwunschenen Gottheit um sich; – er, dem Zeus' Nachfolge als höchster Gott geweissagt ward, wäre Zeus sein Vater geworden. Aber Zeus fürchtete den Sohn, der ihn stürzen müßte, wie er den Vater Kronos, und vermählte Thetis, die ihn bringen würde, dem sterblichen König. Achill ist einsam unter allen Menschen, – darum bedarf er des Freundes so sehr. Er allein kann vom Kampfe abstehen, der alle Helden vor Ilion vereint, wann es seinem Zorne beliebt. Er bedarf nicht des Beistandes der Götter, der andere Helden, wie Diomedes, auf einen Kampftag ihrer Aristie zu wahren Helden macht und sie in der Not berät, – allenfalls darf ihr warnendes Wort sein Wüten hemmen, ihre Kunst ihm den Waffenschmuck schmieden, der seines Todesganges würdig ist. Aber was er Einziges, Unerhörtes ist, vermag er einzig aus sich selbst.

Er hat den Tod, die absolute Bedrohung des leiblichen Lebens – gleichsam seine punkthaft und negativ gewordene Integration und Quintessenz – überwunden als die größte Versuchung, auf etwas zu reagieren, so wie der Yogin die Vielfalt der Versuchungen leiblichen Daseins, Macht über ihn zu gewinnen, überwunden hat.

In diesen beiden Typen ist der archaische Mensch auf zwei entgegengesetzten Wegen aufgebrochen, den Zwang seines Standes in unfreiwilliger Preisgegebenheit abzutun und souverän zu werden. Wie der Yogin auf keine Stimme der Umwelt und Innenwelt hört, die ihn bespricht, und auf Stimmen der Götter auch nur, wenn es ihm beliebt, gebeut Achill den Götterrossen vor seinem Wagen, die ihrem Herrn in unfreiwilligem Teilhaben verbunden sind, zu schweigen, als sie, sein nahes Ende fühlend, ihm vom Tode reden wollen. Beide Typen sind Helden, denn Heldentum ist innerlich: in uns wird überwunden oder nirgendwo. Indien hat keinen Helden wie Achill. Aber die Yoginsekte der Jaina's nennt sich nach ihrem großen Erneuerer zu Buddhas Zeiten, nach dem »Jina«, dem »Sieger«, und heißt ihn selbst »Mahā-vīra«, den »großen Helden«. Mit dem Ende der epischen Heldenzeit in Indien sind die Namen und Zeichen des Heldischen auf seine großen Asketen und Yogin übergegangen; wie Homers Achill für die Griechen, werden sie zu erzieherischen Leitbildern der Kultur. Achill ist einsam in der Welt Homers, – in aller Welt; nur Herakles ist ihm verwandt, verwunschener Göttersohn wie er, um sein glänzendes Los durch Götterneid betrogen, front er dem schlechten Bruder, ringt mit Ungeheuern und reinigt den Stall des Augias statt die Krone zu tragen, durchläuft in großem Verzicht den Kreis seiner Taten, bis sie ihm endlich den Olymp entriegeln, der seine wahre Stätte, seine Heimat ist vom Vater her.

In der Folge vollzieht sich die Loslösung des griechischen Menschen vom Zwange unfreiwilligen Teilhabens als das Werk des Geistes. Das Denken in den Wissenschaften, das es nur bei den Griechen und als ihr Erbe gibt, und in der Philosophie, die sich aus ihnen nährt, trennt Welt und Ich, Innen und Außen, verschalt die Person, gibt ihr

die Idee der Freiheit. Die besondere Erscheinung des Abendlandes tritt über den Horizont. Sein neues Denken befreit den Menschen von der Unmittelbarkeit der umgebenden Welt, ihr bannender Eindruck wird zur bloßen Erscheinung, er wirkt nicht mehr als schlechthin Wirkliches. Die Sinne, die naturhaft unfreiwillig teilhaben an allem Fließenden, das sie umdrängt und füllt, ergreifen nicht das Wirkliche, es west hinter dem sinnlich Gegebenen. Die Abstraktion des Denkens entzieht auf der einen Seite die Person dem Zwange des Unmittelbaren, andererseits zieht sie das Wirkliche als mittelbaren Gegenstand des Erkennens aus dem unmittelbar Gegebenen heraus. Es bildet sich der analytische Griff hinter das vieldeutig Gegebene, das die Sinne magisch befängt, daß sie es erleiden müssen, wie das Fluidum eines Zaubers. Die Welt der Sinne, und also das Leibliche, wird überwunden; von ihr erhebt sich Erkenntnis des Wirklichen zur Welt unsinnlicher Formeln und Begriffe: sie sind das Geheimnis der Wirklichkeit. Dagegen sagt die indische Medizin einmal, »aller Welten und Wesen Ursachen zu erkennen« – warum sie im einzelnen so sind, wie sie sind: ihr geheimes Gesetz – »ist nicht möglich, ist göttliches Geheimnis... das Undenkbare soll man auf sich beruhen lassen«. Mit dieser Haltung bleibt man im Nebeneinander von Beschreibung und Beobachtung, gesiebter Erfahrung und spekulativem Verknüpfen.
Hier gabeln sich die Wege, und der westliche führt ins Reich des Wirklichen als des vom Geist Begriffenen. Gültige Wirklichkeit ist uns – in Wandlungen – seit den Griechen nur mehr, was der Geist begreift, was er im Warum des So-seins zu erfassen und in begrifflicher Synthese zu konstruieren vermag. Diese Synthese schafft die Welt nach mit den Baustoffen des Geistes: in Begriff und Formel. Da steht der alte dämonische Wille, souverän zu

sein, in neuem Gewande da, im Kleid des Geistes, der durch Verstehen souverän ist. Das ist das Pathos Hegels als begrifflichen Konstrukteurs der Welt, eine mächtige innere Angelegenheit mit wirkender Strahlung in die Umwelt, – wie das Machtgefühl des Yogin.

Novalis sagt in einem seiner Fragmente, »wir wissen nur, insoweit wir machen. Wir kennen die Schöpfung nur, insofern wir selbst Gott sind; wir kennen sie nicht, insofern wir selbst Welt sind.« – Das Werk des Geistes ist das Machen der Schöpfung. Der Mensch im Banne unfreiwilligen Teilhabens ergibt sich darein, im Wechsel von Lebensjubel und -jammer »Welt« zu sein, – aber der Yogin will, wie der Träger des westlichen Geistes, nicht länger »Welt« sein, aber »Gott«, – freilich, entgegen Novalis, nicht im »Machen der Schöpfung« durch die Kraft des Geistes. Mit dem Yogin kommt aus einer frühgeschichtlichen Grundsituation der Menschheit eine andere Möglichkeit herauf, sich souverän zu wissen, sie bewegt sich in entgegengesetzter Richtung zum Gange des Abendlandes.

Dem westlichen Weg des Geistes wohnt eine besondere Richtung inne: er strebt nach außen. Sein Tun nennt sich nach einer Gebärde im Raume: »be-greifen«. Ihm wird noch das Innerste, wenn er es begreifen will, zu einem Äußeren, zu einem Gegenstande, der von ihm abgesetzt sich ihm gegenüber findet. Denn die unmittelbare innere Erfahrung ist ihm kein Erweis für gültige Wirklichkeit, so wenig wie der Sinnenschein. Sein Wirkliches ist das Abstrakte, das Allgemeine. Das Unmittelbare gilt ihm nicht, denn die Sphäre des Geistes ist das Mittelbare. In Indien aber gilt das Unmittelbare innen wie in den Sinnen außen als das Wirkliche, – Selbstgewißheit, wie sie bei uns der Irre, abgespalten von der Welt, dem Schein der Welt, der den anderen gilt, entgegenhält. Die Frucht des inneren Sieges im Yogin, Souveränität, beglaubigt sich allstündlich vor sich selbst in der errungenen Freiheit vom Wechselspiel des eigenen Leibes und der Umwelt. Sie ist punkthafte Vollendung in der Souveränität, indes der Geist über die Zeiten hin um die Bewältigung der unabsehbaren Weite seines Reiches ringt: da ist Vollendung in der Souveränität ein barer Grenzbegriff.

Wir kennen nur eine Form der Freiheit: das Reich des Geistes – Indien kennt so viele Abarten seiner eigenen Form, frei zu werden, wie es Arten von Yoga besitzt.

Die Jaina-Yogins des 6. Jahrhunderts v. Chr. vermitteln aus augenscheinlich viel höherem Altertum vorarischer Kultur eine ausgebildete Yogalehre. In ihr entfaltet die Erfahrung, leidvoll-unfreiwillig teilzuhaben am Flusse des Vergänglichen, die Weite indischer Ausmaße. Da ist Samsāra: ewig kreisendes Leben, »die Welten sinken und die Welten steigen« in langen Schleifenbahnen, »ewig im Wandel«, aber ohne Ende. Und Lebensmonaden ohne Zahl und unvergänglich, durch Tod und Neugeburt Gestalten tauschend, schweben in ihm wie Flimmerstäubchen im Sonnenstrahl. Sie haben in jedem Leibe Raum und erfüllen wechselnd seinen Umfang, an Ameise wie an Elefant. Ihre kleinsten Körper sind die Atome der Elemente im allbelebten Weltleibe, ihre schönsten sind die Gestalten der Götter. Sie kreisen auf und ab zwischen Welten oben und unten und wechseln sterbend die Behausung, bald sind sie Mensch, bald Gott, bald Tier oder Höllensträfling. Ihr Leben, zeitlos über alle Tode, schenkt Indien die Riesenzahlen seiner Zeitzyklen in mythischer Eintönigkeit und gibt ihm die Gewißheit der ewigen Wiederkehr des Gleichen, etwa die legendare Erinnerung an dreiundzwanzig Vorgänger des Mahāvīra, – ein Zug von Dubletten, der sich im Dämmer der Äonen nach rückwärts verliert.

Dieses östliche Wissen um die Todlosigkeit des Lebens bei allem Sterben und dem Verlust der Individuation im Gestaltentausch hat mit seinem Flügelschlage auch Hellas gestreift, – Empedokles singt,

»Ehmals schon war ich als Knabe geboren,
war ehmals ein Mädchen,
Vogel war ich und Busch und ein stummer Fisch
aus der Salzflut«, –

von Orpheus' mythischen Zeiten an fließt dieses Wissen, halb unterirdisch, durch die antike Tradition, bei Platon und seiner Nachfolge aus der Tiefe aufrauschend, von der Kirche dann verschüttet. In Indien aber wächst alles höhere Ringen aus diesem Schatten, – Yoga ist die Überwindung des Grams der Ewigkeit.

Von Indien her ist es unvorstellbar, daß der Mensch an die Unvergänglichkeit seiner Individuation zu glauben vermag, denn Individuation ist zuerst und zuletzt der Leib. Darum haben bei uns noch die Toten des Hades und die Seligen des Himmels schattenhafte oder verklärte Leiber mit Physiognomien, die ihre Identität unmittelbar beglaubigen. Achill, der Grieche, bleibt immer doch Achill, auch bei den Schatten der Unterwelt, und möchte seine unzerlösliche Person tauschen mit einem Tagelöhner oben im Licht: Dantes christliches Auge fällt in Himmel und Hölle und findet lauter bekannte Gestalten von grauer Heroenzeit und Schöpfungsanfang her bis auf die Straßen seines Florenz. Die Maske, die »persona« unserer Individuation, ist uns im Westen so angewachsen, daß keine Ewigkeit sie auslöscht, und Seligkeit sie verklären, aber nie abschmelzen kann. Im Indien des Samsāra aber ist sie wechselndes Kostüm für immer neue fliehende Szenen einer Revue, die ohne Ende spielt. Ihre stumme Regie jagt dieselben Spielerscharen pausenlos mit immer neuen Masken in immer verwandelte Szenerien und Steg-

reifspiele, und die Bühne ist das große vielstöckige Welttheater: der schichtenreiche Weltleib.
Da hat jeder alle Rollen schon oft gespielt. Die indische Archäologie gibt neuerdings mit ausgegrabenen Städten des Induslandes, Zeugen einer versunkenen hohen Kultur des 3. Jahrtausends, die uns ein Ende aber keinen Anfang zeigen, ein Stückchen greifbaren Untergrundes für dieses Zeit- und Lebensgefühl, das im geschichtlichen Auf und Ab von Größe und Vergang nur zyklisches Naturgeschehen zu sehen vermag.
Wie oft haben wir alle Rollen schon gespielt und waren in jede Art Schicksal verstrickt! – daher die Dringlichkeit der Frage: was geht mich meine Person, diese Maske an? dieses schier unlösliche Beieinander immer anderer individualer Arten, mich zu gebaren und zu reagieren? dieser Zwang, das Ineinander einer Umwelt und eines Ich in immer spezifischer Struktur und Färbung als einen immer erneuten Prozeß aus mir hervorzubringen? Was bindet mich an diesen Prozeß, es sei denn die Lust zu ihm, das Hangen an ihm, oder die Angst, ließe ich ihn los, in ein Bodenloses zu stürzen, vor dem mir graut, ein Nichts gegen ihn einzutauschen oder ein unsagbares Was?
Wie komme ich dazu, der zu sein, der ich bin? – wie komme ich dazu, immer irgend etwas sein zu müssen? und wo fände ich das Sein, das nicht ein bestimmtes Irgend-etwas ist? sondern Sein schlechthin, unsagbar, grenzenlos, durch die Färbung keiner Eigenschaft getrübt. – Hier liegt für den Westen eine Grenze des Wahnsinns, – aber wir sind es müde, wir selbst zu sein; nicht nur dieses eine Ich, dessen Rolle uns gerade beschäftigt, nein: alles Ich, und sei es groß und herrlich, Gott oder Stern, – widert uns an. Was gehe ich mich eigentlich an, als der ich bin, was ich bin. Man muß augenscheinlich, wie ein Tier, gar kein Gefühl dafür haben, daß wir schon immer auf die eine

oder andere Weise dabei gewesen sind, in allen Zeiten und Welten, – man muß wirklich blind sein für diesen simpelsten Umstand, um den Befund seiner Individuation für etwas Erfreuliches und Bewahrenswertes zu nehmen. Wie komme ich dazu, immer etwas sein zu müssen, anstatt ganz einfach zu *sein?* welche Hexerei geht da vor? es muß irgend etwas an mir oder in mir sein, das mich verzaubert, daß ich immer irgend etwas bin. Ich bin augenscheinlich nicht im Besitze meiner vollen Klarheit und Herrlichkeit, daß ich mich immer mit irgendeinem Bestimmten an mir verwechsle, wie wenn einer seinen Handschuh für die Haut nähme?

Was ist daran schuld? – ich selbst. Ich ganz allein. Weil ich immer irgend etwas tue. Denn Leben heißt, immer irgend etwas »tun«, – dieses Wort im weitesten Sinne genommen. Auch Leiden ist solch ein »Tun«, und alles Wahrnehmen, Fühlen, Denken schon gar, – vom Reden und Handeln zu schweigen. Leben heißt, daß irgend etwas Bestimmtes immerfort mit mir vorgeht. Und dieses Bestimmte, das ich tu, – bestimmt mich. Indem ich bin, vollstrecke ich mich jeden Augenblick neu, bestimme mich in gutem oder schlimmem Sinne. Dieses »Tun« – karman – gehört zum Lebensprozeß wie das Wasser zum Fließen. Es ist eine Art Stoff – dem frühgeschichtlichen Denken ist alles Wirkliche ein Stoff, kompakt oder fluid, – und dieser Stoff drängt sich wie Farbstoff oder Schmutz in die kristallen lautere Lebensmonade und hält sie von sich imprägniert.

Aber diese Imprägnierung bleibt nicht starr, – sie wirkt, und wirkend setzt sie sich um. Was wir gestern dachten, müssen wir heute tun; was wir jüngst litten, furcht heute unser Gesicht. So auch im Großen: alles karman, das die Lebensmonade durch Verhalten spezifisch an sich sog, baut an ihrem Hause von heut und morgen, – an

Leib und Schicksal; es bildet an ihrem Leibe, und der Leib ist Träger wie Hieroglyphe des Schicksals.
Mit der Qualität unseres »Tuns« – ob trüb oder licht, ichversessen oder vom Ich gelöst – bestimmen wir uns stündlich neu. Indem wir in dieser oder jener Richtung zu uns ja sagen, zu unserem Dumpfen oder Hellen, vollstrecken wir uns zu dieser oder jener Daseinsform. Solche Entscheidungen, allstündlich neu gehäuft, ergaben unsere gegenwärtige Person mit ihren Qualitäten, ihren Möglichkeiten und Grenzen. Sie bestimmen, noch weiterwirkend und ständig um neue vermehrt, unsere Zukunft: die Physiognomie und das Schicksal, das wir haben werden. Ihre bestimmende Macht reicht bis in Haarfarbe und Nasenform, in Krankheiten und Erfolge, Lebensdauer und Erkenntnisreife. Sie erklärt das alles in seinem spezifischen So-sein, sie bildet und erklärt die Individuation. Wir sind in allem unsere persönlichste Erbschaft; kein anderer als wir selbst verantwortet unsere Individuation; in Akten ohne Zahl, gewußt und unbewußt, haben wir sie gewollt und gewählt.
Indem das karman sich zu Leib und Schicksal auswirkt, wird seine Kraft Gestalt. Alles Gestaltige aber ist vergänglich. Indem karman als Leib und Schicksal abgetragen und erlitten wird, erschöpft es sich jeweils. Aber der spontane Vorgang der Lebenshandlung strömt immer neues zu; so vollziehen wir beständig an uns das Gericht und büßen für unser So-gewesen-sein mit Gegenwart und Zukunft. Alles, was als Trieb und Bild, Empfindung und Tat, als Akt schlechthin dem Unbewußten entspringt und einem Reiz von außen oder innen Antwort gibt, ist Gestaltwerdung des karman-Stoffes, den die Monade in anfangslosem Gange als Essenz jeweiligen Verhaltens in sich »gebunden« hat. Gestaltwerdend scheidet er wieder aus, aber mit jedem Akt strömt neuer ein. So ist die Mo-

nade wie ein Teich, in den Quellen münden und dem ein Strom entspringt. Die Quellen sind, was wir vorzeiten oder jüngst erst »taten«, der Strom ist, was wir sind und werden können und unserem Sein und Werden entsprechend tun und leiden müssen. Als Individuen sind wir, im Bewußten wie im Unbewußten, um und um bestimmt durch frühere Akte, – wir sind unsere eigene Geschichte, – und bestimmen uns allstündlich neu, indem wir unserer Individuation leben. Gar nichts Bestimmtes mehr tun, auf alle Akte überhaupt verzichten, das wäre der Weg zum Freisein von der Individuation und von allem unfreiwilligen Teilhaben an anfangsloser Lebensverflochtenheit.

Hier schein das Leben alt geworden, – nach Jahrtausenden, die für uns verdämmern –: es will das Gesetz alles Daseins nicht länger dulden, daß es Individuation sein muß und mit ihrem jeweiligen Maß von Lust und Leid den Lebenstag durchlaufen soll. Aber das scheint nur so. Denn es rechtet ja nicht um die Last seines Lebenstages, wie Hiob, – sondern es erstarrt vor dem Wissen: auf Tage folgen immer Tage, ohne Ende, Ziel und Sinn. Zeit ist unendlich und Leben auch. Hier langt das Leben vielmehr in frühgeschichtlich-urtümlichem Ahnen um sich selbst in seine tiefere Schicht: Leben schlechthin zu sein im Wandel vergehender Masken, und will nur diese Tiefe sein ohne das Spiel der Oberfläche. Der Grund zu diesem Willen ist ein unfreiwilliges Teilhaben am gelebten Leben über die Zeiten hinweg. Hier spricht ein Erinnern aus dem Unbewußten, das tiefer liegt als die Schicht individueller Erfahrungen, die ins Unbewußte abgesunken sind und aus ihm steigen können, hier spricht ein Schatz von Zeichen und Bildern, die, unserer Tiefe eingegraben, in Träumen und Vorstellungen uns als uraltes Gut aufscheinen, mit dem wir Heutigen Seelenlagen des frühgeschichtlichen Menschen reproduzieren. Die Lebendigkeit dieser altvergangenen Stadien, die wir als Gattung geschichtlich durchlaufen haben, bis wir die späten Menschen von heut und hier geworden sind, ist uns in größere Tiefe abgesunken und dumpf geworden; mit ganz anderer Gewalt steht diese Kraft, vergangene Stadien wirksam zu erinnern, ihrer bannenden Macht innezusein, im geschichtlich früheren Inder da. Sein unfreiwilliges Teilhaben an verdämmernder Vergangenheit wirft den längsten Schatten über seine Gegenwart und Zukunft; im Zwange, grenzenloser Herkunft sich bewußt zu sein, kann er sich nicht darüber täuschen, daß es endlos weitergehen muß.

Alles, worin wir als Wesen voneinander verschieden sind, alle wechselnden Masken, Greifbares, Bewußtes und Unbewußtes an Erbe und Bereitschaften, in dieser oder jener Form zu sein, wird uns vom karman jeden Augenblick neu angeschminkt; – uralte immer verjüngte Schauspieler des Ewigen Welttheaters, die wir sind, – schminken wir uns ab!

Wie löst man sich aus alledem? – es gilt, die Zuflüsse immer neuen karmans zu verstopfen, der Teich der Monade muß sich durch den Strom fortlaufenden Schicksals leerlaufen, ohne neu gespeist zu werden mit Bestimmungen, die neue Individuation erwirken. Es gilt, sein Leben hinzunehmen, ohne zu reagieren. Völlige Reglosigkeit nach innen und außen, ein sich selbst Absterben, das wie Starrkrampf oder völlige Lähmung aussehen mag, ist der ideale Weg zur Lösung aus unfreiwilliger Verflochtenheit ins Leben, die uns Gestalt und mit ihr Grenzen aller Leiblichkeit anbildet. In einem Gange stofflicher Reinigung, der über viele Leben läuft, wird die Monade sich mählich von aller anfangslos in sie gedrungenen Trübe zu kristallener Reinheit läutern, durch immer neue Filter der As-

kese sinternd läßt sie den Schmutz des karman-Stoffs hinter sich zurück.
So erlangt sie endlich »völliges Ledigsein« (kaivalya) vom unfreiwilligen Teilhaben am gestaltbildenden Stoffe der Welt, der durch Akte aller Art in sie quillt und sie mit Vergänglichem verquickt. Auf diesem Gange wird sich, was ungewußt als Keime zu Physiognomie und Schicksal in uns liegt, an uns gestaltig als Leib und Leiden auswirken, – aber um sich stofflich zu erschöpfen, indem es sich vollstreckt. Ist aber das letzte karman in Gestalt von Leib und Schicksal abgebüßt, so ist alle Möglichkeit, Schalen der Leiblichkeit oder Individuation zu bilden, – und wär's ein Götterleib, – geschwunden. Der Kristall eines Jenseits von Welt und Ich, der zeitlos von beiden imprägniert war, ist zu höchster Reinheit herausgeläutert, der Kern überindividualen lauteren Lebens bricht unanfechtbar, unaufhaltsam auf aus dem Bereiche der Gewalt, die alles bindet und verbindet mit dem Banne unfreiwilligen Teilhabens am gestaltigen individualen Leben.
Wie eine Luftblase dem Wasser entschnellt, wird die lautere Monade auffahren zur höchsten entrückten Sphäre der Welt: hinauf in die Hirnschale der Weltmutter, deren Leib der Kosmos ist. Aufwärts schwebend scheidet sie aus der Erdsphäre der Menschen, die quer in der Mitte des Leibes der Weltenmutter liegt, der alle Weltensphären in sich beschließt, und wird auch den dämonischen Natur- und Höllenreichen, die abwärts liegen bis zu ihren Füßen, auf ewig ungreifbar. Sie folgt dem Gesetz ihrer Schwerelosigkeit und quert spielend die immer leichteren, lichteren, aber immer noch farbenschweren Welten der Götter. die übereinander gelagert sind in Oberleib, Hals und Gesicht der Weltfrau, sie steigt zur Stätte wahlverwandter höchster Klarheit und bewegungsloser Stille, zur obersten Hirnwelt der Weltmutter.

Hier spricht keine metaphysische Spekulation: leibliche Yogaerfahrung sagt sich im indischen Rahmen eines altüberlieferten, vorarischen Weltbildes und mit seinem Vorstellungsschatze aus. Frühgeschichtlicher Denkweise entsprechend psychologisiert sich diese Erfahrung nicht, sondern prägt ihren Gehalt in die Stofflichkeit kosmisch-metaphysischer Symbole bildhaften Denkens. Aber es liegt kein moralisch-kosmologisches Mythisieren vor wie im späten Manichäismus und seinen Verwandten, kein mythisches Denken, nichts vergleichbar jenen Reichen des Lichts und des Bösen, das Kerne des Lichtreiches in balladeskem Kampfe gefangennahm, keine Weltschöpfung, nach hohem Plane bestimmt, die gefangenen Lichtatome wieder aus der Gefangenschaft des Dunkels herauszudestillieren und die Macht des Bösen zu entkräften. Hier entfaltet kein theologisches Dogma den Ablauf eines kosmischen Epos von mythischem Anfang zu ersehnter Erfüllung, wie bei Mani und auch bei Augustin; hier spielt kein spekulativ gewobenes Drama kosmisch-sittlicher Kräfte wie im christlichen Mythos von Eden über Golgatha zum himmlischen Jerusalem, – hier hat vorarisch-indische Kultur in spätem Zeugnis sich ausgelebt zu einem rationalen Weltbild, – trotz Göttern und Dämonen und dem mythischen Bilde des Weltleibs als gigantischer Muttergestalt (Abb. 1).
Der Bann mythischer Weltinterpretation, der die Ursprünge des Manichäismus wie des Christentums befängt, darin die Geschichtsphilosophie der Kirche heute noch lebt, – sie ist eine Mythe, – ist hier gebrochen. Aber unsere späteren abstrakten Denkgewohnheiten sind dabei keineswegs vorweggenommen, sie bleiben seitwärts fern am Weg des Geistes liegen. Denn der archaische Bann mythisierender Phantasie ward hier nicht durch den Geist gebrochen, sondern durch Yoga. Hier stößt das Leben, indem es seiner greif-

baren Form, der Individuation, so willentlich wie mühsam abstirbt, zu seiner tiefsten Sphäre durch, zu seiner gestaltlosen Grenzenlosigkeit, zu seinem Sein schlechthin.
Es gilt, die Bildersprache des Yoga richtig zu lesen; es wäre ein optischer Trug, den die Sehgewohnheiten unseres anderen, abstrakten Denkens uns nahelegen, es wäre eine fälschliche Übertragung, anzunehmen, diese Größe »Sein schlechthin« wäre hier, als allen individual seienden Lebensgestalten begrifflich anhaftend, denkend aus ihnen herausgezogen worden als ihr Generalnenner, als das überindividuell Gemeinsame aller individuellen Daseinsmöglichkeiten. Vielmehr: im konsequenten Abbau seiner Individuation erfährt das Leben in sich selbst als Grenzwert seinen überindividuellen Charakter, den es sonst, nach außen blickend in das Spiel der Welt, aus den Individuen zu abstrahieren vermag. In unendlicher Annäherung an diesen Grenzwert erfährt es ihn als schließliche Erfüllung dieses Weiterschreitens: als ein In-sich-selber-Wesen in völligem Ledigsein von allen Grenzen des Bestimmtseins.
Wenn Yogaerfahrung sich in Worten aussagt, im tönenden Zeichenschatz des Denkens, begegnen ihre Formeln sich zwangsläufig mit denen des abstrahierenden Denkens, das sich der gleichen Münze bedient; aber man verschüttet sich die Erkenntnis, wenn man das Andersartige des Wegs, auf dem sie gewonnen sind, und das Eigentümliche der Sphäre, in der sie wurzeln, nicht zu sehen vermag. Beides bezeichnet das Andersartige ihrer Kraft. Denn was der Mensch sich denkend erarbeitet, verwandelt ihn noch nicht; der Jaina-Yoga aber geht wie aller Yoga auf ein verwandeltes Sein und auf kein Denken, keinen geistigen Gehalt. Das Denken unter allen anderen Akten auszuschalten, liegt im Prinzip seines totalen Abbaus der Person.

Die Monade ist ewiges Leben. Nach aller Ereignisfülle anfangsloser Individuationen, die sie an sich erfuhr, geht sie zeitloser Ereignislosigkeit entgegen. Völlig geläutert gleicht eine ganz der anderen. Sie haben ihr Gesicht verloren, – eben darum ging es ja. Alle Grenzen des Erkennens, die jeder Organismus vom Wurm bis zum Menschen mit seinem spezifischen Apparat an Sinnes- und Geisteskräften dem Leben in ihm setzt, sind weggefallen, alle Grenzen der Macht zu wirken, die unser jeweiliger Leib mit seinen Gliedern und Organen uns läßt und die unser Kräftevolumen und unsere Gebrechlichkeit uns ziehen, sind ausgelöscht, alle Dumpfheit und Ohnmacht, nach deren spezifischem Vorwalten alle Lebensformen der Natur und alle Exemplare einer Gattung sich in eine stufenreiche Hierarchie ordnen ließen, sind dahin.
Aber in dieser Grenzenlosigkeit, allwissend und allmächtig Leben zu sein, ist alle Beziehung zum Reiche des Begrenzten, ist alle Wirkungsmöglichkeit dieser Kräfte auf die Welt und ihre Wesen geschwunden. Die erlösten Heiligen, in der Hirnschale der Welt über den Göttern wesend, vernehmen kein Gebet; in der obersten kosmischen Sphäre der »Ledig-Gewordenen« (kevalin) fehlt jenes besondere fluide Element im Raume, das nach der besonderen Physik der Jaina's allen anderen Weltsphären innewohnt und in ihnen »wie das Wasser dem Fisch« ihren Geschöpfen ermöglicht, sich im Raume zu bewegen. Rein, reglos, wandellos, einander völlig gleich, – glasklare Lebenstropfen als Niederschlag an der oberen Kuppel des Alls, – sind diese Monaden, von uns aus gesehen, »tot vor Unsterblichkeit«.
In Indien kann man ungefähr jedem ansehen, was er ist. Er trägt das Mal seines Gottes auf die Stirn gezeichnet, trägt das Kleid seines Standes, seiner Kaste. Der Schmuck einer Frau verrät an ihr, ob ihr Mann noch am Leben ist,

ob er gerade verreist ist. Alles Äußere ist vom durchgreifenden Lebensritual weitgehend geregelt, denn es hat magische Bedeutung, wie ein Amulett oder der Name der Person. Man ist nach Kaste, Sekte und anderen Bestimmungen seines Daseins äußerlich so kenntlich, wie Tiere ihrer Gattung nach an Fell und Federkleid, Bau und Gliedern. Die Götter erscheinen im starren Schmuck ihrer Waffen und Zeichen, darin sich ihre Kräfte verkörpern, – woran wüßte man sonst, daß sie es wirklich sind, die leibhaft den Frommen nahen oder in Bildern dargestellt sind?
So kennt die indische Kunst bei aller Feier sinnlichen Reizes an Göttern und Menschen die bare Nacktheit nicht, denn nur der geschmückte Leib gilt als ein schöner. Einzig die Jaina's stellen ihre vollendeten Heiligen, die über Äonen immer wieder die Lehre erneuern, in völliger Nacktheit dar, – wie ihre Asketen ursprünglich völlig nackt einhergingen. Diese Nacktheit ist von sublimer Kahlheit und ganz unsinnlich. Vollkommene Anonymität und Ausdrucksleere liegt auf Leibern und Gesicht der »Ledig-Gewordenen«, wie sie die Kunst der Jaina's darstellt. Sie ist der sinnvolle Ausdruck dafür, daß sie schicksalslos geworden sind: aller Bestimmtheit ledig. Sie bezeichnet den Gegensatz der Erlösten zu allen anderen Wesen, deren Physiognomie bis in Tracht und Schmuck die Bestimmtheit, die Grenzen ihrer Individuation zum Ausdruck bringt. Die Nacktheit ihrer Heiligenbilder entblößt nicht das Schöne und Starke der Gestalt, es stellt nicht ihr Reizendes, ihre vollkommene Bildung, – die wohl vorhanden ist, – zu entzückender Schau; sie gibt die Barheit des Beziehungslosen, die glasklare Lauterkeit des völlig Gereinigten, die Unanrührbarkeit völligen Ledigseins. Darum wählt diese Kunst gern milchig spiegelnden Alabaster für ihre Gestalten: nicht einmal Licht und Schatten können sie berühren. Aber ihre »Sieger«-

Gestalten bewahren als Zeichen ewigen Seins die stoffliche Dichte des Wirklichen, sie sind nicht aufgelöst zu jenem bloßen Schein einer illusionären Phantasmagorie, in dem vollendete Bilder der »völlig erloschenen« Buddha's sich dem Auge geben (Abb. 2).

Der greifbare Teil der Individuation ist der Leib, er ist dem Abbauwillen handhaft preisgegeben. Aber kein Selbstmord als Tat befreit von ihm, – Tat bindet neu, – nur ein Geschehenlassen in Nicht-»Tun«. Darum ist Hungerfasten das große Gebot der Askese, und Fasten zum selbstgesetzten Tode der Gipfel des Yoga. Auch ein Laie, der das Gelübde der Jaina-Yogin, das härteste aller Mönchsgelübde mit minuziösen Regeln, stündlich alles »Tun« zu vermeiden, nicht auf sich nehmen mag, der mit Wohltätigkeit und kleineren Fasten sein Leben fromm verbringt, – oft ein Kaufmann oder Bankier mit blühendem Unternehmen, – wird seinem erbaulichen Wandel die Krone aufsetzen und sich zu Tode fasten, wenn er sein Ende nahen fühlt.

Das Ziel des Yogin, der »Glut glühend« sich in Kern und Schale spaltet, um im Kerne souverän zu sein, jenseits des unfreiwilligen Teilhabens der Schale, ist hier überboten: die Schale wird faktisch abgebaut. Ein inneres Jenseits von Welt und Ich wird als ihr Kern aus ihr hervorgeläutert und aus ihr befreit.

Aus dieser Sphäre idealer Unmenschlichkeit gegen die eigene Person stammt Gandhi von den Eltern her. Daher Gandhis Drang und Kraft, zu leiden, daher sein immer erneutes Wünschen und Drohen, durch Hungerfasten zu sterben, – freilich, und das ist modern, verkoppelt mit realpolitischen Erpressungen.

Ist Leben unter solcher Zielsetzung überhaupt möglich? – aber es will ja gar nicht mehr gelebt sein in den Formen, die alle Individualität bejaht.

Indien im Großen entschied geschichtlich gegen den Jaina-Yoga; als ein spätes Zeugnis seines vorarischen Altertums ragt er im starren Gewande einer besonderen Kosmologie und Psychologie in die Reihe jüngerer Yogaformen, die das Brahmanentum in Verschmelzung seines Erbgutes der Veden mit vorarischen Anschauungen und Bräuchen im Hinduismus hervorgetrieben hat.
Den geistigen Gegenschlag zur überspannten leiblichen Askese des Jaina-Yoga bringt die Bhagavadgītā, das Credo des Hinduismus: ein Leben ohne alles »Tun«, auch nur als Grenzwert, gibt es nicht; Leben und »Tun« sind untrennbar als Prozeß, aber das anscheinend Unvereinbare: Individuation und Souveränität, unfreiwilliges Teilhaben und völliges Enthobensein, läßt sich vereinen, – durch eine rein innere Distanz zur Person.
Individuation wird durch den Yoga der Bhagavadgītā als Schale erfahren, die den Kern überindividuellen Lebens in uns umschließt, ohne ihn zu imprägnieren. Yoga heißt: Spaltung wollen, heißt: alle Person als ein dem Wesen Fremdes von sich abspalten. Die Sphären der Sinne und des Denkens und über ihnen die Instanz, die sie zur Einheit des Bewußtseins bringt, sind Schalen. Diese Instanz ist es, die immer »Ich« macht zu allem, was uns durchläuft, sie ist der »Ich-Laut«, der als Grundton in aller Lebensmelodie mitschwingt, durch ihn wird das Chaos der Töne in uns erst unsere Melodie. Diese Instanz bildet alles uns Gegebene zur Schale unseres Bewußtseins. Darunter liegt die Schale des Unbewußten, der angeerbte und immer nachwachsende Schatz von Keimen und Bereitschaften, aus denen das Ich sich immer neu vollstreckt. Ungleich unserer Psychotherapie, die Heilung der Person im Ausgleich zwischen den Reichen des Ich und des Unbewußten sucht, greift dieser Yoga unter beide Sphären und hebt sie ab. Es spaltet sie als individuale Schalen vom überindivi-

dualen Kerne, dem Leben schlechthin in uns; er lehrt erfahren: das Preisgegebensein dieser Schalen in unfreiwilligem Teilhaben an der Welt sei ein äußerer Prozeß, der unseres Wesens Kern nicht anrührt.

Das volle Opfer der Person schenkt uns ein anonymes souveränes Selbst. Die Schalen dieses Kerns, die Individuation und ihre Keime, faktisch abzutragen, wie der Jaina-Yoga lehrte, ist unmöglich, aber sie lassen sich als das schlechthin Andere in uns, das unser Wesen nicht berührt, abspalten; es läßt sich erfahren, daß zwischen diesen Schalen und unserem Kern ein Spalt klafft, über den kein unfreiwilliges Teilhaben eine Brücke schlägt.

Mit allem, was wir als ein Bestimmtes an uns fassen können, gehen wir uns nichts an. Was wir erleben, ob Leben oder Tod, rührt so wenig an unseren Kern, wie das Göttliche vom Spiele dieser Welt, die es aus sich entfaltet, von allem Lebensjubel und -jammer in ihr, betroffen wird. Wie das Göttliche – unendliches Leben – über der Welt west und die Welt – ihr innewesend – als seine Entfaltung spielen läßt, ohne Plan, ohne Ende: Vollzug ohne Bezug, – so lassen wir uns in unseren Schalen geschehen und schauen uns selber von innen zu: der da tut und leidet, ist nicht wir. Wir eignen ihn uns nicht zu. Wir spielen unsere Rolle, wo uns das Spiel hinstellt, und spielen sie ideal, weil wir ihr überlegen sind; sie verhext uns nicht mehr, daß wir an sie als unser wahres Wesen glauben, wir sind verlarvt in Individuationen, wie das gestaltlose Göttliche sich in die gestaltige Welt verlarvt. Diese gestaltige Welt aber ist nichts anderes als die Unzahl aller Individuationen in stetem Wirbel, und was in ihnen, unbetroffen, sich verlarvt, sind wir. So sind wir das Göttliche: Leben grenzenlos und betroffen von seinem Larvenspiel.

Solche Abspaltung der eigenen Person samt ihrer Beziehungsfülle kann bei uns, wenn sie unfreiwillig zwangsläufig sich vollzieht, Flucht in die Krankheit, Ausweg in Wahnsinn sein, wo kein sinnvoller Weg aus unlöslichem Wirrsal einer Lebenssituation greifbar ist; aber der in Indien diese Spaltung lehrt, ist Krischna, ein Heros geschichtlicher Sage, gefeiertes Haupt eines mächtigen Clans, der suggestive Einsager seiner Freunde im großen Kampfe epischer Ritterzeit; Freund und Feind unheimlich überlegen, hilft er den Freunden zum blutigsten Siege. Ein Wahnwitziger als Schlachtenlenker, – so ließe sich seine geheimnisvoll unmenschliche Gestalt aus unserer Ebene von fern her mißverstehen; aber wenn in irgendeinem, erkennt Indien sich selbst in Krischna wieder und hat ihn zum großen Volksgott gemacht: in ihm als Heiland hat das Göttliche sich inkarniert, sein Wort, die Bhagavadgītā, ist Offenbarung. Und Gandhi, der suggestive Einsager und mächtige Führer im großen Kampfe Indiens um die Unabhängigkeit, hat, ohne es zu wollen, im Glauben vieler die Aura auf sich gesammelt, in seiner Gestalt sei Krischna über die Zeiten hin wiedergekehrt. Die Spaltung, die Person und Schicksal, Leistung und Welt zum Spiel herabsetzt, das uns nicht betrifft, indes es unsere Schalen in unfreiwilligem Teilhaben durchspielt, gilt Indien als »Ende aller Weisheit« (Vedānta), und Yoga ist der Weg zu ihr als höchstem Ziel.

»Keiner tötet und keiner wird getötet« – was immer uns durchläuft, das sind alles nur »Berührungen der Materie«, die uns nicht antasten. Denn wir spielen unsere Rolle ohne einen Blick darauf, was sie an Lust und Leid einbringt; die vollkomene Distanz zu allen Sphären der Person: das ist Yoga. Das Leben ist ein Zeremoniell, aller Gehalt der Situation, der andere schreckt oder reizt, daß sie ihr Ich vor ihm bewahren oder an ihm mehren möchten, ist uns rein figürlich. Die Richtschnur unseres Handelns ist eine Etikette: wo uns das Schicksal hinstellt, vollziehen wir, was uns in diesem Stande als ein natürlicher Kreis von Pflichten aufgegeben ist. Das Spiel der Welt hat seine Tradition in Regeln, und ein Teil dieser Tradition ist die Moral; an ihr zu wandeln und zu deuten, hieße unfreiwillig teilnehmen und eingreifend sich verflechten in das Spiel der Welt. Wir aber hängen an keinem Gehalt; der Bezug auf die Güter des Lebens, und auf das Leben selbst als Gut, ist aufgeopfert, – das ist unser Yoga. Unsere vollkommene Aktivität ist ein grandioser Leerlauf, und sie kann vollkommen sein gegenüber den Forderungen, die unser Schicksal an uns stellt, weil sie leer läuft. Keine Regung, keine Hemmung unsererseits, kein unfreiwilliges Teilhaben an ihr macht ihre ideale Linie zittern. Was um uns und mit uns geschieht, ist rein figürlich; aber da Geschehen oder »Tun« unausweichlich ist, solange Individuation uns umgibt, vollziehen wir »das uns aufgegebene Tun«.

So warfen junge Leute, die ihr Schicksal auf den Platz stellte, »Jung-Indien« im Kampfe um die Unabhängigkeit zu spielen, Bomben gegen Polizeistationen. Um mit solchen Attentaten zu vollstrecken, was ihnen an ihrem Platze aufgegeben war: die »Mutter Indien«, die greifbare heilige Erscheinung der göttlichen Weltmutter, vom unreinen Griff der Fremdmacht zu befreien. Wenn sie dann – schon hinreichend verdächtig – mit der Bhagavadgītā in der Tasche aufgegriffen wurden, genügte das zur Anerkenntnis ihrer Schuld. Sie wurden aufgehängt. Für figürliche Attentate, die das Schicksal durch den Platz, an den es sie gestellt hatte, von ihnen forderte, gingen sie gelassen in den figürlichen Tod.

Eine Mythe des Hinduismus erzählt, wie die Welt immer neu entsteht, nachdem der Gott in ihrem Spiel von Blüte zu Verfall die entfaltete wieder in sich gesogen hat. Dann ist wieder alle Gestalt der Welt zu den Urwassern der

Lebensflut zerlöst, daraus sie sich geballt hatte; die Welt, der Leib Gottes, liegt wieder da als ein einziges mächtiges Meer, und auf sich selbst, dem Meer, das einer Riesenschlange gleicht, liegt Vischnu, der Allgott, als ein schlummernder Riese.

Die Welt der Gestalten, die er entfaltend aus sich trieb, ist wieder in ihn eingegangen, in seinen Leib, die Flut. Bald aber regt sich wieder im Schlummernden seine unendliche Kraft. Spielend treibt sie aus dem Kelch seines Nabels, wie aus Wassern Tiefen, eine Lotosblume hervor. Ihr Kelch erschließt sich, auf ihr thront Brahmā, die weltentfaltende, ordnende Kraft des Göttlichen. Er ist »sattva«: ideales Sein, kristallene Klarheit, Meeresstille des Gemüts.

Er schickt sich an, aus magischer Helle reiner Kontemplation eine neue vollkommene Welt hervorzutreiben, an Stelle der vergangenen alten, die im Laufe ihres Lebens über vier Weltalter hin immer dämonischer und dunkler und schließlich heillos trüb und verworren ward, reif zum Einschmelzen.

Aber er wird gestört: aus dem Schmutze der beiden Ohren Vischnus erheben sich zwei furchtbare Dämonen und drohen ihm den Tod. Sie prahlen: wir sind die beiden anderen Seiten Gottes, – des Göttlichen, das der Stoff und die Wirklichkeit der Welt ist –: »rajas«, blendender Wirbelstaub der Leidenschaft, der die reine Sicht kristallener Klarheit verwölkt, und »tamas«, Dunkel, Dumpfheit und brütende Trübe, bestialische Gemütlichkeit der Triebe. – »Es gibt nichts Höheres in der Welt als uns«, so sprechen sie, »wir umhüllen das All. Heilige Seher vermögen wohl über uns hinweg zu schreiten, aber schwer überwinden die Menschen uns. Weltalter um Weltalter quälen wir die Welt, wo Glück und Freude ist, wo Glanz und Ruhm strahlen, wo alles ist, was Wesen wünschen mögen –: das alles sind wir!«

Brahmā, ihr lauterer Widerpart, weiß, Gott schuf aus sich selbst auch Leidenschaftswirbel und dumpfes Dunkel. Zusammen mit ihm selbst, der lichten Klarheit, bilden die beiden die drei Aggregatzustände des Göttlichen, wenn es sich stofflich zur Gestalt der Welt differenziert. Gott selbst wird zwischen seinen drei Gewalten schlichten. – Da reckt der schlafende Gott-Riese seinen Arm zu traumhafter Länge, rafft die beiden dämonischen Gestalten an sich und zermalmt sie. Aber indem er sie wieder in sich hinein nimmt, tröstet er sie, »ihr beide werdet auserlesen sein in werdender Zeiten Werden, – eure Stunde ist noch nicht da!«

Der ideale Anfang einer neuen Welt, den Brahmās Lichtgestalt leitet, gibt den verwirrenden und trübenden Gewalten noch keinen Spielraum, aber die Mitte des Weltganges sieht sie groß und das Ende liegt ganz in ihrem Schatten. Ihr wachsendes Spiel bestimmt den Gang der Welt, – er ist ein unaufhaltsamer Niedergang. Am Ende haben die dämonischen Gewalten des Göttlichen das Spiel gewonnen und Brahmās Ordnung in völliges Wirrsal verkehrt. Dann ist die Welt wieder zum Einschmelzen reif, zur Heimkehr in die gestaltlosen Urwasser, denen sie entblühte. Zum Anbeginn trägt Vischnu, dessen Leib die Welt ist, weiße Farbe: Brahmās kristallene Helle; aber von Weltalter zu Weltalter verfärbt er sich dunkler: über das Rot der Leidenschaft (rajas) trübt sich sein Schein zu tiefem Schwarz. Dann liegt die Welt im Bann des »Dunkels« (tamas), der ihrer Auflösung voraufgeht. Schelling spricht einmal in den »Weltaltern«, diesem Torso einer Geschichte Gottes, über dem sein Genius verstummte, mit jener hochfahrenden Sehergeste, die ihn so gut kleidet, von dem »sich selbst zerreißenden Wahnsinn«, der »auf dem Grunde und am Anfang aller Dinge« sei, – »jener sich selbst zerreißende Wahnsinn, noch jetzt

das Innerste aller Dinge, und nur beherrscht und gleichsam zugut gesprochen durch das Licht eines höheren Verstandes«, – er ist »die eigentliche Kraft der Natur und aller ihrer Hervorbringungen«. Diesen »sich selbst zerreißenden Wahnsinn, das Innere aller Dinge und die eigentliche Kraft der Natur« sieht Indien in den beiden dämonischen Gewalten der feuerroten Leidenschaft und des tierischen Dunkels: sie sind der Kraftrausch und die Trägheit der Welt. Brahmā aber ist der Inbegriff eines höheren Lichtes, das sie bezwingt. Aber die beiden sind ewig wie er und nur von Mal zu Mal am Anfang einer neuen Welt von ihm »zugut gesprochen«; die Welt, wie sie läuft, tränkt sich naturhaft immer mehr mit ihrer Dämonie und Trübe.
Das Abbild des sich selbst zerreißenden Wahnsinns sind in der Kunst der Völker der Fetisch und die Fratze; in ihnen schreit das dämonisch Unentrinnbare des Chaos in uns sich selber an und lebt seinen eigenen Schrecken. Es ist der Gang der griechischen Kultur aus archaischen Greueln zu ihrer Humanität, der diese sich selbst zerreißenden Kräfte des Chaos durch das Licht eines höheren Verstandes beherrscht und zugut gesprochen hat; in der klassischen Kunst verliert schließlich auch das Antlitz der Meduse seinen Schrecken, der versteint. Das göttlich Dämonische humanisiert sich. Die Christenheit vollstreckt, was hier geschah; mit dem freiwilligen Teilhaben des Göttlichen am dämonischen Chaos der Vergänglichkeit, mit Christi Eintritt in die Menschenwelt, ward der Bann des Dämonischen endgültig gebrochen. Es hat keinen Raum im Hause Gottes, es ist aus ihm verwiesen und zeigt seine Fratze, enttäuscht und vergrämt, grotesk und gebrochen, als Chimäre nur außen an Dächern und Türmen der Kathedralen, – Spott und Gelächter für die Heiligen des Herrn. Es ist aus der eigentlichen Welt der Gläubigen verdrängt; uneigentlich aber lebt es fort, und die

Liebe, mit der seine Mißschaffenheit, sein obszönes Gebaren gebildet ward, deutet darauf, daß es, wenn auch offenbar verdrängt, im geheimen noch mächtig ist.

Denn der klassische und christliche Sieg über das Dämonische wollen immer neu erkämpft sein von den ungeläuterten Genien der Völker, die diese beiden geerbt haben; das Ideal der Humanität und die christliche Gnade vollenden ihr Werk der Läuterung nie. Aber beide fordern als geschichtlich wirkende Größen den kollektiven Aufstieg der Welt zu einem bessern Stande, der ihren Ideen entspricht. Daß die Griechen einmal waren, was sie uns scheinen, daß Christus den gereinigten Weltstand schuf, – diese beiden Mythenideale des Abendlandes verpflichten es –: nun darf es nicht mehr hinter sie zurück zum offenen Ja an die dämonischen Gewalten des eigenen Chaos, mit denen es sich selbst zu zerreißen droht. Was ihrer Forderung, undämonisch zu sein, widerspricht, wird nach Möglichkeit verdrängt. Denn der Glaube an ein fortschreitendes kollektives Vollkommenerwerden der Welt blieb bislang das Rückgrat des Abendlandes: religiös in der Idee der Ecclesia militans und ihrer Weltmission, säkular im Fortschrittsglauben der Humanität, materiell im Rausche der weltverbindenden Technik.

In der westlichen Kunst hat das Dämonische kein Lebensrecht mehr in der Sphäre des kollektiven Ausdrucks, des repräsentativen Betriebes; es flüchtet in die Form von Kitsch und Schmutz, der Chimären von heute, an denen sich das Zeitkind erlabt, indem es sich dabei schämt oder selbst verlacht; – oder es lebt in der Kunst Vereinzelter als individuelle Explosion: als Wahrheit begehrt, aber abseits; als Ausdruck genial, aber nicht verpflichtend. Die offizielle Kunst Europas, die seine Ideologie repräsentiert, ist im Leerlauf klassischer und christlicher Formen verödet.

Für Indien aber ist der sich selbst zerreißende Wahnsinn nicht nur »am Anfang«, sondern heut wie je (soweit es nicht verwestlicht ist) »auf dem Grunde aller Dinge«, ja er beherrscht die Welt, seit mit Krischnas Tode ihr letztes Zeitalter kam, in dem ihr Leib voll »Dunkel« ist. Darum werden uralte Fetischbilder Vischnus als Jagannāth, als »Herr der Welt« noch immer neu geschnitzt und thronen im Allerheiligsten des großen Wallfahrtstempels von Purī, – ein roher Stumpf mit grell gemalter Fratze, streng wie im archaischen Anfang indischer Dinge, ein puppenhaftes Greuel voll grauenhafter Lustigkeit: das dämonisch Groteske, urwüchsig Unheimliche als Bild des Göttlichen (Abb. 3). Hat Indien kollektiv als Kultur verdrängt, was uns zu verdrängen aufgegeben ward von unseren Idealen? – Augenscheinlich nicht. Die Kulte, die sein letztes Zeitalter beherrschen, die großartige und vielschichtige Religion der Tantra's, sind uralten vorarischen Gutes voll, das neu zur Herrschaft kommt; da gibt es neben den gepriesenen Wegen der Selbsterlösung auch Orgien des Dämonischen, tiefsinnig in Lust und Grauen, – von uns her gesehen: Teufelsmessen.

So geht in Indien das Kollektive, die Kultur, wie die ganze Welt den unabänderlichen Weg ins immer tiefere Dunkel. Aber der einzelne kann sich dem Gefälle entwinden. Er ist in allem, in Gestalt und Bewußtsein wie im Unbewußten, aus den drei Aggregatformen des göttlichen Weltstoffs gemischt, – wie alle Welt. Ihr allgemeines Mischungsverhältnis in jedem Weltalter zieht dem Individuellen der Person, die in der Zeit steht, seine Grenzen –: so hohe Heilige wie im Anfang der Welt, sind heute nicht möglich. Aber Yoga lehrt doch, den Gang der Welt, des Makrokosmos, rückwärts drehen im Mikrokosmos des eigenen Leibes. Durch Askese läßt sich die Vorherrschaft der verwölkenden und trübenden Gewalten in uns brechen, sie lassen sich abbauen, bis wir ganz reines »sattva« sind: ideales Sein, von tierischem Dunkel und menschlichen Leidenschaften frei.

Das ist der Stand, an dem wir unser Ledigsein von unfreiwilligem Teilhaben an Ich und Welt als das Geheimnis unseres innersten Wesens zu ergreifen vermögen, das uns zeitlos lang verborgen blieb. Nun sind wir, wie die Welt am Anfang war, als Brahmā unangefochten sie entfaltete: die Dämonen sind zermalmt, Erkenntnishelle, ein wortloses Wissen um alles, wie es sich verhält, erfüllt uns; das Unbewußte, völlig gereinigt und von keiner Regung des Ichs gekreuzt, schwimmt im eigenen Lichte zeitloser Klarheit.

Das ist ein letztes sublimstes Teilhaben, jenseits des Ich, reglos und lauter, aber noch der reinsten Form alles Weltgehaltes unfreiwillig inne, — ein Schritt darüber hinaus, und wie in einem Film, der rückwärtsläuft, versinkt die reinste Ausgeburt des Lebens, Brahmā auf seiner Lotosblüte, wieder im leiblosen weltlosen Stande des schlummernden Gottes. Das völlig reine Unbewußte, — erste gestaltige Entfaltung des unentfalteten göttlichen Weltstoffs und selbst der Entfaltungsschoß des Ichs und seiner Welt, — sinkt zurück ins Unentfaltete; die Monade findet ihr »Ledigsein« (kaivalya) von allen Ausgeburten, die sie verschalen.

Aber auf dem Gange zu diesem Ziel vertritt dem Yogin alles noch ungeläutert Dämonische seiner Natur wieder und wieder den Weg. Überwand er die Außensphäre der Sinne, naht es sich ihm innen wie von oben immer wieder als überirdische Versuchung, als kosmische Gewalten, die ihn zu zerreißen drohen, weil er sich über sie erheben will, – oder sie wollen ihn verführen mit gleißender Lust, ihn rückwärtsreißen durch unfreiwilliges Teilhaben in Verlangen. Das weite Reich der schwarzen Magie, von

Teufelei und Teufelinnen voll, vom Zauber der Allmacht funkelnd, erhebt sich als Ausbruch des scheinbar schon erloschenen Vulkans verdrängter, doch nicht weggelaugter Dämonie. Sein Aschenregen verwölkt mit Glut und Dunkel das Firmament der reinen Helle, die ätherische Sphäre, in die der Yogin schon sich aufzuheben wähnte. Hier liegt die Zone wahrer Krise, hier entscheidet sich's: zum Ikarussturz in dämonische Inflation des Ego, das sich großer Magier fühlt, zum Titanensturz in die eigene Flammentiefe, – oder aber zum Durchschauen des eigenen Schwindels, daß alles dieses: Welten und Gewalten, nichts sind als Ausgeburten unserer eigenen Dämonie, entfesselte Spiele des Unbewußten, das den verschlingt, der es mißbraucht.

Diese Versuchung steigert sich bis zur letzten Stufe des Weges; wendet sich der Yogin von ihr ab, zur Sammlung im Abbau des Dämonischen, so tritt er ins »Ledigsein« und erfährt in sich das Abgespaltensein, das alles, was andere bedrängt, hinter sich läßt als schalenhaft.

Der Buddha nennt diesen Stand des Losgelöstseins von unfreiwilligem Teilhaben an Ich, Welt und Unbewußtem nicht »Sein schlechthin«, sondern »Erlöschen«; er faßt ihn vom Prozeß des Abbaus her als dessen Endvorgang. Der Buddha ist »erloschen« von uns aus, die wir noch »entflammt« sind. Mit dieser Bezeichnung vermeidet er die Gefahr ontologischen Aussagens, dieses Sein, das doch von allem Seienden verschieden ist, zu verdinglichen, die Gefahr aller Yogatheorie, in Ontologie oder Metaphysik zu entarten. »Erloschen« meint: was sich losgelöst hat, ungreifbar geworden für alles, was einmal an ihm teilhatte, – ungreifbar wie der Prozeß der Flamme, wenn sie verwehte; ungreifbar auch für alle Bestimmungen durch Worte und Begriffe, die alle aus der Sphäre des Greifbaren abgezogen sind.

Der Buddha ist die vollkommene Leerheit von allen Bestimmungen, die an uns teilhabend uns in die Welt verflechten. Darum stellt die Kunst den Erloschenen unter dem Baume seiner Erleuchtung als das »Leere« dar. Ein leerer Thron steht unter dem Baume, umtobt vom Heere der Versuchung. Da rennen die Mächte, die drohend und lockend seine Stille der Selbstversunkenheit in Erleuchtung stören wollen, gegen ein Leeres unter dem Baume an; die Gewalten des Dämonischen branden auf Kriegselefanten, Waffen regnend, von außen gegen ein Leeres; da lockt die Lust des Lebens aus Frauengestalt, – ihr Locken geht ins Leere. Der Buddha hat wie Achill Furcht vor dem Tode und Lust zum Leben überwunden; unüberbrückbar hat ein Spalt sich um ihn aufgetan, der nichts an ihn heranläßt; das Abgespaltene, die Wirklichkeit, an der wir anderen teilhaben, Person und Welt, ist für den Losgelösten Phantasma; mit seinem eigenen Leibe ist er sich ein Phantasma im Rahmen der großen Phantasmagorie der Welt (Abb. 4).

Einen Schein im Schein der Welt, – so bildet die indische Kunst in einigen vollkommensten Gebilden die Gestalt des Buddha. Und stellt neben die stoffliche Dichte der unauflöslichen körperlichen Wirklichkeit in der Jainaplastik, mit Buddhabildern ein entkörpertes Wesen von blasenleichter Leere, einen baren Schimmer, – ungreifbar wie ein Klang (Abb. 5).

Hat Yoga der Welt von heute etwas zu sagen, – mit seinem Ziel der Spaltung? mit seiner Forderung, uns nur figürlich zu nehmen und die Welt für eine Phantasmagorie? und in uns und ihr jenseits beider zu treten?

Das kam ja alles schon vorzeiten einmal auf uns zu als Botschaft vom Osten, – damals als das Abendland an der großen Wende seiner Geschichte sich zu dem vollstreckte, was es geworden ist. Was anderes bedeuten die Entscheidungen jener christlichen Konzilien, die um die Natur des Gottessohnes stritten und den Doketismus verwarfen, als den Sieg über die indische Versuchung, Welt und Ich zum Phantasma zu degradieren? Da erwiesen die ererbten Kräfte des Westens ihre Stärke: der Realismus des Imperium Romanum, die Diesseitigkeit des Judentums und der griechische Logos, dem Mensch und Welt ein Wirkliches sind, dessen Erkennen Freiheit schenkt. Auf ihrem Grundriß baute sich das christliche Europa auf mit seinem Glauben an ein Fortschreiten in der Geschichte.

Als man um die Natur Christi stritt, wie Göttlich-Transzendentes und Menschlich-Irdisches in ihr zusammenkämen, rang man um die Natur des Wirklichen. Welche Seite ist die wahre am Gottmenschen? und wie durchdringen beide einander? – aller Streit um die Natur Gottes ist ein Ringen, die Natur des Wirklichen zu bestimmen; dem religiösen Denken ist Gott die oberste Wirklichkeit, aus der Bestimmung seiner Natur bestimmt sich der wirkliche Charakter des Menschen und der Welt. Ihre Bestimmungen: was beide sind und werden sollen, fließen zwangsläufig aus der seinen.

Der Doketismus lehrte, Gott als Sohn ist nicht wahrhaft Mensch geworden; das ist unvereinbar mit seiner weltenthobenen transzendenten Größe. Nur scheinbar, nur figürlich nahm er menschliche Bedürftigkeit, Leiden und Tod auf sich. Seine Passion war ein Scheinspiel für die Welt, – wie der Buddha sich als Schein im Schein der Welt weiß. Jesu Leiden war ein Nicht-Leiden, sein Menschtum Maske seiner einzig göttlichen Natur.

Aber die Christenheit entschied gegen diesen illusionären Charakter der Heilstatsache, – entschied für ihre Wirklichkeit. Größtes Wunder, – ist sie doch real. Es ist das Wunder, das die Welt verwandelt hat, daß Gott im Sohne wahrhaft Mensch geworden ist. Zwei Kreaturen in einem

Leibe, – fasse es, wer es kann; »wahrhaft Gott und wahrhaft Mensch« in Einem, vere deus, vere homo, ist Christus dem Vater verwandt und vom Weibe geboren.
Der buddhistische Yoga führt zu dem Schluß, daß es, vom Standpunkt des Erleuchteten, nie einen Buddha, nie einen Buddhismus gegeben hat, – Schein im Scheine, wie alles Geschehen. – Der Doketismus, wenn er seine Konsequenzen zieht, muß ebendorthin kommen: Welt und Ich sind nur Masken des in ihm verlarvten Göttlichen; war die Heilstatsache sublimster Schein, kann auch ihre geschichtliche Auswirkung kein letzter Ernst eines Weltgeschehens sein.
Aber der Westen hielt sich an das Wunder der Verwirklichung des Unfaßbaren; das ewig Unverflochtene ist in freiwilligem Teilhaben leibhaft Kreatur geworden. Hier ist der Spalt, der das Ewige in seiner reinen unantastbaren Transzendenz vom Vergänglichen, Unzulänglichen in absoluter Spannung trennt, überbrückt durch das höchste Wunder: die Gnade. Damit ist diese Spannung in die Kreatur hineingenommen, sie wirkt als treibende Kraft in der Geschichte des Abendlandes. Jesus hat das Wunder vorgelebt: die göttliche Natur im irdischen Leibe; seitdem gilt es, sein Wunder in der Welt zu verwirklichen, es gilt, die um und um vermischte, unzulängliche dem absoluten Ideal entgegenzuläutern.
Unter diesem Appell läuft die besondere Dynamik des Abendlandes: in geschichtlichem Gange den Weltstand nach oben zu verwandeln, – im Glauben an die Läuterungsfähigkeit der Welt unter der fortwirkenden Gnade von oben, deren höchste und leibhafte Inkarnation Christus war. Es geht um einen kollektiven Prozeß, – das Vertrauen des Menschen auf seine eigene Vernunft und sittliche Kraft ließen ihn weltlich werden als Programm des Fortschritts und der Erddurchdringung.

Daneben ist Indien spannungslose Statik in kreisenden Läufen. Naturhaft spielt die Welt zwischen Jugend und Altern; in diesem Spiele tauscht auch die menschliche Ordnung endlos »Paradieseshelle mit tiefer schauerlicher Nacht«. Das ist das Spiel des Göttlichen mit sich selbst in ziellosem Selbstgenuß seiner gestaltigen Fülle entfalteten Scheins, da bleibt dem Kollektiven nur Beugung unter das Gesetz des Alls, dem Sternenwelten wie Arten der Tiere entquellen und erliegen, – kosmisch-tellurische Perspektive beherrscht den Gang der Menschheit. In allem Wandel bleibt sich alles gleich, die eine Kraft des Alls lebt sich in wechselnden Aggregaten. Das ewig Episodische kann nur figürlich sein. Da ist kein Raum, dem Menschen als Kollektiv Sinn und Ziel zu setzen; da ist nur Geschehen, keine Geschichte. Es gibt keine kollektive Aufgabe, nur kollektives Blühen und Verfaulen in unfreiwilligem Teilhaben am Rhythmus der Verwandlungen, am kosmisch-gemeinen Los. Nur der einzelne vermag wunderbar, in Selbsterkenntnis und -verwandlung durch Yoga jenseits des Gesetzes zu treten: er spaltet sich von der Sphäre, in der es spielt.

Es ist dem Menschen nirgends gesungen worden, sein Leben solle tragbar sein. Aber er macht sich's erträglich mit vielen Listen, und dieselben Dämonen, die es ihm verleiden, helfen ihm dazu. Und er erfand sich, wie er's trüge, wenn er im unfreiwilligen Teilhaben an den Dämonen leidet: er spaltet die ganze Sphäre, in der sie mächtig sind, das Außen und das Innen, von sich ab als bloße Schalen seines Wesens, oder er hofft beider Reiche durch Vernunft und guten Willen Herr zu werden, setzt das Untragbare in der Perspektive fortschreitender Entwicklung als ein mählich Verschwindendes und spaltet, was nicht verschwinden will und sein bewußtes Dasein stört, verdrängend ins Unbewußte ab, – zwei mögliche Lösungen, die Indien und Europa jedes für sich aus seinen Anlagen entwickelt hat.

Diese Notwendigkeit Indiens, bewußt abspalten zu müssen, anstatt die Spaltung verdrängenden Automatismen zu überlassen, entspricht augenscheinlich einer anderen Notlage des indischen Typus, als unsere europäische ist. Wo immer man die Lebensäußerungen und -reaktionen des indischen Menschen betrachtet, gewährt man ein intensives Gefesselt- und Ausgeliefertsein an das Gegebene der Sinnensphäre; daher hat die indische Dichtung eine Drastik des Anschaulichen, ihre Farben eine Leuchtkraft und Glut ohnegleichen. Das Wirkliche ist von einer bannenden Plastik, die sich nicht vergeistigen läßt, die Intensität des Sinnenprozesses kann unmittelbar als schmerzhaft empfunden werden, als brennend: »das Auge steht in Flammen, das Ohr steht in Flammen... Alles steht in Flammen...« so hebt die erste Predigt des Buddha an, die »Flammenpredigt«. Ihre Worte sprachen aus, was keiner Begründung bedurfte und, wie es unmittelbar empfunden war, von vielen empfunden werden sollte.

Gemessen am Inder, steht der Abendländer vag und zweideutig zur sinnlichen Gewalt der Umwelt, ungebannt von ihr, nur halb auf sie bezogen. Verfallensein an sie, was dort Natur ist, geht uns gegen die menschliche Würde. Die Unmittelbarkeit des Sinnlichen ist uns über mehr als zwei Jahrtausende hin durch den Logos gebrochen, den »Geist«, der die »wahre« Welt hinter dem Schein des sinnlich Gegebenen zu finden weiß, – ist gebrochen durch den Asketismus des Christentums, der sich in den Kirchen der Reformation eher verstärkt hat. Ob diesem Abendländer, der sinnlich eher verklammt, intellektuell distanziert zum eigenen Leibe und den Erfahrungsfeldern der Sinne steht, mit indischem Yoga gedient ist, der darauf zielt, den Menschen von der erstickenden, schmerzhaften Umklammerung durch die Sinnensphäre zu erlösen und dem indischen Amor vacui dient, – ist zweifelhaft.

Jene Ablehnung der indischen Formel für das Wirkliche geschah im Abendlande, als es sich mit der Christenheit einen neuen Weltstand schuf, – ist wieder eine neue Weltzeit unter einem neuen Sternbild im Anbruch? welche apokalyptischen Zeichen, die dafür noch ausstehen, dürften wir nicht von uns und unseren Dämonen erwarten?

Es gab eine Zeit, wo das antike Abendland sich selber unerträglich wurde, da gebar ihm der Orient einen neuen Weltstand: die Christenheit. Tacitus, noch rein römisch-antikisch gesonnen, nennt sie »exitiabilis superstitio« – »vernichterischen Irrwahn«, und sagt, daß die Christen zu Neros Zeit weniger wegen der zweifelhaften Schuld am Brande Roms den qualvollen Massentod fanden, als »odio generis humani convicti« – »überführt des Hasses gegen das Menschengeschlecht«. – Im Konservatorenpalast auf dem Kapitol steht eine Büste des Kaisers Commodus, vor seinesgleichen sollte man opfern als dem bildhaften Inbegriff geltender Weltwirklichkeit, diese Erscheinung sollte man als Hieroglyphe der Weltessenz und darum als göttlich anerkennen: – aufgeputzt mit Waffe und Trophäe des mythischen Gottsohnes und Heilbringers, mit der Keule des Herakles, die toten Baumelpranken des Nemeischen Löwen über die Alabasterbrust des Narziß gekreuzt, den Löwenrachen im Kontrastspiel aufgespreizt über das klassische Philosophengesicht mit dem goldgepuderten Kräuselbart des sinnenden Weisen, Platons Weiser als Herrscher, Zeus' Haupt strahlend verjüngt durch die Künste des Friseurs, – eine parfümierte Vogelscheuche, die Eitelkeit in Person, drapiert aus dem Pompösesten an Maskenbestand des

Mythos und Logos von einst, ein übertünchtes Grab (Abb. 6).

Nein, diese Welt, und der sie so vertrat, kam für die Christen nicht mehr in Frage, von diesem Anblick wandten sie sich und schritten gelassen in die Löwengrube Daniels, in den feurigen Ofen der singenden Jünglinge und vermählten sich einer neuen Wirklichkeit, für die zu leiden, den Tod zu leiden, lustvoller war, als die Lust dieser geschminkten Leerheit zu teilen. Die Entscheidung der Märtyrer, hierzu »nein« zu lächeln, leidend »nein« zu tun, gab unserer Welt eine Dimension mehr.

Im Hofe desselben Konservatorenpalastes steht der kolossale Kopf Constantins. In ungewissem Respekt vor der neuen Macht, die in eine neue Dimension des Wirklichen weisend unermeßlich wuchs, und von ihr – Zufall oder Erwählung? – emporgetragen, flimmert das Gesicht Constantins, des rätselhaft erkorenen Werkzeugs der Weltstunde. Das zweideutigste Gesicht der Antike, vielleicht aller Zeiten, voll von der ungeheuren Zweideutigkeit des endgültigen und unhemmbaren Überganges eines Weltstandes in den anderen. Welche Kette von Zufällen, Ereignissen, Fügungen trug ihn empor zur umfassendsten Macht, die seine Welt zu vergeben hatte, die vor ihm die wenigsten Hände, wie die seinen, auf lange hatten halten und entscheidend schwingen mögen? waren es die irdischen Legionen oder wahrhaft himmlische Scharen, die den abendlichen Sieg an der Tiberbrücke erfochten? – besser nicht wissen wollen, sich tragen lassen vom völligen Gegen- und Durcheinander wallender Kräfte, deren Auftrieb und Versiegen den Einen rätselhaft erwähnte, dem Ganzen obzuwalten (Abb. 7).

Ist der Osten noch einmal berufen, dem westlichen Menschen den Frieden zu geben, der höher ist als alle Vernunft, den er – von keiner Kirche mehr zu binden – erstrebt und nicht finden kann? Freilich, gemessen an dem Wirklichkeitssinn, der den Frieden der Menschen mit kollektivem Vernunftwillen er-organisieren will als materialen Zustand der Verhältnisse, mit blutiger Sozialreform, Neugliederung oder Konferenzen, – gemessen an diesem Wirklichkeits- und Wertgefühl von Moskau über Rom und Genf bis New York und rundherum, muß diese indische Lehre Gelächter und Wahnwitz erscheinen, harmloser Sparrn und privater Seelenflug, solange ihre Formel, daß die Wirklichkeit des Bewußtseins nur figürlich ist, bloß Rede bleibt. Aber wie würde sich der westliche Mensch, wieder einmal antik geworden, in ohnmächtiger Wut und mächtiger Verfolgung gegen eine »exitiabilis superstitio« erheben, – Nationale und Liberale, Sozialisten und Kapital, Kirchen und Gottesfeinde, alle zumal, – wenn Menschen aufständen, die lächelnd und für sie selber beiläufig, dafür sterben könnten, daß sie nur figürlich, mit einem belanglosen beiläufigen Teil ihrer selbst in die Vernichtung gehen. Indes die anderen in allgemeinster Wut solche scheinbaren Deserteure ihrer Welt faktisch aber vergeblich totschlagen, um ihnen zu beweisen, daß sie damit wirklich in ihrem wesentlichsten Teil getroffen würden. Solche Möglichkeiten, die uns unmöglich dünken, weil uns vor ihnen der Atem kurz wird, sind vielleicht eben darum die Füße jener, die uns hinaustragen werden und schon vor der Tür stehen; das Wort Turennes (das Nietzsche sich zu eigen machte) »Carcasse, tu trembles! – tu tremblerais bien davantage, si tu savais où je te mène!« ist wohl die Losung des Menschen auf seinem Gange durch die Geschichte. In der »Genealogie der Moral« sagt Nietzsche einmal von der moralischen Begriffswelt, »ihr Anfang ist, wie der Anfang alles Großen auf Erden, gründlich und lange mit Blut begossen worden« – es ist nach Nietzsche eine lange Erziehungsgeschichte, bis der archaische Mensch, das

»notwendig vergeßliche Tier«, einer ward, »der versprechen darf«, weil er sich an sein gegebenes Wort unbedingt zu erinnern vermag. Es scheint um alle Errungenschaft eines neuen Standes des Menschen ähnlich zu stehen, die neue Dimension der Christenheit ist mit dem Blute der Märtyrer »von Anfang, gründlich und lange begossen worden«. – Bedarf es einer ähnlichen Libation, um die Idee von der Figürlichkeit des greifbar Wirklichen dem Menschen neu einzuverleiben, um ihn aus dem antiken Weltstand von heut, den er täglich aus sich hervorbringt, ohne ihn ertragen oder lösen zu können, in einen neuen hinüberzuführen?

II

Philosophieren ist nach Sokrates ein Sich-Kümmern um den Tod, – aus dem Schatten, den Vergänglichkeit über das Leben wirft, wächst auch der Yoga. Das ist der Sinn der Legende von jenem indischen Prinzen, dem Zeichendeuter bei seiner Geburt am Leibe ablasen, ihm sei bestimmt, ein weltbeherrschender König oder ein weltüberwindender Buddha zu werden. Sein Vater wollte alle Boten der Vergänglichkeit ihm fernhalten, daß er in der Welt bleibe und König sei, und nicht in die Einsamkeit ginge, um ein Yogin zu werden. Er schloß ihn ein in einen Park und stellte alle Freuden um ihn, daß sein Blick nicht die leidvollen Züge im Antlitz des Lebens träfe. Ein kühler Palast für des Sommers Glut, ein warmer für den Winter, ein dritter für die Regenzeit wandeln dem Prinzen den mahnenden Vergang der Jahreszeiten zum Spiele wechselnden Behagens, wohlbewachte Tore verriegeln sein Idyll mit Frauen und Blumen, Lautenspiel und Freuden gegen die fürchterliche Wirklichkeit des Lebens.

Aber der künftige Buddha langt über die Mauern seines Paradieses, als verlange ihn nach der nahrhaften Bitternis des Wirklichen; auf drei Ausfahrten ins Leben der Menschen begegnet er dem Greise, dem Siechen und dem Toten auf der Bahre, – dreimal spricht die Vergänglichkeit ihn an. Zum Vierten begegnet er einem Yogin als Sinnbild ihrer Überwindung. Und als er diese Erscheinung und ihre Worte in sich bewegend heimkehrt, trifft ihn Vergänglichkeit mit ihrem feinsten, schärfsten Pfeile, ihm kommt die Botschaft entgegen: ein Sohn ist dir geboren! – Da fliegt ein halbdunkles Wort von seinen Lippen, »Rāhulam jātam, bandhanam jātam« – ein kleiner Rāhu ist geboren, eine Fessel ist geboren«. – Ein bitterer Witz, ein Wortspiel, das Klang und Sinn der Botschaft verwandelt. Rāhu ist ein Dämon, der am Himmel dem Monde nachjagt und ihn zu verschlingen droht, wenn der Mond sich verfinstert; der Mond aber ist Sinnbild und Quell aller vegetativen Lebenskräfte, er ist das Gefäß des Göttertrankes »Todlos«, vor allem aber ist »Mond« ein zärtliches Wort für »Sohn«, als Inbegriff der Augenfreude und Erquickung. Wie der Mond den Göttern den Trank ihrer Todlosigkeit schenkt, spendet der Anblick des Sohnes dem Vater die tröstende Gewißheit, nach dem Tode fortzuleben: mit seinen Ahnenopfern speist der Sohn die Toten des Geschlechts im Jenseits, daß sie nicht ins Bodenlose stürzen. Darum ist ein anders Wort für Sohn »Freude« – nandana –, er ist die höchste Freude seines Vaters und des ganzen Geschlechts; mit Bangen erwartet, erlöst er seine lebenden und abgeschiedenen Vorväter von dem Alp, ohne fernere Totenopfer ins Nichts vergehen zu müssen. – »Ein kleiner Mond ist geboren, Freude ist geboren«, das muß der Ruf gewesen sein, der ins Ohr des Prinzen schlug, aber er verkehrte seine Zeichen spielend in den Gegensinn: nicht einer, der ihm Leben schenkte über den Tod hinaus, aber einer, der ihm das Leben nähme und die eigene Vergänglichkeit anzeige, schien ihm verkündigt; keiner, der ihm eine

»Freude« (nandana) sei, aber eine Fessel (bandhana), die ihn durch Liebe und Bedürftigkeit an Haus und Welt bände. Denn der Sohn ist der lieblichste und unerbittlichste Bote der Vergangenheit, er offenbart sie dem Vater, indem er als sein wiedergeborenes Ich erscheint, als sein zweites Selbst, berufen, ihn zu überleben und den Lebensraum von ihm zu erben. Auch ohne daß er bestimmt ist, den Vater zu erschlagen, ist Ödipus sinnbildlich Tod und Todbringer des Laios, wie das Korn, das aus der Ähre fällt um zu keimen, die noch ragende in ihrem Anspruch fortzuragen Lügen straft, indem es aus ihr fällt. Das ist der Sinn vom Mythos des Vaters Kronos, der seine Kinder fraß, sobald sie ans Licht traten; er begriff, daß ihr bloßes Dasein für ihn Tod meine, daß neben ihrem Leben sein Weiterleben nur eine Gnadenfrist besage. Ihr Ans-Licht-Treten sprach über ihn das Todesurteil der Vergänglichkeit und löschte ihn schon aus vor dem Medusenantlitz der Natur, die von ihm nehmen muß, was sie den Kindern geben wird.

So wird der künftige Buddha von allen Boten der Vergänglichkeit heimgesucht, von ihnen gemahnt beschreitet er den Weg zu der »Erleuchtung« in Yoga, die ihn über sie hinaustragen soll. Darum spricht er, als er die Frucht seiner Erleuchtung den Wesen aller Welten darreichen will, »Aufgetan ist denen des Todlosen Tor, die Ohren haben, – mögen sie Glauben schenken!« – Unter seinen frühsten Jüngern ragt ein Freundespaar hervor, der eine mit Wunderkräften begabt, der andere mit Erkenntnis, – als sie auszogen, den wahren Lehrer zu finden, gaben sie einander das Versprechen, »wer von uns beiden zuerst das Todlose erlangt, soll es dem anderen künden«.

Dieses Todlose kann nicht die Frucht des Zeitgebundenen sein. Alles Gewordene muß zerwerden, so auch die Frucht, die es hervorbringen kann; »alles Entstandene ist gebrechlich«, alles Gestalthafte vergeht, – kein Opfer, keine Tat wirkt das Wunder der Wandlung, den Bann der Endlichkeit zu sprengen. Das bezeichnet die Grenze von Ritualwerk und Moral: sie sind endlich und vermögen nur Endliches zu wirken.

Die Griechen hielten dem Antlitz der Vergänglichkeit den goldenen Schild des Ruhms entgegen, des »Ruhmes, der nie erlischt«, den Archill um den Preis langen Lebens wählte: die Unsterblichkeit des großen Namens; die Christen überwanden den Schrecken des Todes durch den Glauben an einen Auferstandenen, der seine Gläubigen zu ewigem Leben erweckt, – der indische Mensch weiß sich ganz Kreatur, dem allgemeinsten Lose preisgegeben. Gebannt in unfreiwilliges Teilhaben am Lebensflusse, der sich in ihm und rings um ihn zu Gestalten ballt und sie zerrinnen läßt ohne Ende, lebt er seine Vergänglichkeit, sie jagt ihn, – wie entrinnt er ihr? wo fände er das Todlose, das nicht geworden ist und nicht zerwird?

Dieses Unvergängliche erscheint in der Vergänglichkeit selbst, ihr Spiel in allem Gestaltentausch ist das ewig Währende. In und hinter aller Gestalt, die aufblüht und zerfällt, und ein reiner Vorgang ist, ob Baum oder Leib, kein Bestand, ob kurzlebig oder langwährend, – in alledem west ein Bestehendes, das alles Greifbare an sich hervortreibt und, selbst ungreifbar, sich in ihm anzeigt. Gemessen an ihm ist alles Greifbare ein Schein, denn es verfliegt wie eine Wolke, war nicht da und wird nicht sein, es ist flüchtig wie eine Gebärde, unwiderbringlich wie ein Eindruck, schon zerbröckelnd, sei es gleich wie für die Ewigkeit gebaut.

Die Begriffe »real« und »irreal« gewinnen fürs indische Denken Farbe und Gehalt an den Vorstellungen des Unvergänglichen und Vergänglichen. Weil alles Greifbare in der Welt vergänglich ist, wie ein Eindruck, eine Empfindung, ein Gefühl, ist es nur Schein (Māyā), – die Welt in jedem Augenblick eine wechselnde Gebärde des Göttlichen, ihr Schicksalswandel über Äonen der spielende rasende Tanz seiner Kraft, die von sich selber trunken ist, – aber das todlos Unvergängliche kann in seinem Wesen nie Erscheinung werden. Was immer erscheint und greifbar wird, ist Schein des Unvergänglichen. So steckt das Todlose als sein inneres Jenseits in allem Vergänglichen drin, – aber wer erfaßt es? Yoga ist der Weg über die Schwelle dieses Jenseits in uns.

Seine Lehren geben die Technik dieses Weges, hinabzusteigen durch die greifbaren Schichten der Person, das Reich der Sinne und des Denkens, das ihren Gehalt zur Einheit des persönlichen Bewußtseins bringt, einwärts durch die Sphäre, die umfassender ist als das bewußte Ich, durch Schichten rein innerer Erfahrung und Vergegenwärtigung bis in eine Tiefe, die alles das verschlingt, wie sie es trägt.

Yoga ringt um das Problem aller Philosophie: was bin ich? wo fange ich an, wo ende ich und worin gründe ich? wo sind die Grenzen des Ichs: ist die Person das übergreifende Ding, wie das Bewußtsein gern wähnt, oder ist sie nur die helle Blüte an einem dunklen Baum, eine gestaltige Welle auf einem dunklen tieferen Wasser, ein Oberflächengebilde, herausgewölbt aus einem Anderen, das sich ihr entzieht, sie aber in ihrer Vergänglichkeit gewähren läßt? Es gilt dieses Andere in uns zu erfassen, um die Ordnung der Abhängigkeit von ihm zu begreifen und zu meistern, – denn es geht darum, souverän zu werden im Hause unseres Leibes, unserer Welt. Wir sind es nicht, denn das hieße, nach Belieben aus unserer Ganzheit schöpfen, – wann können wir das? Wir haben uns nicht ganz, wir haben nur, was jeweils uns bewußt wird, – ein Fließendes, Entgleitendes, – die Nacht verschluckt es, der Tag verstreut es. Wie wenig haben wir von dem, was alles in uns liegt, als einen Besitz, über den wir willentlich verfügen können, – oder wie wenig davon hat uns? zuweilen langt es nach uns oben aus seiner Tiefe als ein Erleuchtetsein, als eine Fülle, – dann läßt es uns wieder gleichmütig wie ein Ungenügendes aus der Hand fallen.

Ob wir es beherrschen wollen oder ihm dienen, um von ihm beherrscht zu sein, von ihm erfüllt zu sein, wie der Soldat von der Idee, – wie wenig können wir es beschwören, es zwingen, daß es immer sich uns zuneigt, uns bereit ist, statt oft zu schlafen und viel taub zu sein.

Yoga ist diese Kunst des Zwingens, er lehrt die Technik zum großen Abenteuer der Niederfahrt in unsere Ganzheit, in der das Ich »zerschmilzt, wie Salz im Wasser«.

Unsere Ganzheit ist an ihrem greifbaren Teil der Leib, mit allem, was er an Vorgängen und Instanzen in sich schließt. Wir leben in ihm wie in einem verwunschenen Schloß, das der beklemmenden Phantasie Kubins oder Kafkas entstammen könnte. Wir sind zwar die Herren, – aber was gehorcht uns? wir sitzen in der Kammer unseres Bewußtseins, durch ihre Fenster gewahren wir draußen die Welt, durch ihre Tür kommt das Innere des Schlosses an uns heran. Wir geben Befehle und werden bedient, aber oft von fremden Gesichtern und auf eine befremdende wirre Weise. Man bringt uns, was wir nicht wünschen, und was wir verlangen, erhalten wir oft nicht, oder spät und ungelegen. Das Haus ist verwunschen, wir kennen uns nicht aus in seiner verschlungenen Weitläufigkeit. Oft scheint es, die dienenden Geister sind gegen uns verschworen, sind ausgeflogen oder feiern Feste für sich. Vor Aufständen sind wir nicht sicher. Es spukt, Geräusche dringen durch die Wand, – poltern Geister? sind Gäste nebenan, die wir nicht baten? ist's das Gesinde mit Flüstern und Streit? wie leben eigentlich diese Leute, und wie viele sind es?

Yoga wird eine Lampe genannt. Mit ihr in der Hand durchschreitet der Yogin furchtlos die Gänge und Gewölbe seines Leibes, der seine Welt ist. Er durchwandert diese rätselreiche Stadt mit den neun Toren, wie der Inder den Leib mit seinen neun Pforten nennt, – durchwandert sie wie Harun al Raschid das nächtliche Bagdad, dessen Geheimnisse sein Herrscher nicht kennt. Wie kann er das? Kraft seines Atems, denn der ist überall im Leibe rege.

Die indische Medizin hat von der Rolle des Atems im Haushalt des Leibes eine andere Vorstellung als wir, sie ist so umfassend wie einfach; Yoga bewahrt davon ein Bild mit besonderen Zügen, altertümlicher und phantasievoller – die Überlieferung seiner Eingeweihten hat es mit erstarrender Treue als ihr Geheimnis durch die Zeiten getragen.

Die indische Physiologie ist ausgeprägt »pneumatisch«. Draußen in der Welt ist der Wind der Allesbeweger, er regt die Blätter, beugt die Saat, wirbelt den Staub und kräuselt die Welle. So ist er in der kleinen Welt des Leibes als Atem (prāna) gleichfalls der Allesbeweger. Was wir als Hauch der Kehle gewahren, ist nur der »oberste Atem«, dessen Ein und Aus das Leben verbürgt. Der göttliche Lebenswind in uns hat viele Gestalten und Funktionen. Er schiebt die Nahrung durch den Leib, er treibt das Blut in den Adern, er facht das Bauchfeuer an, das die Speisen verkocht, er verteilt aus der Mitte den nährenden Saft und die Wärme an alle Glieder, er bewirkt alle Austausche im Leibe und seine Ausscheidungen. Stirbt einer, an einer Wunde verblutend, so endet sein Leben nicht nur an Blutverlust, sondern weil zugleich die bewegende Lebenskraft des Atems dem Riß entfährt. Innere Atemkraft wirkt alle Bewegung, sie innerviert die Muskeln, löst aber auch alle unwillkürliche Bewegung aus: das Zucken der Lider, Schlucken und Gähnen, Niesen und Speien. Aufwärts strömend ins Haupt bewirkt ein Atem Denken und Sprechen. In allen Kanälen des Leibes fährt Atemwind einher, – und es sind 350000; in einem eiförmigen Knotengeflecht der Nabelhöhle entspringen 72000, und 101 münden ins Herz, den Sitz des Lebensatems. Der größere Teil dieser Kanäle entspricht unseren Nerven, aber die Kraft in ihnen ist Wind. Gemessen am Allüberall des Windes im Leibe spielt die Lunge keine Rolle als sein besonderes Gefäß. Der Yoga kennt sie gar nicht. Nach seinem Leibesschema (Abb. 8) laufen von beiden Nasenöffnungen zwei Kanäle durch den Leib auf beiden Seiten hinab bis zur unteren Öffnung der Wirbelsäule. Das Rückgrat durchzieht als Mittelachse innen die kleine Welt unseres Leibes, wie der mittlere Weltberg Sumeru, auf dessen Himmelsgipfel die Götter wohnen, aus den Tiefen der Unterwelt den indischen Makrokosmos als Achse durchragt.

Sonne und Mond ziehen ihre Kreisbahn um den Weltberg, so schlingen die beiden Hauptwege des Atems ihren Gang um das Rückgrat; sie sind die Bahnen für ein Sonnenhaftes und ein Mondhaftes in der kleinen Welt des Leibes. Mit jedem Atemzug, den der Yogin abwechselnd durch den rechten und den linken Nasenkanal tut, vollzieht sich innen ein Sonnen- und Mondumlauf, wechselt Tag mit Nacht. Indem der Yogin sich auf diesen Vorgang sammelt, hebt er den Zeitrhythmus, den der Gang der Gestirne außen ihm aufzwingt, auf. Für die kleine Welt seines Leibes wird er wie der Weltgeist, dem unsere Tage und Nächte nur wie Atemzüge seines Weltentages sind. Zeit, diese unerbittlichste Wirklichkeit mit ihrem Jetzt und Einst, mit dem unausweichlichen Bann des Gegenwärtigen und der Unwiederbringlichkeit des Vorüber, wird hier in einem anderen Sinn erfahren: als das Wesenlose reiner Anschauung, als der bloß subjektive Rahmen des Erfahrens, der einzig für unser Alltagsbewußtsein Grenzen zieht.

Die beiden großen Atembahnen vereinen sich am unteren Ende des Rückgrats mit dem Kanal des Rückenmarks, der als zentrale Bahn des Lebensodems den Leib durchzieht. Alle drei durchströmen lebensspendend den Kontinent des Leibes wie die drei heiligen großen Flüsse Indiens Gangā, Yamunā und Sarasvatī mit allen Rinnsalen, die in sie münden, den Körper Indiens durchrieseln. Im Zentrum zwischen den Brauen begegnen sie sich aufs neue. Den Strom des Atems in die Mittelbahn des Rückgrats zu lenken und dort mit seinem Spiel zu wirken, ist ein wesentliches Ziel des Yoga, wenn er als »Hathayoga« mit Zwang (hatha) arbeitet.

Freilich ist der Leib in seiner alltäglichen Verfassung dazu wenig geeignet. Das Netz seiner Kanäle ist verklebt, er ist schlaff und ungeschickt zu den Spannungen und Bewegungen, die er in sich üben soll. Es gilt, ihn rein und geschmeidig zu machen, in allen Teilen willig, den Atem aufzunehmen, zu stauen und zu leiten, wohin der Yogin will. Äußerlich vorbereitende Übungen sind Reinigung von Mund, Nase und Rachen, von Luft- und Speiseröhre mit Luft- und Wasserbädern, mit Zeugstreifen und Pflanzenstengeln, die zeitweilig hinuntergeschlungen werden, Magen- und Darmwaschungen mit Luft und Wasser, aber das eigentliche Element, das reinigt, ist der Atem selbst. Rhythmisch eingesogen im Wechsel von rechts und links, lange festgehalten und in bestimmtem Zeitmaß ausgestoßen, erhitzt er den Leib und verzehrt alle Schlacken in ihm. Asketische Lebensweise, insbesondere Diät, die schwere und scharfe Kost zugunsten maßvoller, milder und leichter Nahrung ausschließt, befördert den notwendigen Umbau des Organismus. Von den drei Aggregatformen, die der lebendige Weltstoff in all seinen Gebilden aufweist, in den Nährstoffen außen wie im Physischen und Psychischen innen: lichte Klarheit, feurige Bewegtheit und

dumpfe Schwere, – gilt es dem ersten der drei zur Vorherrschaft im Leibe zu verhelfen.
Eine besondere Gymnastik begleitet diese Atemübungen. Sie besteht nicht in Bewegungen, sondern im Vollzug teils ausgewogener, teils schwierig verschlungener Körperhaltungen im Sitzen und Hocken, Sich-Strecken und Balancieren. Schiva, der große Yogin unter den Göttern, der Urlehrer des Yoga, soll vierundachtzigmal hunderttausend solcher Haltungen innehaben, soviele als es Arten lebender Wesen gibt, – von diesen sind einige dreißig im Besitz der Menschen. Ihr göttlicher Quell gibt ihnen die Würde, wie in der indischen Liebeslehre die vielen Haltungen der Zärtlichkeit und Hingabe – verwandt nach Komplikationen und subtiler Unterscheidung – ihre Weihe davon haben, daß der überweltliche Schiva sie in endlosem Liebesspiel mit seiner Gattin, seiner weltentfaltenden, weltwirkenden Gotteskraft, offenbart hat.
Im Yoga dienen die Sitzhaltungen (āsana) dieser Stellungsgymnastik, Muskeln und Glieder zu völliger Willfährigkeit in Spannung und Entspannung durchzukneten; sie machen schlank und geschmeidig, sollen jung erhalten und vielen Erkrankungen, besonders der Atemwege und Eingeweide, vorbeugen. Sie sind Indiens hygienische Stellungsgymnastik, die, wenn nicht »Todlosigkeit«, doch langes Leben und Gesundheit verleihen soll. Ein guter Teil von ihnen reicht mit seinen Anforderungen an Geschicklichkeit und Ausdauer ins Akrobatische, ja Schlangenmenschenhafte.
Manche von ihnen ahmen (wie einige Haltungen der Liebeslehre) Tierhaltungen nach (Frosch, Heuschrecke, Schlange u. a.) und erfordern besondere Geschmeidigkeit; es mag aber auch eine altertümliche Form der Selbstverzauberung in diesen Haltungen liegen, da manche von ihnen Tieren angehören, die ursprünglich Erscheinungsformen von Göttern waren, dann zu ihren Wappenzeichen

wurden und ihnen als Reittier dienen, so Stier und Pfau, Schiva und seinem Sohne, dem Kriegsgott eigen, und der Sonnenvogel Garuda, der Vischnu trägt und sein Gefährte im Kampfe ist. Wahrscheinlich ist das vor allem bei der Haltung des sitzenden Löwen mit heraushängender Zunge, die keinen gymnastischen Wert hat, vielmehr reine Mimik ist; sie ahmt eine mythische Erscheinungsform Vischnus nach (wie vielleicht auch die Fisch- und Schildkrötenstellung): halb als Mann, halb als Löwe gestaltet überwältigte Vischnu in mythischem Kampfe den weltbeherrschenden Dämon Goldgewand, der die Götter ihrer Macht beraubt hatte; die sakrale Kunst stellt ihn dar, wie er mit heraushängender Zunge sitzend seine Pranken in den Leib des erschlagenen Feindes wühlt (Abb. 10). Solche Übungen, durch Mimik angenommener Haltungen sich in ein Göttliches zu verzaubern, gehören zum altertümlichsten Erbe des Hathayoga. Ihnen verwandt sind Haltungen der Hände, die zum Yoga täglicher Andachtsübungen im tantrischen Kulte gehören. Die Tantra's lehren eine Unzahl von Figuren oder Prägungen (mudrā) für die Hände: bestimmte Fingerhaltungen symbolisieren göttliche Kräfte, ihre »Prägungen« werden einzelnen Gliedern und Teilen des Leibes aufgedrückt (nyāsa), indes gleichzeitig eine symbolische Silbe geflüstert oder innerlich vorgestellt wird, die das Wesen der betreffenden göttlichen Kraft im Reiche des Schalles ausdrückt und ihre Gegenwart im Bewußtsein des Andächtigen erweckt. Mit solchen »Prägungen«, dem Leibe rings aufgelegt, beschwört der Gläubige alle Gottwesenheiten, die rings in seinen Gliedern und Organen als ihre Kräfte wirksam sind; mit ihrer Beschwörung verzaubert er sich aus seinem menschlichen Alltagsstand in ein Beieinander göttlicher Mächte und wird sich in seinem menschlichen Leibe seiner verborgen vielfältigen Gottnatur bewußt.

Der Wert der gymnastisch-akrobatischen Übungen liegt außer in ihrer hygienischen und verzaubernden Wirkung darin, daß sie es dem Adepten ermöglichen, seinem Leibe höchste Geschicklichkeit und Ausdauer für eine Reihe klassischer Sitzhaltungen zu geben, die der eigentlichen Atemregelung und Sammlung auf innere Vorgänge dienen. Durch Bilder der Buddha's und anderer sitzender indischer Heiliger sind sie zu weltweiten Sinnbildern des Yoga geworden. Sie sollen den Leib fest zusammenfassen, daß er stabil »wie ein Topf« den Atem in sich aufzunehmen und festzuhalten vermag, sollen alle Ermüdungs- und Druckgefühle, die dabei zu einer Änderung der Stellung Anlaß geben könnten, fernhalten, auf daß man sich ohne jede Ablenkung durch unfreiwillige Körpergefühle den Yogaübungen hingeben kann. Zu den Sitzhaltungen kommen »Prägungen« des Leibes: Muskelkontraktionen und Verlagerungen, die den innen gespeicherten Atem durch Druck und Bewegung willkürlich leiten sollen. Ein Hauptziel ist, die Luft aus den beiden Hauptwegen und aus dem Unterleib in den Mittelkanal des Rückgrats zu pressen, in die Suschumnā, die »Ader des vollkommnen Glücks«. Die »Leuchte des Hathayoga« kennt zehn solcher Prägungen, alle »machen Alter und Tod zunichte« in dem doppelten Sinne, daß sie vollkommene Gesundheit und Langlebigkeit verleihen, anderseits das Tor zum inneren Jenseits entriegeln und den Adepten in den Besitz des »Todlosen« setzen, das in ihm verborgen ist.

Dieses »Todlose« wird auf vielfache Art erfahren. Es kann z.B. als Göttertrank »Todlos« im Kosmos des Leibes geschmeckt werden. Zuhöchst im Haupte, wo im Weltleib der Jaina's die milchweiß todlose Region der ewig Erlösten liegt, schwebt im kleinen Weltleibe des Adepten der Mond, das Gefäß der Lebensmilch, des Göttertrankes. Der Mond trieft den Lebenssaft herab, der den Leib erhält;

aber unten im Bauche brennt das Sonnenfeuer, todbringende, tropische Glut. Sie verschlingt ständig, was vom Monde herabströmt, darum ist der Leib alterndem Verdorren unterworfen. Der Yogin lernt seine Zunge verlängern, indem er an ihr reckt und mit kleinen Schnitten die Zungenwurzel mählich um ein gutes Stück vom Unterkiefer löst, bis er sie rücklings in die Rachenhöhle schlingen kann. Er legt sie an den Gaumen und schmeckt dort den Saft, der vom Lebensmonde herabträuft. Immerwährend den Gaumen »küssend« erfährt die Zunge einen Geschmack, der alle möglichen Geschmacksarten in sich vereint als ein Jenseits aller Unterschiede, in denen die Erscheinungswelt des Geschmacks spielt. In dieser schillernd übergegensätzlichen Empfindungsfülle oszillierend kostet die Zunge den Saft »Todlos«. – Eine andere »Prägung«, das Zusammenziehen der Kehle, soll verhindern, daß der Lebenssaft hinunterrinnt ins Bereich des Feuers, das ihn verzehrt.

Ein anderer Zweck der »Prägung«, in der die Zunge nach hinten geschlungen wird, ist, den Luftkanal zu sperren und damit das Ausströmen des tief eingesogenen Atems zu verhindern. Ein Zustand des Unbewußtseins tritt ein, in dem Welt und Ich schwinden: sie sind nicht mehr. Ein Zustand vergleichbar dem traumlosen Schlafe ist willentlich hergestellt: alles als Gestalt individuell Umrissene, alles als Vorgang vergänglich Verfließende löst sich auf, zerschmilzt in seinem Gegensatze: einem Ungreifbaren, Gestalt- und Vorganglosen. Alles Dasein ist Bewußtsein, – »und die Welt, die ungeheure, lebt von deinem Atemzug« (Hermann Hesse): dieser Tatbestand wird hier im Abbau des Bewußtseins durch Atemdrosselung erfahren. Das ist der physiologische Sprung ins innere Jenseits, ins Sein hinter der Individuation, ins Sein schlechthin. Welt und Ich sind durch ihn abgebaut, der Mensch erfährt durch seinen gewollten Vollzug die Souveränität, sich über beide in das hinabschwingen zu können, was sie in jedem Traume innen, jedem Erwachen außen hervortreibt.

Das indische Denken über das Wesen des Wirklichen nimmt seinen Ausgang immer wieder aus dem Verwundern, wie Wachwelt und Traumwelt gestaltig greifbar aus einem Tieferen, Dunklen, das gestaltlos ungreifbar ist, aufsteigen und im tiefen Schlafe wieder in ihm zergehen: in ihm ist das überindividuale, schicksallose, zeit- und raumenthobene göttliche Sein unmittelbar gegeben. Jedes tiefe Einschlafen ist ein kleiner Weltuntergang, jeder Erdentag des Wachseins ein kleiner Weltentag des Kosmos unseres Leibes. Er mißt nach indischer Rechnung 21600 Atemzüge. So mißt die Periode der großen Welt draußen nach Tag und Jahren, die Atemzüge des großen Weltwesens sind. Als seine Atemzüge bilden sie den Großen Weltentag, an dessen Ende das Weltwesen immer wieder in den erquickenden Schlummer einer Weltnacht verfällt und sich selbst ungreifbar wird, bis es zu einem neuen Weltalter erwacht. Weltalter aber reihen sich aneinander als Lebenstage des Weltwesens, unterbrochen von diesen »mittleren Untergängen« der Weltnächte, bis in großen Perioden der Weltleib zur Auflösung reif geworden ist und sich in einem Großen Weltuntergange zerlöst, aus dem er über eine Große Nacht als ein völlig neuer wieder aufersteht. In diesen Rhythmus kleiner, mittlerer und großer Untergänge ist der Mensch mit der Welt seines kleinen Leibes hineingestellt als in ein oberflächenhaftes Scheinspiel in der Ebene des Geschehens oder des Bewußtseins, – eines menschlich kleinen oder kosmisch göttlichen Bewußtseins, – Hathayoga aber lehrt ihn, die Māyā dieses Rhythmus beliebig zu durchstoßen, um nach Gefallen zu sein, was unter diesen Rhythmen und ihrem

Gestaltenspiel, unangefochten und jenseits von ihm, im Menschen wie im All verborgen west.
Der Atemlehre des Hathayoga liegt eine eigentümliche Vorstellung von Atem zugrunde: der Atem der Kehle ist nicht eine gewisse Menge Luft, die Zug um Zug von innen gegen andere von außen eingetauscht wird, er ist vielmehr eine Art unsichtbares Organ, er schnellt wie eine Zunge aus Mund und Nase hervor und schlingt sich wie ein elastisches Band, das innen befestigt ist, wieder in den Leib zurück. Der Umfang, in dem er jeweils dem Leibe entschnellt, hängt vom Grade der Anstrengung und Arbeitsleistung des Menschen ab. Das ist eine altertümlich simple Deutung des Befundes stärkerer Atmung bei physischer Kraftleistung und Zuständen der Erregung. Tief atmen schafft die Bereitschaft besonderer physischer und psychischer Kraft, vollkommene Ausatmung anderseits ist der Tod. Daraus ergibt sich der Schluß: wer es dahin brächte, den Atem innen nach Belieben festhalten zu können, der brauchte nicht zu sterben. Hier liegt die ganz altertümliche Denk- und Vorstellungsgeschichte des Hathayoga, die seine Praktiken erst verständlich macht: wo Atem ist, ist Leben. Das Gleiche gilt vom Samen. Daher lehrt der Hathayoga seltsame, mißverständliche Übungen, beiläufig im Traditionsgut mitgeschleppt, die dem Menschen die Souveränität auch über den unwillkürlichsten Vorgang erotischer Erregung schenken sollen. Wer gewillt ist, die Lebenskraft, die Leben zeugt, unter keinen Umständen dank besonderer »Prägungen« und Lenkung des Atems herzugeben, – der brauchte nicht zu sterben. Eine abseitige Praktik, in der eine uralte Intuition großartig naiv aufblitzt; sie hat ihren Platz in der asketischen Yogalehre finden können, weil auch sie lehrt, wie der Mensch todlos werden könne, und weil der Inder allem Physischen und Physiologischen mit Ehrfurcht gegenübersteht als der

Offenbarung göttlicher Kräfte, deren Wesen keinen Wertgegensatz zwischen Fleisch und Geist zuläßt. Es geht darum, nicht zeugen zu müssen, das Geschlecht in sich und dem anderen nicht durch den Vorgang der Zeugung erkennen zu müssen, – das heißt also: zurückzuspringen vor die Szene unter dem Baume der Erkenntnis in den reinen Zustand des Paradieses und der Todlosigkeit. Denn die Frucht der Erkenntnis meint ja Zeugung, das Wort »erkennen« bedeutet im Alten Testament »zeugen«, und so ist die Frucht vom Baume der Erkenntnis, die den paradiesischen Zustand endet, die Frucht des Todes, – das Gegenstück zur Frucht vom Baume des Lebens. In dieser merkwürdigen Yogaübung flammt der urwüchsig alte Wille auf, unsterblich zu sein, wie der erste Mensch im paradiesischen Stande, der Wille, zu erfahren, daß man dem Zwange der Natur, zu zeugen, auch wo er unwiderstehlich scheint, enthoben ist: frei von dem Banne, unfreiwillig teilzuhaben am Lebensflusse, der durch die Kreaturen strömt, jenseits des Doppelgesichts entstehenden und vergehenden Lebens, an dem Zeugenmüssen und Sterbenmüssen das helle und das dunkle Antlitz sind, die dasselbe meinen.

Der Hathayoga kennt viele Wege, dem todlos Seienden in und hinter allem vergehend sich Geschehenden innezuwerden, und öffnet sich zu anderen Yogalehren, die auf ihm als Technik aufbauen. Daher nennt er sich die »Stiege«, die aus physiologischer Übung zu höheren Verfahren führt, wie eine Stiege aus dem Erdgeschoß zum Oberstock läuft. Sammlung auf den Atem ist ein Weg, ins Jenseits innen zu gelangen. Die Sinne einwärtsziehend, wie die Schildkröte ihre Glieder unter dem Schilde versammelt, das Bewußtsein von allen Vorstellungen freihaltend, gibt sich der Yogin einer inneren Erfahrung hin: er lauscht dem Rhythmus seines Atems, und dieser Rhythmus singt und tönt. Zuerst ist es wie das Läuten feiner Schellen, die man an den Knöcheln trägt, daß sie den Takt klingeln, wenn man zu Ehren der Götter tanzt; dann tönt es wie eine Handglocke, die man zu Anfang der Andacht rührt, um alle unheiligen Kräfte aus dem Raume zu scheuchen; dann dröhnt es wie Vischnus Muschelhorn im Kampf mit den Dämonen, – und was anderes ist unser Lebensfunke innen, als das höchste Göttliche im Kampf gegen die Dämonen des Ichs: Lust, Zorn, Verblendung. Dann klingt es wie Lautespielen auf den Nervensträngen, den Kanälen des Lebensodems: die weltwirkende Lebenskraft, uns innen, rührt an dieses Saitenspiel; dann ist es, als ob sie unsern Geist und unsern Lebensodem wie Zimbeln aneinanderschlüge, im Tanze das höchste jenseitige Wesen, ihren Gemahl, verehrend. Es schallt wie die Rohrflöte, mit deren Weise Krischna, der menschgewordene Allgott Vischnu, als Hirt auf Erden Hirtinnen, Herden und Vögel entzückte: das Rückgrat ist wie ein großer Baum, unter dem sie lagern, unsere Sinne sind die Frauen, die »Ader höchster Lust« (Suschumnā) ist die Flöte, durch die sein Atem in Wohllaut streicht, Geist und Atem sind die beiden Hände, die sie greifen, sechs lotosgleiche Zentren, die am Rückgrat übereinander aufgestockt liegen (Abb. 8), haben je eine geringelte Schlange (kundalī) in sich, – das ist ihre Lebenskraft, – es sind sechs Schlangenköniginnen, die zum beschwörenden Ton der Flöte tanzen, und ein Schlangenkönig, ihr Gemahl, hebt seinen Kopf im höchsten Lotos, indes sein Ende im untersten ist, und tanzt mit ihnen. Dann tönt es wie eine Kriegspauke im Kampfe unseres Lebensfunkens gegen die Leidenschaften des Ich, es schallt wie die Handtrommel, die Schiva im Tanze rührt: der überweltlich Jenseitige tanzt innen als Lenker unserer Leibeswelt; – es dröhnt wie Donner einer Wolke, die mitten am Horizonte, in der Mitte unserer Brauen

steht, und Blitze eines höheren Lichtes schießen aus ihr, indes ihre Regengüsse den Brand löschen, mit dem wir an Welt und Individuation, Schicksal, Geburt und Tod inbrünstig zu hängen gewohnt waren.
Alle diese Töne gilt es zu hören und in ihrer Bedeutung zu fassen. Sie sind alle Bestandteile, einzelne Klänge des großen Urlauts OM, mit dem das allem innere Jenseits sich im Reiche des Schalls offenbart. Ein Bewußtsein, das sich ganz auf diesen Ton fixieren kann, »zerschmilzt« in ihm und erreicht sein Jenseits: »wenn das Bewußtsein des Yogin sich ganz diesem Ton hingibt, vergißt es alles Außen und kommt samt dem Tone zur Ruhe. Wer sich diesem Yoga in Übung ergibt, überwindet die Sphäre des vielfältig qualitativ Entfalteten (die Sphäre des greifbar entfalteten Ich- und Weltleibes), er läßt alle Aktivität hinter sich und zerschmilzt im reinen Äther des qualitätfrei-unentfalteten Geistigen.« Er vergeht innerlich wie eine Wolke in der Ätherbläue des Firmaments.
Eine andere Übung ist, dem Gesange des Atems innen zu lauschen. Rhythmisch im Ein- und Ausströmen tönt er »ham – sa, ham – sa« oder im Aus und Ein »sa – 'ham, sa – 'ham«. Mit »ham – sa« sagt er seinen Namen an, denn »hamsa« heißt der »Wildschwan« (es ist sprachlich unser »Ganser«), und der Lebensatem ist ein Wildschwan, der unablässig in uns auf und nieder fliegt, wenn man ihn nicht durch Stillstand des Atems zur Ruhe bringt. Er ist die greifbare Offenbarung unseres Lebensfunkens, an dem unsere gegenwärtige Individuation wie alle früheren hängt; – aber sein Laut sagt zugleich sein Geheimnis: »sa 'ham, sa 'ham«, denn »'ham« oder »aham« bedeutet »ich« und »sa« ist »er«, – »ich bin er«: Ich, der Diesseitige, bin Er, der Jenseitige; Ich, die Individuation, bin das Überindividuale, das sich zu ihrem Schein verlarvt; Ich, das Kreatürliche, bin in Wahrheit das todlos Göttliche.

Von Sonnenauf- bis -untergang atmet der Mensch 21600mal, so oft bewegt sich der Schwan durch alle Lotoszentren im Käfig des Leibes; als Lebensprinzip wohnt er im achtblättrigen Herzlotos, und je nach dem Lotosblatt, auf dem er gerade weilt, bestimmt sich die Richtung unseres Empfindens als Lust oder Zorn, Ermattung, Hunger und anderes. Weilt er aber in der Mitte des Lotos, dann verlangt es uns über die Welt und alles, was uns in ihr mit Neigung oder Widerstreben hierhin und dorthin wendet, hinaus. Sein Ton »ham – sa« »sa – ham« ist der »ungesprochene Flüsterspruch« (ajapā – mantra), der ohne unser Zutun ständig an der Schwelle unseres inneren Jenseits erklingt; ihn zum Schweigen zu bringen und in seinem Schweigen zu zerschmelzen, heißt dem brahman innewerden, unserem überindividualen todlos göttlichen Wesen das sich in uns zur individualen Lebenskraft (jīva) verlarvt. »Wer das Oberkönigtum (die Allmacht) im Yoga sich wünscht, der soll sich nur in Sammlung (samādhi) auf diesen Ton vereinfältigen, alles Denken fahren lassend, mit angespanntem Sinne, denn der Ton wirkt wie eine Schlinge oder Falle auf die Gazelle ›Gemüt‹ und wird auf der Jagd gebraucht nach der Gazelle ›Gemüt‹, sie zu erlegen.« Vom Ton des Atems wird das schlangengleich unstäte Bewußtsein hypnotisiert wie eine Schlange vom beschwörenden Flötenton, und wie es mit ihm zusammen schwingt, löst es sich mit ihm zusammen auf, »wie Feuer mit dem Holz, auf dem es brennt, sich selbst verzehrt hat, wenn es das Holz aufgezehrt hat«. Dieses technische Prinzip liegt vielen Yogaübungen zugrunde: unser Gemüt ist den Eindrücken von außen, den Regungen von innen offen, in diesem Banne unfreiwilligen Teilhabens an innen und außen ist es »verstreut«, nach vielen Seiten hin unwillkürlich hingegeben an Dinge und Stimmungen, die ihr Wesen ihm aufprägen. Aber Sammlung oder Vereinfaltung (samādhi) sammelt das Gemüt »in eine Spitze« und hält mit ihr etwas fest, das fixiert wird. Sie hält das Gemüt am Fixierten fest und bewahrt diese Fixierung beider ineinander so lange, bis das Gegenüber von Fixiertem und Fixierendem in eins verschmilzt. Das ist »Ineinssetzung« (samādhi) oder »Zerschmelzen« (laya).

Im Tantra-Yoga täglichen Kults kann dieser Vorgang sich an einem innerlich visualisierten Gottesbild vollziehen; der Eingeweihte wird in diesem Akt zur Gottheit, die er aus seiner eigenen ungreifbaren Substanz innen aufgebaut hat, sein andächtiges Gemüt schmilzt in die Gottheit hinein und sie zerschmilzt in dem gestaltlos reinen Sein der inneren Tiefe, aus der ihre Gestalt sich aufgebaut hat. An Stelle solch einer Gottesgestalt steht hier der Ton des Atems, die Manifestation der Lebenskraft (jīva): der Ton hat das Bewußtsein in sich aufgenommen und schwindet mit ihm zusammen ins Unbewußtsein hin: damit kehrt der jīva in seine wahre, verborgene Natur des brahman, des überindividualen todlos Göttlichen heim.

Ein Mythos erzählt, was der Schwan als der Atem des Allgottes singt, – es ist dasselbe Lied, das auch im Menschen erklingt. An jedem Weltabend nimmt der Gott die Welt, die er entfaltet hat, mit ihrer welkgewordenen Gestaltenfülle wieder in sich zurück, dann trägt er sie schlummernd innen in seinem Leibe; wie ein Traum der äußeren Welt in uns spielt, so spielt dann die Welt im Innern des Gottes weiter mit idealer Vollkommenheit. Und über ihrem Ablauf als Traum Gottes klingt das Lied des unvergänglichen Gottes, harft der Atem des Schlummernden: »viele Gestalten nehme ich an und schwimme im großen Weltmeer, wenn Mond und Sonne vergangen sind, langsam dahin« – das ist der Zustand der Weltnacht, in der die Welt wieder zu den Urwassern des Unbewußtseins, dem gestaltlosen Leibe des Weltwesens zerschmolzen ist, – »ich bin der Herr

und bin Schwan. Ich brachte die Welt aus mir hervor und weile im kreisenden Vergehen der Zeit.«
Auch unsere tieferen Träume kennen diesen Schwan als Sinnbild, er ist wohl die höchste Form des Seelenvogels. Für Indien ist er der Ausdruck des metaphysisch-transzendenten Aspekts der Seele, einer letzten Größe, die tiefer liegt als alles Gestaltige in uns, tiefer noch als die gestaltenträchtige und zeichengebende Schicht des Unbewußten. Er bezeichnet den ichüberlegenen, weltüberhobenen Teil unseres Wesens, der bei unserem scheinbaren Verflochtensein in den bannenden Wirbel des Daseins unanrührbar, unverflochten bleibt. Über den Spiegel der Lebenswasser hin zieht der Schwan seinen Pfad, er tunkt den Hals in ihre Tiefe, aber er ist nicht an sie gebunden, denn er ist beschwingt. Er hebt sich aus der unteren Flut auf ins kristallene Himmelsmeer und rudert in ihm noch freier, sich gemäßer als in den schwereren Wassern. Er wandert, wohin er will. Der heimatlose Wildschwan, der seine Bahn spurlos über Fernen des Raumes zieht, und hier einfällt auf einen See und dort in eine Bucht, ist Indien das Zeichen des fesselfreien tiefsten Prinzips in uns, das sich spielend hier und dort und immer wieder für den Aufenthalt eines Lebens an Verleibungen hergibt. Warum ergreift es immer wieder, Leda in der Begegnung mit dem Schwan zu sehen, als sei in diesem Bilde mehr gegeben, als im Abenteuer Europas mit dem Stier, – mehr als eine tiefe amouröse Stunde und die Grazie eines großen Gottes, der um die Träume eines jungen Weibes weiß? ist Leda nicht wie Psyche selbst: heimgesucht und hingegeben dem göttlich Tieferen in ihr, das nur bei ihr zu Gast ist, – ein Überindividuales, Unhaltbares, Unberührbares, das sie versehrt und auflöst? – In Indien ist der Schwan das Zeichen Brahmās, sein Reittier und sein Sinnbild in der Reihe der Tiere. Der heimatlose Asket, der nirgend mehr

auf Erden zu Haus, frei schweift und alles Gestaltige in sich in den ungreifbaren Ätherraum des brahman aufzulösen trachtet, aus dem es sich wie Gewölk verdichtet hat, heißt ein »Schwan« und »höchster Schwan« (hamsa, paramahamsa).
Immer tönt in uns der Atem, die Stimme des Lebensfunkens »ich bin Er«, aber nur der Yogin hört sie und versteht sie. Im Mythos ringt einmal Krischna, der menschgewordene Allgott als Hirtenknabe mit einem Schlangendämon; zum Entsetzen der Hirtenfrauen scheint er im Wasser vom Dämon überwältigt, von den Windungen der Schlange umstrickt und gelähmt, vor ihrem Gifthauch ohnmächtig geworden. Da ruft ihm sein Halbbruder Rāma, wie er ein menschgewordenes Stück Vischnu, vom Ufer her zu, »göttlicher Herr der Götter, was entfaltest du dieses menschliche Wesen an dir? weißt du nicht um dein eigenes anderes Wesen: du bist der Nabel der Welt, Schaffer, Wegraffer und Hüter aller Welten, du bist alle Welt! menschliches Wesen hast du gezeigt, Knabenspiele hast du gezeigt, darum bezwinge jetzt den Dämon!« So wird Krischna sich selbst in Erinnerung gebracht, ein Lächeln spaltet den Kelch seiner Lippen, klatschend schlägt er auf die Windungen, die ihn fesseln, spielend löst er seinen Leib aus ihnen, beugt das Haupt der Schlange unter seinen Fuß und hebt an, stampfend darauf zu tanzen, bis der Schlangendämon um Gnade bittet. Im Sinnbild der beiden gottmenschlichen Brüder, Stücke ein und desselben Göttlichen, in der Selbstverlorenheit des menschlichen Götterknaben an seine menschliche Rolle, an die Windungen der Schlange und ans Grab der Wasser, und in der Unangefochtenheit und Klarheit seines brüderlichen zweiten Ich stellt sich das Doppelgesicht unseres und allen Wesens dar: daß wir jīva und brahman in einem sind, kreaturgebannt und preisgegeben, zugleich aber todlos frei. Ein altes

indisches Gleichnis spricht von zwei Vögeln, die an einem Baume sitzen: der eine frißt die süße Beere, der andere schaut gelassen zu; – sie sind ein und derselbe Vogel unter zwei Aspekten, Yoga aber ist der Weg, ihre Einheit zu erfahren und die Weltverlorenheit des Vogels, den seine Natur zwingt die süße Beere zu naschen, als eine Haltung an uns zu begreifen, die uns nicht berührt. So sind auch die beiden Vögel des alten Symbols im Laufe seiner Geschichte zu einem verschmolzen: Jean Paul spricht einmal von dem »zweiköpfigen Adler der Fabel, der mit dem einen niedergebückten Kopfe verzehrt, indes er mit dem anderen umherblickt und wacht«.

Es gibt auch optische Wege, dem inneren Jenseits inne zu werden. Der Yogin sammelt sich auf ein Zentrum zwischen den Augenbrauen, einen zweiblättrigen Lotos; hier erschaut er zunächst den reinen Ätherweltraum des Herzens. Wie seine Sammlung sich vertieft, lösen fünf ätherische Räume vor seinem inneren Blick einander ab: es sind in ihrem feinsten Aggregatzustande die fünf Elemente Erde, Wasser, Feuer, Luft und Äther, aus denen ungreifbar fein und stofflich dicht alles in der Welt sich bildet. Der erste dieser Ätherräume, der irdische, ist wie ein dunkler Wald bei Nacht, der folgende des Wassers, in das die gestaltige Welt immer wieder zergeht, glüht wie Weltuntergangsfeuer; der nächste, feurige, schimmert in vielerlei Licht, der vierte luftige strahlt wie tausend Sonnen, und der letzte des ungreifbaren Äthers ist aller benennbaren Eigenschaften bar. In ihnen brechen lautere Wellen eines höheren Lichtes auf, wie reine Wogen des Milchmeers der Lebensessenz und des milchigen Trankes Todlos, sie schimmern wie Blitze, wie Glühwürmchen und selbstleuchtende Edelsteine in der Nacht. Unter Myriaden Strahlen geht die Sonne der Erkenntnis auf, vor ihr weicht das innere Dunkel der Welt- und Ichbefangenheit. Der

Schwan, der da spricht »ich bin Er« und immer im Gegenüber von jīva und brahman lebt, gewinnt die Kraft, im Lichte dieser Sonne sich frei zu bewegen, er fliegt innen von Lotos zu Lotos, die drei großen Lebensströme des Leibes, zur Rechten und Linken und im Rückgrat, strömen frei und kreisen in sich. Alle Tätigkeit der Sinne hört auf, und das Denken (manas), das wie der Mond (candramas) ist, geht unter im Meer der Seligkeit. Ein liebendes Vogelpaar, das nach indischer Anschauung allnächtlich Trennung voneinander leiden muß und sich sehnt, am Morgen sich wiederzufinden, begegnet sich in diesem Sonnenaufgang, endlich wieder vereint: es ist das mittelbare Wissen um die Einheit von jīva und brahman, wie das Wort der Lehre es vermittelt, und das unmittelbare Wissen der Erfahrung, daß es wirklich so ist. Beide werden eins, ein Wissen um Alles, eine unbeschreibliche Erfahrung ist da, – alle Dunkelheit löst sich in Licht.

Jetzt ist der Yogin »selbst-sich-erleuchtendes Licht«, seine Sonne der Erkenntnis ist das rein schauende Auge zu seiner ganzen Welt innen und außen. Ihr Licht, nicht zu beschreiben, ist den Weltzugewandten tiefstes Dunkel, es ist Erscheinung des brahman; in ihm verschwindet das Ich wie der Schein einer Lampe im hellen Tageslichte. Ein Zustand, in dem man wie reinster Himmelsäther ist, ungreifbar, farblos, gestaltlos, jenseits aller sagbaren Eigenschaft. Man ist wie im Tiefschlaf, jenseits von gestalterfüllter Wach- und Traumwelt, in einem höchsten Glück, in Worte nicht zu fassen. Das ist höchste Vereinfaltung (samādhi), mit der Hathayoga sich zum königlichen Yoga (Rājayoga) erhebt, zum Ziele des Vedānta, dem »vierten Zustand« des brahman, jenseits der drei alltäglichen: Wachsein, Traumschlaf, Tiefschlaf.

Vielgliedrig und vielsagend wie keine zweite unter den Yogaübungen ist, was sich das »Bewegen der Lebenskraft«

(schakti-cālana) nennt. Hier findet die Technik der Atem-Regelung, seine Konzentration und Leitung ihre stufenreichste Aufgabe. Die im Leibe wie in einem Topfe aufgespeicherte motorische Lebenskraft des prāna wird einem Gewaltakt dienstbar gemacht. Sie soll aus den beiden Kanälen, die von der Nasenwurzel her als Hauptwege des prāna abwärts den Leib durchlaufen und sich am unteren Munde des Rückgrats begegnen, durch einen angespannten Druck, der alle Leibestore schließt und alle innen kreisende Windkraft vereinigt, in den Kanal des Rückgrats von unten hinaufgepreßt werden. Der Atem soll den Eingang zur innersten Ader des Rückgrats auftun und die Schlange der Lebenskraft wecken, die dort im tiefsten Lotoszentrum des Leibes – im Mūlādhāra, d. i. »Wurzel-Halt« – schlummert. Sein Druck kann sie erwecken, daß sie im Rückgrat aufwärts steigt, wie eine Quecksilbersäule im Thermometer. Als vegetativ-animalische Urkraft trägt diese Schlange den Mikrokosmos unseres Leibes, er ruht mit dem Rückgrat als Achse auf ihr: so trägt die Weltschlange Schescha, das Sinnbild der kosmogonischen Urwasser in der Tiefe, den Makrokosmos auf ihrem Haupte, indem sie seine Achse stützt, den Weltberg, der die Welt vertikal durchzieht, aus dem tiefsten Grunde der Unterwelt unsere Erdsphäre zentral durchragend bis in die Götterhimmel an den Rand der Überwelt. Die Schlange verkörpert die welt- und leibentfaltende Lebenskraft, sie ist Gestalt der weltwirkenden Gotteskraft (schakti). Zu dreieinhalb Ringen (kundala) geschlungen hält die »Geringelte« – Kundalinī – das männliche Symbol der zeugenden Gotteskraft, das Lingam, als ihr weiblicher Aspekt im Mūlādhāra umschlungen.

Sie schläft, – die vegetativ-animalische Lebenskraft ist tiefes Sich-Selbst-Innesein, das sich in keiner Wachheit des

Bewußtseins gegenständlich wird. Aber sie soll erwachen und aufsteigen zu einem höchsten Lotoszentrum im Zenit der Hirnschale den Weg rückwärts gehen, den sie abwärts stieg, als sie den Leib aus erstem embryonalem Zellendasein entfaltete. Die indische Embryologie lehrt, daß der befruchtete Keim im Mutterschoße sich vom Kopfe her entfalte: im Laufe des ersten Monats bildet sich als erstes der Kopf aus, im zweiten Monat Schultern und Arme, im dritten tiefer unten die Magengegend, dann im vierten Rücken und Gesäß, im fünften schließlich die Füße. So steigt die Lebenskraft, den Leib aufwölbend und gestaltend, aus dem Gegenpole des Gestaltlosen niederwärts und nimmt ihren Sitz am Grunde der ausgebildeten Gestalt, in der Zone der Entleerung und des Geschlechts. Der Lotos Mūlādhāra, in dem sie schläft, trägt das Zeichen der Erde, und die Zone der Entleerung birgt das Erdhafte: den Kot. Als animalische Lebenskraft aber sitzt die Schlange an der Zone des Geschlechts.

Bei uns lehrt die Embryologie: wenn das befruchtete Ei sich furcht, differenziert es sich zunächst in diese unterste Zone der Entleerung und in die höchste des Kopfes, dies ist die erste Polarität embryonaler Entfaltung, die sich aus dem undifferenzierten Beisammensein befruchtender Vereinigung erhebt. Der Weg, den der Yogin der Kundalinī aufzwingt, daß die Entfaltende aus ihrem vegetativen Schlummer am Grunde des Leibes aufsteige und in ihren Gegenpol des Unentfalteten zuhöchst eingehe, führt also gewissermaßen zurück in jene embryonale Präexistenz, in das früheste Stadium der Kosmogonie unseres Leibes, ehe unser Mikrokosmos die innige Verschmolzenheit polarer Zonen auseinandertrieb.

Der Druck versammelter Atemkräfte weckt die Schlange und zwingt sie aufwärts im innersten Kanal der Wirbelsäule. Fünf Lotosblumen mit wechselnder Blattzahl sind übereinander an ihrem Wege aufgestockt, sie durchquert alle und erreicht die höchste, die tausendblättrig die Hirnschale umkleidet. Die Stationen dieses Weges, diese sechs Lotoszentren, stellen von oben nach unten gelesen den Gang der Weltentstehung dar. Er schreitet über fünf Stufen: am Anfang west der göttlich lebendige Weltstoff als unentfaltet und gestaltlos. Wenn er, zeitlos pendelnd zwischen Einschmelzung und Entfaltung der Welt, aus diesem Zwischenzustande des In-sich-selbst-Verschmolzenseins zu spielender Selbstentfaltung und Verstofflichung anhebt, ist sein erster Schritt die Selbstverwandlung in das stofflich zarte Element des Raums. Ungreifbar fein, ätherisch ist es der Träger des Schalls. Aus ihm verdichtet sich ein Teil zu Luft, die greifbar ist in der Berührung des Windes; ein Teil der Luft ballt sich zu Feuer, aus dem sichtbaren Feuer verdichtet sich Wasser, der Träger des Geschmacks; aus den greifbaren Wassern aber steigt das kompakte Element Erde, das zu den Sinneseigenschaften aller früheren den Geruch besitzt. Aus der Mischung dieser aller entsteht die sinnlich wahrnehmbare Gestaltenwelt.

Die fünf unteren Lotosblumen des Mikrokosmos sind Zentren der fünf Elemente und ihre Aufreihung am Wege vom Hals zum Schoß entspricht den Entfaltungsschritten des lebendigen Weltstoffs in seiner Selbstverwandlung zu wachsender Dichte, Schwere und Differenziertheit. Zwischen der erdhaften Urschlange, die im Erdlotos unten schlummert, und dem Hirnschalenlotos oben spannt sich der Leib als ein ständig werdender Kosmos. Der Heimgang der Kundalinī aufwärts rafft diese entfaltende Welt in den Schoß des Unentfalteten zurück. Dann löst sich die vielfache stoffliche Realität in unstoffliche Potentialität auf, das Gestalthafte, das sich stofflich differenzierte, kehrt heim zum Stande undifferenzierter reiner Kraft.

Welt und Ich sind nicht ein schlichter Bestand, aber sie geschehen sich in jedem Augenblick; diesen ewigen Vorgang, ständiges Verwandlungsspiel, packt der Yogin wo es ihm einzig zur Hand ist, in der Kosmogonie seines Mikrokosmos, in sich selbst, – und führt die Kraft, die ihn zur Leiblichkeit entfaltet, heim in ihren leiblosen Ursprung. Der Mikrokosmos fließt zurück in seinen Quell, – mit ihm die Welt, die ihn umgab, denn sie ist nur an ihm gegeben: das Sichtbare als Spiegelung im Teich des Auges, das Meer des Hörbaren als Rauschen in der Muschel unsres Ohrs.

Die Kosmogonie der sichtbaren tastbaren Welt, wie Indien sie schaut, ist ein zunehmender Verdichtungsprozeß: immer ballt sich ein dichteres Element aus einem fluideren; dieser Vorgang wird den Wandlungen der Atmosphäre verglichen: wie ihr Unsichtbares, ihr Nichtsein fürs Auge, sich zu Dunst verdichtet, Dunst zu Nebelstreifen, der Streifen Wolke wird und Wolken Niederschlag gebären, aus dessen Saft handhafte Gestalt sich aufbaut, so quillt die gestaltige Welt immer greifbarer aus dem Schoß des Unentfalteten. Auf dieses Spiel passen von fern Goethes transparente Verse, mit denen er Howards Wolkenlehre feierte, jenes Hinab und Hinauf, Gestaltung und Entstaltung: nachdem sich

»niederwärts, durch *Erdgewalt*
herabgezogen, was sich hoch geballt«,

schwimmt die geballte Haufenwolke wieder zum Stratus auseinander, die Streifenwolke flockt zum Zirrus auf, die Flocke löst sich wieder in die Atmosphäre:

»so fließt zuletzt, was unten leicht entstand,
dem Vater oben still in Schoß und Hand.«

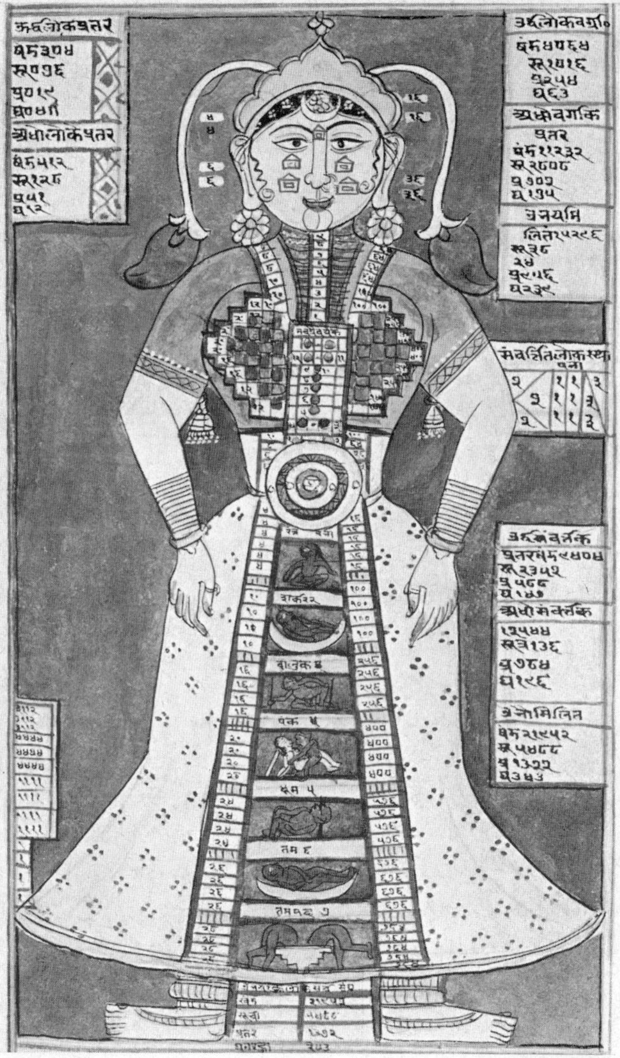

Abb. 1

Abb. 2

Abb. 3

Abb. 4

Abb. 5

Abb. 6

Abb. 7

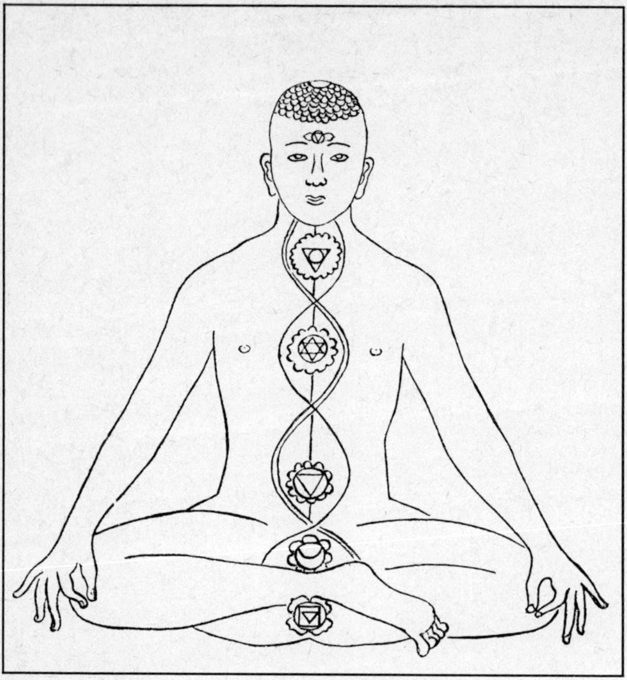

Abb. 8

Abb. 9

Abb. 10

Abb. 11

Abb. 12

Das Lotosschema des menschlichen Leibes ist das kosmogonisch gestufte Abbild des Weltgebäudes. Der Leib bildet die Welt des Entfalteten, die Hirnschale aber birgt den Gegenpol des Unentfalteten, der tausendblättrige Lotos befindet sich, so heißt es, »außerhalb des brahman-Ei's«, also außerhalb des entfalteten Kosmos, d. i. des Leibes. Zu ihm gelangt nur, wer über alle Zonen sich differenzierender Gestaltigkeit hinauszusteigen vermag in die Ruhe gestaltlos undifferenzierten Seins. Diese Vorstellung ist in Indien uralt. Die Veden kennen es freilich nicht, aber die Vorstellung der Jaina's vom Weltleib als Leib der Weltfrau meint dasselbe. Dort ist das Weltgebäude ein menschlicher Leib, dem Yogin ist sein Körper ein Kosmos und ist gestaltet wie jener Leib der Weltfrau. Sie trägt in ihrer Leibesmitte, in Höhe ihres Schoßes, die kreisförmige Erdscheibe, eben dort liegt im Yogaschema der Erdlotos Mūlādhāra. Auch wird die Erdscheibe selbst in der mythischen Kosmographie der Inder als Lotosblume angesehen – inmitten ihres Blütenbodens liegt der indische Kontinent – und sie wird die »Göttin Lotos« genannt. Die Erde aber ist die Heimat der Schlangen, der Herrscher chthonischer Lebenskraft, wie der Himmel der Ursprung ihres Feindes, des göttlichen Sonnenvogels ist, der mit seinen Strahlen den Lebenssaft der Erde, die Schlangen der Flüsse und Bäche verzehrt. Darum lebt die Schlange Kundalinī im Erdlotos. Oberhalb der Erdfläche in Rumpf und Hals des Weltleibes erschaut der Jaina immer leichtere, reinere Götterwelten; so liegen im Schema des Kundalinī-Yoga die göttlichen Elemente als Sphären in den vier höheren Lotoszentren immer leichter und lichter übereinander, Feuer überm Wasser und Luft über beiden, zuhöchst aber der Äther. Der Jaina-Yogin, der sich selbst erlöst, steigt schwerelos durch alle diese Schichten der Schwere und Trübe aufwärts zur Stätte der Erlösten am Innengewölbe der Hirnschale des kosmischen Wesens, – er nimmt also den Weg der Kundalinī aus der Zone des Schoßes in den Zenit, wo der Kundalinī-Yogin den tausendblättrigen Lotos weiß. Die göttliche Urmutter aller Welt, die nach der Lehre der Jaina's alle Wesen und Sphären als ihr Leben in ihrem Leibe trägt, ist ein Schwestersymbol der Kundalinī selbst. Sie ist eine Weltmutter, die ewig schwanger geht mit der Welt; aber wie ein reifes Kind, vollentfaltet webt der Kosmos in ihr und füllt sie ganz, sie trägt ihn, indem sie sich trägt, – aber auch Kundalinī, dem Kosmos des Leibes inne, trägt ihn mit allen seinen Sphären, die sie auf ihrem Gange abwärts entfaltet hat, – trägt ihn als Schlange der Tiefe auf ihrem Haupte, indem sie das Rückgrat, die Achse des Leibes, den Weltberg des Mikrokosmos, auf dem Haupte balanciert, wie die Weltschlange der Tiefe in der indischen Kosmologie die Welt auf ihrem Haupte schwebend hält.

Die Weltfrau und Kundalinī sind der makrokosmische und mikrokosmische Aspekt derselben Größe: der schakti, die göttlich alle Gestalt webt und trägt. Im Bilde der Weltfrau ist sie von außen umrissen als Leib, der alle stoffliche Lebensfülle der Welt entfaltet in sich beschließt, im Bilde der Schlange ist sie als alle Gestalt innen durchwirkende Lebenskraft gefaßt.

Erfahrungen gewaltsamer Atemkunst zum Ziele des Unbewußtseins haben dieses Schema mit archaischer Bildkraft ausgeformt. Der Yogin soll es nicht lernen, um an ihm als Bild sich im Besitze einer besonderen Erleuchtung zu wähnen, es bietet ihm eine Anleitung, die inneren Erfahrungen seines Übens sich zu deuten, und eine figürliche Wegkarte fürs Weiterschreiten im Prozeß des Abbaus. Dieser Plan des Leibes will nicht gewußt und nur betrachtet, er will durchlaufen und aufgerollt sein, sonst bleibt er eine Einbildung ohne Wirkung.

Wirkende Einbildungen aber, die als Übungen den Adepten verwandeln, gehören zum Bestande der Tantra's, denen Hathayoga nahesteht. So lehren die Tantra's die Gottheit im Lotos des eigenen Herzens schauen und innen kultisch verehren, aber dabei geht es nicht bloß um eine innere Vision der Gottheit, vielmehr gilt es ihr Bild aus dem gestaltlosen Inneren aufzubauen und ihre Gestalt nach vollzogener Verehrung wieder einzuschmelzen in die gestaltlose Substanz der eigenen Tiefe. Daran gewinnt sich die Erfahrung der eigenen verborgenen Gotthaftigkeit: der Gläubige zaubert in täglichem innerem Kult die Gottheit aus sich selbst hervor und läßt sie wieder im eigenen Dunkel verschwinden. So lernt er sich als das Göttliche wissen. Solch ein Prozeß ist der Weg zu einer anderen Wirklichkeit als der alltags erfahrenen, sein Gehalt aber ist wirklich im eigentlichen Sinne des Wortes, denn er wirkt Verwandlung dessen, der ihn sich ein-bildet. Als gewollte, freiwillig erzwungene Einbildungen sind solche Vorgänge in ihrer Wirkung ungewollten Einbildungen oder Zwangsvorstellungen verwandt. Ein Kind z. B. bildet sich ein, die Pferde auf der Straße müßten ihm etwas antun; infolge dieser Zwangsvorstellung ist es nicht auf die Straße zu bringen; seine Einbildung zwingt ihm eine Wirklichkeit auf, die es ganz beherrscht und ihm die allgemeine Alltagswelt verwandelt. Aber solche Einbildungen, die den Menschen vergewaltigen und beherrschen, bilden das Wirkliche weithin; von Gemeinschaft und Sitte geheiligt, wirken sie die an Bedeutungen reiche Seite der Welt, in der wir leben, ja für die wir leiden und sterben können. Die Wirklichkeit, der wir emotional erliegen, ist gefärbt, ja wesentlich gewirkt mit geheiligten Zwangsvorstellungen unserer Gemeinschaft, die uns die Welt als ein in sich bestimmtes Ganzes schenken.
Unter diesem Gesichtswinkel betrachtet ist Hathayoga

eine Technik, mit der sich ihr Adept willentlich Einbildungen einzwingt, die sein Ich und die Welt in ein Aufhebbares verwandeln. Er bricht den Zwang der Vorstellung von Welt und Ich, den die Gemeinschaft – nicht nur die menschliche, aber die Gemeinschaft der Natur – vielfältig ihm auferlegt, durch den Zwang seiner inneren Technik, die ihre wirkende Kraft aus dem Jenseits beider, dem Ziele ihres bildhaften Weges schöpft. Sein Adept lebt in der Welt und spielt in Anpassung an ihren Lauf das Weltkind; aber das ist nur Schale, wie der Eingeweihte tantrischen Kultes sein Menschsein als Schale weiß, aus der er in täglicher Andacht sein geheimes Wesen als göttlichen Kern hervorzaubern kann: sein Jenseits aus dem alltäglichen Diesseits.

Solch ein Zurückschreiten in uns selbst über Welt und Ich hinaus gibt sich freilich auch ohne Zwang, die Natur schenkt es uns im traumlosen Schlafe jeder Nacht, aber er sagt nichts über Ich und Welt im Verhältnis zu ihrem Jenseits. Sie schenkt es auch in der Entrückung liebender Umschlingung: Welt und Person versinken, Ich und Du sind ein Jenseits beider, – Indien lehrt in dieser Vereinung von Weib und Mann das Verschmelzen des Weltleibes mit dem Weltgrunde, die Auflösung des gestaltig Entfalteten im Gestaltlosen erfahren. Eine andere Entrückung über Welt und Ich liegt im Gebet, im Versinken oder Aufschwung zu Gott. Solche Wege hinter uns zurück, über uns hinaus, sind uns notwendig: ohne sie werden wir krank. So hält Natur Krankheit bereit als ein anderes Mittel, uns vom Ich und seiner Welt zu lösen. Wer sich in beide zu sehr verfing und, ihrer Oberfläche hingegeben, Stimmen seiner Tiefe überhört, den wirft etwas aufs Krankenbett, und was ihn verstrickte, wird gewaltsam abgestellt. Jetzt muß er ganz Kreatur sein, an die Belange von Ich und Welt zu denken ist ihm verboten, und wenn er sich erholt,

liegen sie wie durch einen Golf von ihm getrennt am Ufer des Vorgestern. Aber Krankheit bleibt meist ein unzulänglicher Versuch ohne Folgen, uns vom Banne des Ich und der Welt zu lösen; ein wenig durch sie verwandelt und uns enthoben, bleiben wir es selten lange.
Mit der Krise der Gläubigkeit im 18. Jahrhundert sind alte Wege, die Religion weist, über uns selbst hinauszutreten, um das Leben in Welt und Ich zu ertragen, vielen nicht mehr offen. Ihr Notstand sucht Auswege: das ästhetische Erlebnis, die Entrückung in der Kontemplation großer Kunst, zuerst von Schopenhauer gepriesen, der auflösende, fortschwemmende Sturz titanischer, sehnsüchtiger Musik seit Beethoven, die Einheit erotischer und musikalischer Erlösungskräfte im »Tristan« – das wurde Ersatz im 19. Jahrhundert. Entrückungen auf Augenblicke, nur zu erhoffen, nicht zu erzwingen; das Jenseits in uns tut sich nicht auf, nur weil wir klopfen und seiner bedürfen. – Es wird geleugnet, und an Stelle des Ganges in die Tiefe tritt das seitliche Hinausdrängen aus dem Ich. Darin liegt die Faszination des Gemeinschaftserlebnisses: hinaus über das Ich durch Aufgehen in der Aura symbolischer Personen und Zeichen, in der verschmelzenden Atmosphäre, die das Ich auslöscht. Ein Vereinfachtes an Gehalt, ein Elementares an Formel wird verlangt als das einzig wirklich Verbindende; der Drang der Bewegung zeigt das Dringliche des Notstandes, zeigt, welche kreaturhaft dämonischen Kräfte aus der Tiefe innen nach dem Ich des Individualismus langen, das, in barer Bewußtheit als in seiner Würde abgeschnürt, danach verlangt, seine Schale zu sprengen.
Diesen explosiven pathetischen Vorgängen ist eins gemein: sie verlarven ihre Absicht und den vitalen Gewinn, um den es ihnen geht, – hier in Enthusiasmus für die Kunst, dort in Opferbereitschaft für politische und soziale Ideale,

die sich außen verwirklichen sollen. Es scheint ihnen die Unschuld versagt, sich zu dem Notstand zu bekennen, aus dem ihnen die eruptiven Kräfte schießen, und das gute Gewissen, bei Namen zu nennen, worum es im Grunde geht. Yoga bedeutet dagegen – neben anderem – einen methodischen Versuch in aller Unschuld, die Kräfte, die aus dem Ich in sein inneres Jenseits verlangen, und jene anderen, die von ihm abgeschnürt in Explosion nach oben drängen müssen, durch den Kanal einer Technik miteinander zu verbinden, auf daß der Mensch aus seiner Ganzheit lebe, – nicht um in einer dämonischen Sphäre verschlungen zu werden oder in einer halluzinierten zu zerstieben, sondern um aus dem inneren Jenseits in täglichem Umgang mit ihm ein höheres Gleichgewicht zu ziehen, in dem sich Welt und Ich, wie das Schicksal sie gibt, in grenzenloser Gelassenheit bestehen lassen.
Es wäre zu wenig von diesem Schema und seinen Symbolen gesagt, wenn es seine Wirklichkeit nur daran haben sollte, daß es im Yogin, der es sich erfolgreich ein-bildet, wirksam ist. Die Tiefenpsychologie unserer Tage (C. G. Jungs Analytische Psychologie) hat in der westlichen Person Schichten aufgehellt, in denen völlig Ähnliches, ja fast Gleiches zu Haus ist. Der Symbolschatz unserer Träume, aber auch Leitfiguren und Sinnbilder, die den wachen Menschen unwillkürlich überfallen können und ihn bannen, so unverständlich sie ihm bleiben mögen, entspringen derselben Tiefe des zeitlos Unbewußten, das den Rohstoff der großartig stilisierten Schemata Indiens ausgeworfen hat, um seine Menschen an ihnen zu leiten. In der analytischen Psychologie werden die Menschen angehalten, zeichnerisch festzuhalten, was an rätselhaften, aber sie faszinierenden Bildern in ihnen aufsteigt, und es ergibt sich, daß in den Gebilden, die so entstehen, eine Symbolwahl waltet, die bis ins Einzelne von Motiv, Form

und Farbe einer hintergründigen Ordnung entspringt. Sie ist bestimmt vom Gehalte der Wirklichkeit, die den Menschen in seinem Kulturkreis umgibt, und ist doch nur die Variante eines allgemeinsten menschlichen Gutes an Formen und Symbolen, das in immer anderer Abwandlung, in spezifischer Stilisierung und Verwendung den Bestand aller Mythen, Riten und Religionen ausmacht. In dieser ursprünglichen Verwandtschaft liegt ein aktueller Antrieb der modernsten Psychologie Europas, sich mit allem Ältesten und Fernsten versunkener Kulturen, verdämmernder Archipele zu befassen.

Freilich, die analytische Psychologie des Unbewußten, die diese fast zeitlose Schicht im gegenwärtigen Menschen heraufbringt, ist noch fern von jener klassischen Durchbildung ihres Symbolschatzes, wie indische Lehren sie besitzen; sie ist eben in den Anfängen, das Material aufzufangen und zu sammeln. Die Visualisierungen, die hier in Zeichnungen festgehalten werden, sind frei wachsende Gebilde; in einem Notstand der Person, der sie zum Arzt geführt hat, ergreift das Unbewußte mit den verdrängten, vernachlässigten Schichten der Person die Führung aus dem Wirrsal, in dem das Bewußtsein nicht mehr weiter weiß, und spricht durch solche Zeichen wie durch Traumbilder.

Sie sind ein Abbild des Notstandes selbst, sie spiegeln die beklommene Situation, andrerseits aber sind sie schon ein Ansatz, schon ein Versuch der Selbstheilung der Gesamtperson von ihrem Unbewußten her. In ihnen gibt das Unbewußte Laut; sie sind seine Chiffreschrift. In diese wildwachsende Flora eines Krankheits- und Heilungsprozesses greift der Arzt nicht gärtnernd ein, er läßt sie wachsen, beobachtet ihre Blüten und begreift an ihrem Knospen und Vergehen, an ihrem Wechsel den Gang der Krise in unbewußten Krankheits- und Wachs-

tumsstadien. Aber er pflanzt nicht die Keime solcher Bildvorstellungen in den Patienten, daß sie ihm als Wegzeichen und Brücken eines vorgezeichneten Heil- und Verwandlungsweges dienen. Eben das scheint in Indien der Fall mit solchen Schemata, die man sich ein-bilden soll, um über sie und über sich hinauszuschreiten.
Ihr Material muß entstanden sein wie jene Visualisierungen des Unbewußten bei uns: frei aufschießend aus inneren Prozessen und das Bewußtsein als bedeutsam bannend. Aus diesem Ursprung erklärt sich die Faszination, die sie unmittelbar auch auf uns zu üben vermögen, ohne daß wir irgend etwas von ihrem speziellen Sinn verstehen, – sie rühren in unterirdischer Verfaserung an ein Wurzelgeflecht in uns, das uns mit ihnen verbindet. Aber solche spontanen Ausbrüche des Unbewußten sind in den indischen Schemata in ein anderes Stadium ihres Daseins getreten, ihr Aggregatzustand hat sich gewandelt und hat Zusätze erfahren. In vielen indischen Bildvorlagen für Yogaübungen ist das bildhaft Symbolische im einzelnen mit Silbenzeichen, z. T. in alphabetischer Folge oder als Anruf göttlicher Kräfte, ringsum besetzt, figürliches Beiwerk an ihnen wird aus der theologischen Überlieferung rational deutbar, je mehr diese sich aufschließt. Und dann erweist es sich als allegorisch. Was anfangs rein symbolisches Rohmaterial ursprünglicher Visualisierungen aus dem Unbewußten gewesen sein muß, ist durch einen mählichen Gang der Deutung in ein allegorisches Schema verkehrt worden. Das Symbolische an ihm ist mit seiner eigenen Deutung übermalt und mit ihr verschmolzen worden, ist durch sie stilisiert. Denn diese Schemata dienen ja in Indien einem anderen Zweck, als bei uns die Zeichnungen der analytischen Praxis; an ihnen soll ja nicht ein ungeklärter Notstand der Person aus Zeichen des Unbewußten abgelesen werden, vielmehr

einem Menschen, der zum Verwandlungsgange im Yoga bereit und reif ist, wird ein Weg gewiesen, kraft seines Unbewußten über den Notstand naiven Daseins und seines unfreiwilligen Teilhabens an Welt und Ich hinauszuschreiten.

Das ursprüngliche Material wurde im Rahmen des indischen Weltbildes, seiner Zeichen- und Wissenswelt gedeutet und zum gültigen Vorbilde eines bewährten Weges redigiert. Aus der besonderen, vulkanisch oder dämonisch begnadeten Substanz einzelner stieg der Rohstoff solcher Schemata Stück um Stück über die Zeiten auf, – ein Leitstern in der Nacht einer vielen gemeinsamen Lebensnot, – und wies den Weg begnadender Verwandlung. Wer als Schüler zu einem solchen Lehrer kam, der im Besitz des Weges war, und den Weg von ihm lernen wollte, auf dem der Lehrer über sich selbst hinausgeschritten war zur Souveränität über Welt und Ich, der stand vor der Aufgabe, dieselben inneren Erfahrungen und Gesichte folgerichtig in sich hervorzubringen; sie waren die einzig bekannten Wegsteine des dunklen schweren Weges voller Gefahren, irrezugehen. So wurden die spontanen Erzeugnisse des Unbewußten im Meister und in anderen, die dessen Meister gewesen waren, zu willentlich angestrebten Wegetappen des Schülers. Aus den Ausbrüchen des einen wurden die Exerzitien des anderen; was bei den Frühen – uns unbegreifbar – aus dem Innersten brach, ward bei den späteren Adepten – in der Tradition uns greifbar – zu Einprägungen, die ins Innere eingedrückt seinen bildsamen Stoff nach dem Vorbild gestalten sollten.

Dieser Herkunft entspricht es, daß in der Überlieferung vielerlei Schemata laufen, die in Einzelheiten voneinander abweichen, auch wenn sie das Gleiche wollen; ihr Rohstoff mußte, wie bei uns, so mannigfaltig sein wie geheim-

nisvoll einhellig in sich; seine Deutung ward einhellig und schuf große Typen, sie konnte die Mannigfaltigkeit im einzelnen wohl stilisieren, aber nicht auslöschen.
Zur Stilisierung des Stoffes boten rationale Analogien die Hand, etwa für die Ordnung der Lotoszentren: der Lotos der Erde liegt am Orte des Kotes, des erdnahen Stoffs, der Wasserlotos steht in Höhe der Blase, der Feuerlotos darüber im Zentrum der Leibeswärme, der Luftlotos bei den Atmungsorganen, der Lotos des Raumäthers zuhöchst. So liegen auch die Elemente im Weltleib geschichtet: über der Erde die wäßrige Wolkenschicht, darüber die Feuersphäre der Gestirne, Luft und Äther findet archaisches Denken zuhöchst, sie hüllen wie Häute das Weltei ein. – Die beiden Kanäle des Atems, durch die beiden Nasenöffnungen nahegelegt, haben ihr Ebenbild in der indischen Embryologie: nach der Liebeslehre (die sich in vielem mit dem Hathayoga berührt, z.B. in der ausführlichen Lehre der Haltungen, āsana) hat der Leib der Frau zwei verschiedene Kanäle, in denen die Empfängnis eines Knaben oder Mädchens erfolgt.
Die Lotoszentren sind um und um mit den Figuren und Silbenzeichen besetzt, die ihr vielfältiges Wesen ausdrücken. Der Lotos Mūlādhāra (»Ursprungs-Behälter« oder »Wurzel-Halt«) trägt im Innern ein goldgelbes Viereck: die Erde, deren Elemente er darstellt, denn nach ältester Vorstellung ist die Erde keine runde Scheibe, sondern den vier Richtungen des Raumes entsprechend quadratisch geformt. Ein Elefant trägt sie, er wird im Lotos visualisiert als Götterelefant: weißfarbig mit sechs Rüsseln. Entsprechend der quadratischen Erdform ist der dunkelrote Erdlotos vierblättrig und trägt vier Silben, die ihr Wesen beschwören, es sind die vier vorletzten Zeichen des indischen Alphabets. In seiner Mitte steht ein rotes Dreieck mit der Spitze nach unten, das Symbol

des Weiblichen, Empfangenden. Im ausklingenden m der Erdsilbe »lam«, das als Punkt (als »Tropfen«) geschrieben wird, thront Brahmā mit vier Köpfen und Armen als ein Kind, der »Lotos seines Gesichts ist Seligkeit«, neben ihm seine Gattin (schakti) mit vier Strahlenarmen, »rotäugig, wie viele Sonnen leuchtend«, und »immer trägt sie« – als Schoß des Lebens – »den Glanz des reinen Unbewußten (schuddha-buddhi)«. Im roten Dreieck aber, dem Symbol des Schoßes, wohnt der Liebesgott, der Herr aller Jīva's und lächelt die samsāra-gebundenen Wesen an. Und darin steht das Lingam, das männliche Symbol, goldfarben wie der indische Mensch und die indische Erde; die Schlange Kundalinī hält es mit dreieinhalb Windungen zärtlich umschlungen und deckt schlummernd seine Öffnung. Sie ist die weltbetörende, allesbetörende Gotteskraft, wie sie die Öffnung des brahman-Tors zum Aufstieg in die Transzendenz mit ihrem Kuß verschließt, sie schimmert wie die Girlande eines Blitzes und windet sich wie die Spirale einer Muschel. Leis und süß summt sie wie ein Bienenschwarm Worte zarter Dichtung in immer zarteren Kadenzen, sie trägt alles Leben im Rhythmus des Ein- und Ausatmens und der ganze Weltkreis leuchtet von ihrem Glanze. Sie heißt die allerhöchste Herrin und herrscht sieghaft als der Aufgang ewiger Erkenntnis.
In gleicher Fülle sprechenden Beiwerks weben die übrigen Lotoszentren. Auf den sechsblättrigen Lotos des Wassers folgt der zehnblättrige des Feuers in der Nabelgegend, dem Zentrum der Leibeswärme. Inmitten seiner rauchfarbenen Blätter findet sich ein Dreieck mit emporgerichteter Spitze, Symbol des Männlichen, wie das abwärtsgekehrte das Weibliche bezeichnet, zugleich Symbol des Feuers, daneben der Ziegenbock, das Reit- und Wagentier des Feuergottes. Durch die Zentren der Elemente aufsteigend wächst die Zahl der Lotosblätter: im Äther-

lotos oben beträgt sie sechzehn. Denn in ihm sind alle anderen Elemente, als aus ihm hervorgehend, virtuell enthalten, in jeder höheren Blätterzahl des höheren Lotos ist das jeweils daraus sich abspaltende nächste Element der Kosmogonie mitenthalten: im sechsblättrigen Wasserlotos der vierblättrige Erdlotos. Zugleich läuft von unten nach oben ein Gang von stärkster Farbigkeit zu immer gelösterer Helle: der Ätherlotos an der Kehle ist innen hellblau wie das Firmament, schneeweiß thront auf schneeweißen Elefanten Schiva, auf dem Schneegipfel des Himālaya in weltabgeschiedene Askese versunken, neben ihm seine Gattin, gleichfalls milchweiß wie der Trank »Todlos«. Im Blütenkelche schwebt der volle weiße Mond, der Schoß des Trankes »Todlos«, das Tor zur großen Loslösung für den in Yoga Geübten.

Das Lotoszentrum zwischen den Brauen (ājnā, »Anfang der Erkenntnis«) ist bereits jenseits der Sphäre der Entfaltung, die höchste Blätterfülle des Ätherlotos vereinfaltet sich hier zu zweien. Zweiblättrig enthält es die reine Polarität des Männlichen und Weiblichen in sich, ehe sie zum Spiele der Kosmogonie auseinandertritt. In seiner Entrücktheit ist es völlig milchweiß. Das Abklingen der Farben im Aufwärtsgange entspricht der mählichen Reinigung des kristallenen jīva in der Lehre der Jaina's: hat er sich von allem karman-Stoff, der ihn verfinsterte, geläutert, so steigt er in die milchweiße Zone der Entrücktheit auf, – an die Stelle des tausendblättrigen Lotos. Dieses Abklingen der Farben im Aufstieg der Kundalinī spiegelt visuell einen Prozeß der Loslösung und Entformung, indes die wachsende Blattzahl der durchlaufenen Zentren vom Erd- bis zum Ätherlotos einen Gang ständigen Zuwachses darstellt: eine Integration des Differenzierten in ein Höheres, darin es eingeschmolzen wird. Das sind die beiden Seiten, die, nur in scheinbarem

Widerspruch zueinander, nach der Lehre der Yogasūtra's das Wesen des Weges ausmachen. Lingam- und Dreiecksymbol, an der allgemeinen Entfärbung teilnehmend, erscheinen im sechsten Zentrum oben zwischen den Brauen milchweiß, wie sie golden und rot im untersten standen, und wie sie rauchblau einander durchdringend im blutroten Lotos des Herzens erscheinen: innige Vereinigung zum Davidsstern, Männliches und Weibliches einander besitzend als Leben des Lebens, Herz im Herzen. Dieser Verwandlung des lebendig blutenden Lebens zur Milchweiße des Tranks der Todlosigkeit, zur Schneeregion der Askese entspricht der physiologische Befund des Yogin während der Kundalinī-Übung: die Leibeswärme weicht aus ihm schrittweis nach oben zurück, bis im Stadium zeitlicher Vollendung, wenn der tausendblättrige Lotos erreicht ist, nur mehr die Scheitelspitze etwas Wärme zeigt, indes der übrige Körper, wie im Tode, erkaltet ist, um mit dem mählichen Abstiege der Kundalinī mählich sich wieder zu erwärmen.

Der tausendblättrige Lotos zuhöchst, milchweiß dem farbenblühenden Leben und all seiner Differenzierung entrückt, aber sie in sich beschließend, wie das reine Licht den ganzen Regenbogen, trägt auf seinen zahllosen Blättern alle Silbenzeichen des indischen Alphabets in endloser Wiederkehr, indes sie auf allen Zentren unter ihm nur jeweils einmal auf einem ihrer Blätter figurieren. Er ist die vielfältige Integration alles aus seiner Transzendenz kosmogonisch zu Welt und Ich Differenzierten, – indem er nicht nur alles dort vereinzelt Verteilte als ganze Reihe in sich trägt, sondern diese Reihe unzählbar vielfach in sich beschließt: Symbol des Höchsten.

Dieser Weg über die Stufenleiter der auseinander entfalteten Elemente, wie er über ihre Einschmelzung schrittweis bis ins Jenseits aufgehobener Fülle aller Unterschiede führt, ist zugleich ein Abbild des natürlichen Sterbeprozesses, wie Indien ihn sieht. Das tibetische Totenbuch »Bardo Tödol« gibt die indische Lehre im Gewande des lamaistischen Tantrismus, wenn es vom Vorgang des Sterbens und den Erfahrungen handelt, die ihm in dem »Zwischenzustande« (bardo) folgen, zwischen dem Abscheiden aus dem Leibe und dem Eingehen in eine neue Individuation.

Hier wird die Folge der Empfindungen eines Sterbenden in der Agonie beschrieben: zuerst stellt sich ein furchtbares Druckgefühl ein, als ob der erdhafte Leib in Wasser ertränke, dann löst sich das Erdhafte (dem der Mūlādhāra-Lotos entspricht) im Wasser auf: es geht über in ein erstarrendes Kältegefühl. Jetzt ist der Lebensfunke des Sterbenden aus der untersten, der Erdzone seines Mikrokosmos zurückgestiegen und hinaufgelangt in die höhere Zone des Wassers, dem der Svādhischthāna-Lotos entspricht, der Gang der Wiedereinschmelzung der Leibeswelt, wie sie stufenweis entfaltet dasteht, hat begonnen. Jetzt ist der Sterbende ganz in der kalten Wasserzone. Aber das Kältegefühl dieser Sphäre, das ihn wachsend umfängt, schlägt auf seiner Höhe um in die Empfindung brennender Hitze; damit gelangt der Ablösungsgang des jīva aus dem Leibe von der Wasserzone in die Sphäre des Feuers, zum Manipūra-Lotos, dem Zentrum der Leibeswärme am Herzen. Diese furchtbare Glut geht über in das Gefühl, in tausend Atome zerstieben zu müssen; da langt der jīva aufsteigend beim vierten Lotos der Luftsphäre, beim Anāhata-cakra in Höhe des Herzens an.

Wenn dieses Gefühl verebbt, befindet er sich in der Äthersphäre, auf der Höhe des Vischnuddha-cakra in der Kehle. Wer dank Yoga ein bei Lebzeiten Erlöster ist, erhebt sich spontan über diese Sphäre; im Durchgang durch die beiden Lotoszentren der Transzendenz (den zweiblättrigen

Lotos zwischen den Brauen – ājnā-cakra – und den »tausendblättrigen« der Scheitelhöhe) verläßt sein Lebensfunke den Kosmos des Leibes durch den »brahman-Spalt« in der Hirnschale (brahma-randhra = Fontanelle); der jīva des Unerlösten aber bleibt umfangen vom ätherischen Element und zieht in ihm aus Kehle und Mund des Sterbenden. Denn der unsichtbare, ungreifbare Äther ist das Element des Zwischenzustandes, der den jīva aufnimmt, bis er aus ihm in eine neue Verleibung gleitet.

So stellt der Aufstieg der Kundalinī durch die Lotoszentren des Leibes eine willentlich geübte Vorwegnahme des natürlichen Sterbens dar. Er schenkt dem Adepten noch im Fleische ein neues todloses Leben, zu dem er wiedergeboren wird, wenn die Schlange der lebenentfaltenden Kraft aus dem tausendblättrigen Lotos zuhöchst über die Schwelle, die Diesseits und Jenseits trennt, wieder ins Diesseits des Leibes zurückkehrt und stufenweise seinen Mikrokosmos neu entfaltet bis zum untersten Lotos hinab. Dann ist dem Adepten ein Bewußtsein geschenkt, das wieder ein Alltagsbewußtsein ist, zugleich aber verwandelt durch den Schritt über die Schwelle des Jenseits und wieder zurück, – völlig verwandelt durch das Wissen und die Kraft, diesen Gang ins Jenseits und zurück nach Belieben wiederholen zu können, ja schließlich die Schritte zur Entfaltung des Diesseits von Leib und umgebender Welt nur tun zu müssen, wann es beliebt. Der Adept genießt als schließliche Frucht seiner Übung des Kundalinī-Yoga das Bewußtsein, frei zu sein vom unfreiwilligen Gebanntsein an Mikrokosmos und Makrokosmos; wie das Göttliche – das er ja verborgen, nun aber offenbar sich ist – läßt er beide als Spiel der Selbstentfaltung und Differenzierung seines Wesens aus sich hervorgehen und nimmt sie in sich zurück, wie es ihm beliebt.

Begreift man als Sinn des Kundalinī-Ganges, daß er ein Weg der Überwindung des Todes und der Wiedergeburt zu neuem, todlosem Leben ist, so rückt er nahe an bekannte alte und zeitlose Dinge des Westens.

In der »Zauberflöte« treten zwei geharnischte Männer auf; sie öffnen den Einzuweihenden den Weg der Prüfung, auf dem sie in den Sonnenstaat gelangen sollen, der die Mächte der Nacht bekämpft, – die beiden singen:

»Der, welcher wandert diese Straße voll Beschwerden,
wird rein durch Feuer, Wasser, Luft und Erden;
Wenn er des Todes Schrecken überwinden kann,
schwingt er sich aus der Erde himmelan.
Erleuchtet wird er dann imstande sein,
sich den Mysterien der Isis ganz zu weihn.«

Das Wissen der Eingeweihten und Logenbrüder des 18. Jahrhunderts, das den geheimnisvollen Hintergrund in der »Zauberflöte« bildet, geht in letzter Linie unmittelbar auf den bekannten Schluß von Apulejus' Roman »Der goldene Esel« zurück. Apulejus' bedeutende Schilderung des Weges, den der Eingeweihte der Isis zu gehen hat, bietet nun eine genaue Entsprechung zum Aufstiegsweg der Kundalinī. Und diese spät-antike Isis, die alle großen Göttinnen und Mütter des Vorderen Orients und des Mittelmeerbeckens in sich aufgenommen hat als Aspekte und verschiedene Namen ihrer allumfassenden Weltmutterschaft, steht in ihrem weltgeschichtlichen Raume ganz so da, wie die höchste göttliche Kraft, die Schakti, Weltenentfalterin und Weltmutter, Kundalinī, Herrin des Lebensgeheimnisses in Indien, die sich in Gestalt und Namen aller indischen Göttinnen und Götter verehren läßt.

Was von dieser Isis bei Apulejus gesagt wird, gilt ebenso von Schakti-Kundalinī: »in den Händen der Isis läge überhaupt das Leben eines jeglichen Menschen« – so ist

Kundalinī die Entfalterin und Erhalterin des Mikrokosmos unseres lebendigen Leibes, – »lägen die Schlüssel zum Reiche der Schatten« – so ist Kundalinī die Führerin über die Schwelle des Todes zum Jenseits des tausendblättrigen Lotos, – »in ihren Mysterien würde Hingebung in einen freiwillig gewählten Tod und Wiedererlangung des Lebens durch die Gnade der Götter gefeiert und vorgestellt, ... durch ihre Allmacht würden ihre Eingeweihten dann gleichsam wiedergeboren und zu einem neuen Leben zurückgeführt« – hier wie dort geht es um die Überwindung der Vergänglichkeit und des Todes und um eine Wiedergeburt durch einen Vorgang, der geheimnisvoll verwandelt.

Was man über diesen Vorgang bei Apulejus erfährt, entspricht dem Ablauf des Kundalinī-Prozesses: »ich ging bis zur Grenzscheide von Leben und Tod, ich betrat Proserpinens Schwelle« – also das Reich des Todes wird betreten, der Abbau des kreatürlichen Ich wird vollzogen; Proserpina, die Herrin der Toten, entspräche hier der Schakti und Mutter in ihrem grauenvollen, toddrohenden Aspekt als Mahā-Kālī, als großer Todesgöttin, die als skeletthaftes altes Weib die Eingeweide des blühenden Lebens, das sie hinrafft, verschlingt. – »Und nachdem ich durch alle Elemente gefahren, kehrte ich wiederum zurück« – was tut Kundalinı als Prinzip unseres Lebens anderes in ihrem Auf- und Abstieg durch die fünf Lotoszentren der Elemente? – »Zur Zeit der tiefsten Mitternacht sah ich die Sonne in ihrem hellsten Licht leuchten« – so bricht das Licht des höchsten brahman aus dem Dunkel der Māyā – »ich schaute die unteren und oberen Götter« – eine altägyptische Formel für »alle Götter« – »von Angesicht zu Angesicht und betete sie in der Nähe an«, – so verehrt der Yogin alle Götter, wie er sie in den Lotoszentren aufgereiht und angesiedelt findet, einen jeden an

seiner Stätte, indem er ihr Bild innen sich aufruft und die Silben und Sprüche flüstert, die ihr Wesen enthalten.
Der Eingeweihte der Isis erfährt dann seine Heimkehr vom Jenseits des Todes im Sinnbild des Nachtlaufes der Sonne; von ihrem täglichen Tode im Westen kehrt die Sonne auf unterweltlicher Nachtfahrt durch die zwölf Stundenhäuser der Tiefe allnächtlich zur Wiedergeburt in neuen Aufgang. Der Eingeweihte wird nacheinander in zwölf verschiedene Gewänder gekleidet, entsprechend den zwölf Stundenhäusern des Unterweltslaufes, in denen die unteren Götter und die Toten der Sonnenbarke zujubeln, die an ihnen vorüberfährt, »in tiefster Mitternacht leuchtend mit hellstem Licht«, – dann wird der Eingeweihte endlich der versammelten Isisgemeinde gezeigt: »als Bild der Sonne ausgeschmückt stand ich gleich einer Bildsäule da« – er steht auf einer Holzbank unter dem Bildnis der Göttin Isis, augenscheinlich in der Haltung ihres Kindes Horus, in dem ihr Gatte und Bruder Osiris, wiedergeboren als sein Sohn, zurückgekehrt ist.
Dieses ganze Geschehen ist ein Vorgang, der einmalig am Einzuweihenden bei der Einweihung vorüberzieht, mit Räumen und Bildern, Kleidern, Formeln und Symbolen, mit Gebärden und Schritten durch Hell und Dunkel, – eine sakramentale Handlung, die von außen her vollzogen wird, damit der Einzuweihende sich daran innerlich verwandle. Der Adept mimt die Sonne, um ihr Wesen zu teilen: als immer wieder Todgeweihter ein in Wahrheit Todloser zu sein; – durch den Mimus der Sonne, die aus der Totenwelt wiederkehrt, durchtränkt er sich mit ihrer todenthobenen Natur, so wie der Hathayogin, der Vischnu als Löwen-Mann mimt und sich in der Vorstellung durchdringt, der Gott zu sein, sich mit seinem übermenschlichen Wesen durchtränkt. Aber der Yogin des Kundalinī-Ganges vollzieht mehr als einen Mimus, er verübt wirklich

eine innere Einschmelzung und Neuentfaltung des Mikrokosmos, er wandelt nicht einen sinnbildlichen Weg durch Gewölbe und Gänge eines Tempels, aber im Gebäude seines Leibes durchmißt er mit der Kundalinī einen wirklichen Wandlungsweg im Gange der »Ader reinster Lust« aufwärts und abwärts.

In anderen Andachtsübungen entfaltet der Yogin in Anlehnung an eine gemalte Vorlage ein kreisförmiges konzentrisches Bild (mandala) in innerer Schau und setzt sich selbst mit seiner Imagination in den Mittelpunkt dieses Gebildes, in den sich selbst entschwindenden, ungreifbar feinen Punkt oder Tropfen (bindu), aus dem die kreisförmige Gestalt in konzentrischen Formen hervorquillt und sich um ihn breitet. Er läßt diesen sich selbst ungreifbaren Tropfen der Transzendenz in fortschreitenden Visualisierungen aus seiner in sich selbst aufgehobenen Fülle aller Gestaltmöglichkeiten überfließen zur konzentrisch-gestaltigen Vielfalt der Erscheinungswelt, und was er so aus dieser Mitte quellen läßt, nimmt er, wenn es entfaltet und angeschaut ward, wieder in sie – in sich – als Sphäre des Transzendenten zurück. Der Kundalinī-Yogin ist sich selbst mit seinem Leibe ein solches mandala, vielmehr sein Leib ist wie der Kreissektor eines solchen mandala: der Mittelpunkt daran, das dem Zugriff entschwindende Transzendente, der Quell aller Entfaltung, ist der tausendblättrige Lotos des Jenseits, »außerhalb des brahman-Ei's« der Welt des Leibes, die konzentrischen Schichten aber, zu denen dieser »Tropfen« sich entfaltet, werden durch die übrigen fünf Lotoszentren bezeichnet, der Erdlotos (Mūlādhāra) liegt an der Peripherie der Entfaltung des Mikrokosmos, als deren letzte dichteste Stufe, die Suschumnā aber ist ein Radius des Kreissegmentes, der die Peripherie durch alle konzentrischen Sphärensegmente mit dem Mittelpunkte verbindet. Auf diesem

Radius spielt sich die Übung des Kundalinī-Ganges ab: dieser gewollte Weltuntergang, dieses absichtsvolle Sterben und das Wiedergeborenwerden als Welt und Leib, das darauf folgt.

Hier wird erfahren, wie wir zustande kommen und uns aufbauen, als was wir uns täglich haben; es ist als solle sich hier das Geheimnis lüften, das Hofmannsthal in seinem Distichon »Erkenntnis« anrührt:

»Wüßt' ich genau, wie dies Blatt aus seinem Zweige herauskam,
Schwieg' ich auf ewige Zeit still: denn ich wüßte genug.«

Hier greift eine innere Hand hinter den Schleier des Weltprozesses, wie aus dem transzendenten Einen (dem überweltlich ruhenden höchsten Schiva) das vielfältig Vergängliche, die Welt, wird, dank der unendlichen Bewegtheit seiner Kraft, der Schakti, die in uns Kundalinī, die Lebensschlange, ist. Man erfährt erleuchtend die Einheit der Gegensätze Schiva und Schakti –: die in sich ruhende Transzendenz und die aus ihr und in sich spielende Immanenz der Welt sind zwei Aspekte eines Bestandes.

»Erleuchtet wird er dann imstande sein,
sich den Mysterien der Isis ganz zu weihn«

– was heißt das ins Indische übersetzt? Das Geheimnis der Isis als Kundalinī, – wo wäre es nicht? Sie selbst ist das offenbare Geheimnis. Sie spinnt es als Māyā von Welt und Ich und löst es, wie Penelope nächtlich ihr Geweb des Tages wieder auf im Heimgang zum transzendenten Einen, zum überweltlichen ruhenden Schiva des höchsten Lotos. Daß sie eins mit ihm ist, nie von ihm getrennt oder verschieden, die Gattin in unendlicher Umschlingung des Gatten, und daß er jenseits scheint wie sie diesseits, – das ist ihr Geheimnis. Der Yogin, der es für sich erleuchtet hat, ist allein imstande, sich ihm »ganz zu weihn«. Für ihn hat die Gewalt, die alle Wesen bindet, der Bann unfreiwilligen Teilhabens an Welt und Ich in ihrer Vergänglichkeit, seine Macht verloren. Mitten im Leben steht er, ihm hingegeben als der vielfältigen Offenbarung der göttlichen Kraft, die sein innerstes Leben ist, von seiner Māyā außen wie innen, in Welt und Leib, nicht überwältigt oder gebannt, in bodenloser Gelassenheit.

Ein Gleiches lehrt mit anderen Zeichen der spirituale Weg der Yogasūtra's, die das Wesen des Yoga vom Psychischen her mit einer idealen Verbindung von Präzision und Weiträumigkeit in Formeln fassen. Einer ihrer Grundbegriffe sind die »Minderungen, Behinderungen oder Beschwerden« (klescha). In der Alltagssprache meint das Wort alles, was das ideale Befinden eines Gegenstandes, einer Person beeinträchtigt: ein welkgewordener Blumenschmuck, ein abgenutztes, beschmutztes Gewand ist von »klescha« betroffen, so auch die Schönheit des Monds, wenn eine Wolke sie befängt; aufreibende Geschäfte und Verpflichtungen sind »klescha«, sie ziehen einen von seinem Wesen ab. Im Yoga sind diese »Minderungen« unserer eigentlichen Herrlichkeit fünf an Zahl: Befangenheit oder »Nichtwissen« (avidyā), das Gefühl »ich bin ich«, Zuneigung und Abneigung und als letztes der Drang ins kreatürliche Dasein. Diese »Minderungen« sind Verkehrtheiten unseres wahren Wesens, indem sie »schwingen (oszillieren), festigen sie das Walten des psychischen und physischen Weltstoffs, der uns aufbaut« und sich in den drei Aggregaten der lauteren Klarheit, des Wirbelstaubs der Leidenschaften und der Dumpfheit der Kreatur darstellt. »Befangenheit« ist der Mutterboden der anderen, diese sind Wandlungsformen des »Nichtwissens«; in ihnen strömt sich Befangenheit als der naive Eindruck aus, Vergängliches und Unreines, Leidvolles und Wesenloses an der Welt und unserem natürlichen Dasein sei unvergänglich, rein, glück-

haft und wesensvoll. Dieser zwingende Eindruck, der uns befängt, veranlaßt falsche »Benennung«: »unvergänglich ist die Erde, ist der Himmel mit Mond und Sternen, unsterblich die himmelbewohnenden Götter« – indes das Gegenteil Wahrheit ist. Das indische Vergänglichkeitsgefühl setzt nicht bei der Hinfälligkeit der Kreatur ein, ihr gibt die hintergründige Wesenlosigkeit des Kosmisch-Astralen, die Vergänglichkeit der Götter das Relief.
Die Minderungen hängen sich an alles, was für uns die Form eines Gegenstandes annimmt, in allen Augenblicken unserer verkehrten Benennungen sind sie wirksam, aber für den Yogin, der sich vollendet, »schwinden sie der schwingenden Befangenheit nach«. Dank Bemühungen im Yoga werden sie kleiner und kleiner, in Zuständen der Entrückung sind sie auf Zeit eingeschlafen, aber im Weltkind sind sie mächtig. Alle zusammen sind, was man das Leben der Person nennen muß: die Verfangenheit in die Welt, wie sie sich uns bietet, das Hangen an unserem Ich, wie es uns naiv gegeben ist, Zuneigung und Abneigung, die uns auf allen Wegen leiten, und der Drang ins kreatürliche Dasein, der uns mit dem Wurme eint, der Urschrei in Gefahr, »nicht will ich nicht sein, – ich will sein« – er ist der Schrei im Tode und schwingt uns hinüber in künftige Existenz. Anfangslos quillt er aus sich selbst, »denn wie empfände sonst ein eben erst geborenes Geschöpf, das den Tod noch nicht gekostet hat, Abneigung gegen die Eigentümlichkeit des Sterbens?« – dieser Urlaut meint auch, »nicht möchte ich nicht werden, – ich will werden«; er besagt den Drang des Lebens, über seine Gestalt hinauszufließen und neue Gestalten zu bilden, und nicht im Tode des Individuums verschlungen zu werden. Mythisch stellt sich dieser Drang als erste Regung des Weltentstehens dar; der »Herr der Ausgeburten«, der Weltschöpfer der Veden wird durch zwei Motive zur Zeugung der Geschöpfe aus

sich selbst heraus bewogen: er fühlt sich einsam und fürchtet sich, darum gebiert er die Fülle der Lebensgestalten aus sich, oder aber es verlangt ihn, »viel will ich sein, ich will mich ausgebären«. Er ist nicht schaffender Geist, aber Kreatur, All-Kreatur, aus der alle Kreaturen kommen, und seine zwei Regungen sind ein Drang, – der Drang aller Kreatur: da zu sein, wie immer es sei, und nicht zu vergehen; über sich hinaus zu sein und nicht in sich zu vergehen.

Die Minderungen sind zeitloses Erbe unserer kreatürlichen Natur, sie liegen den anfangslosen Imprägnierungen unseres Kerns zugrunde, die als ein unbewußter Schatz von Bereitschaften, uns zu gebaren, von frühem Dasein her an uns haften. Sie wollen abgebaut sein; nicht bloß die Person, auch die Kreatur in uns soll abgestreift, ein Jenseits von beiden, das ungreifbar in uns ruht, soll uns zu eigen gegeben werden. Askese, Lernen und dem Göttlichen Sich-Weihen sind drei Mittel des »tätigen Yoga«, die dazu helfen. Askese glüht Unreinheit in uns hinweg, die aus anfangslosem Uns-Selbstbestimmen durch zahllose Akte des Verhaltens in früheren Leben mit vielerlei Tönung uns trübt (wie auch der Jaina-Yoga lehrt), – jene naturhafte Unreinheit, die auf den Minderungen beruht und früheren Imprägnierungen unseres unbewußten Kerns, bereit vorm »Netz der Dinge und Situationen« zu immer neuem spontanem Sich-Geschehenlassen ins Bewußtsein aufzubrechen. Stofflich besteht sie in einem Übermaß verwölkender Leidenschaft und animalischer Dumpfheit; beide sollen zerstäubt und aufgelöst werden durch asketische Glut, wie Sonnenglut trübende Wolkengebilde aufsaugt und zerlöst in die ätherisch klare Stille des Firmaments. »Lernen« meint Rezitieren von reinigenden, heiligenden Silben und Worten und wiederholtes Aufsagen der Lehre, die vom Banne der Befangenheit erlöst und den Gang der Selbstverwandlung weist. »Sich dem Göttlichen weihen« meint, alles, was man tut, samt den Früchten, die es trägt, nicht für sich selbst vollziehen, sondern dem Gotte aufopfern nach der Devise, »was ich willentlich tu oder unwillkürlich, Reines oder Unreines: alles das lege ich auf Dich, von Dir gelenkt tu ich es« – vollkommene Selbstabdankung in gläubiger Hingabe (bhakti), wie die Bhagavadgītā sie lehrt: »ich bin es nicht, der tut.«

In einem Leben, das sich ganz diesen Verhaltensweisen weiht, soll es gelingen, die »Minderungen« – den Inbegriff von Person und Kreatur in uns – »völlig klein zu kriegen« und »im Feuer der Askese ihren Samen«, der zu immer neuem Blütenflor der Individuation, zu immer neuer Frucht des Schicksals aufschießt, »zu verbrennen«, seine Keime zu töten, dann wird von allen Minderungen und Beschwerden unangetastet eine »feinste Erkenntnis« die Möglichkeit gewinnen, in Funktion zu treten. Es wird eine rein unterscheidende Erkenntnis sein: daß ein innerster, rein zuschauender Kern in uns jenseits aller greifbaren Person und des Tiefendunkels ihrer unbewußten Bereitschaften steht, jenseits des psychisch-physischen Weltstoffs in uns, der sich durch »tätigen Yoga« von seinen niederen Aggregatformen verwölkender Affekte und animalischer Dumpfheit zu völliger Klarheit und Stille geläutert hat. Das Gemüt, durch Sammlung und Vereinfaltung aus dem beständigen Strudelflusse äußerer Eindrücke und innerer Reaktionen in einen klaren Spiegel gestaut, faßt diese jenseitige Größe in sich: sie hebt sich ab und begreift sich als ein unverwoben Jenseitiges, das nur gespiegelt wird von der völlig geläuterten Person.

Diese Erkenntnis, die Person und jenseitigen Kern voneinander scheidet, bedeutet die Einleitung eines »rückläufigen Prozesses« in uns: das ständige Aufschießen von Person und Welt aus unserer Tiefe im Sich-Geschehenlassen unbewußter Bereitschaften zum Gestaltigen innerer und äußerer Akte wandelt sich in den Abbau der Sphären, die von der Dynamik dieser Akte erfüllt, ja ständig neu von ihr gewoben werden. An Stelle der Welt- und Ichverflochtenheit tritt ein Abgespalten- und Ledigsein: der Zustand des »kaivalya«. Sein Wesen ist mit »Ledigsein« nur einseitig begriffen: nur von der Seite des Abbauprozesses her, der Person und Kreatur als Schwerpunkt unseres Daseins auflöst; indem wir über beide hinaus und zurück nach innen schreiten, werden wir ja nicht ärmer, sondern reicher. Das besagt ja der Begriff »Minderungen« als Zeichen für Person und Kreatur; ihr Abbau bedeutet den Wegfall von etwas, das uns beklemmt und hindert, unserer wahrhaftigen, uns lang verborgenen Herrlichkeit froh zu werden.

Der Weg zu diesem idealen Sein, unbeschwert von Minderungen, geht über eine Reihe von Übungen wunderbarer Erfahrungen, in denen das kaivalya als Fülle verborgener Herrlichkeit sich schrittweis zu eigen gibt. Man hat die besonderen Kräfte, die sich auf diesem Gange entfalten, als »supernormal powers« begriffen, – das sind sie, sofern man den verminderten, beschwerten Zustand des Weltkindes als den normalen ansieht. Sieht man aber, wie die Yogasūtra's laut ihrer Bezeichnungsweise tun, das Person- und Kreaturhafte an uns als den abnormen, weil verminderten und beschwerten Zustand an und spricht wie sie vom Stande des kaivalya – und von welcher anderen Ebene gültiger Wirklichkeit her sollte Yoga die Dinge benennen? –, so sind diese wunderbaren Kräfte uralter, lang vorenthaltener Besitz unseres tieferen Wesens; im Weltkind gefangen und schlummernd, werden sie endlich freigesetzt. Innere Sammlung auf einen Gegenstand, die sich selbst vergessend ganz in ihm aufgeht und nur mehr

wie sein eigenes Ausstrahlen ist, verwandelt den Adepten in den Gegenstand: sie verleiht ihm ein übersinnliches, überlogisches Wissen um dessen Sphäre. Solche Sammlung hat soviel Stufen, wie sie sich an Gegenständen des Fixierens heften kann, sie befaßt sich mit den Organen des Leibes wie mit Bestand und Elementen der Welt; auf die Zeit als vergangene, gegenwärtige und künftige gerichtet, befreit sie von der Bindung der Kreatur an Augenblick und Gegenwart und gibt ein Wissen um Vergangenes und Künftiges. Oder: das Unbewußte tut sich auf mit seinem Schatz an Imprägnierungen und Bereitschaften, der Yogin aber liest in ihnen intuitiv seine Vergangenheit in früheren Leben, die sich zu diesem Schatz an Zeichen und Keimen in ihm niedergeschlagen hat. Sammlung auf den unmittelbaren Eindruck einer anderen Person führt dazu, um ihre Gedanken zu wissen. Sammlung auf die Sonne verschafft die Intuition über den Bau des Kosmos, dessen allsehendes, wanderndes Auge die Sonne ist; Sammlung auf den Mond, den Herrn der Sterne, erschließt das Wesen der Sternenwelt, Sammlung auf den Polarstern schenkt Intuition des Sternenlaufs, der den Pol umkreist, Sammlung auf den Nabel, den Pol des Leibes, schenkt das intuitive Wissen um das Arbeiten der Organe. Solchem Erkennen ohne Grenzen folgen entsprechende Kräfte: Verlust der Körperschwere, Herrschaft über die Elemente, gedankenschnelle Bewegung durch den Raum und andere Fähigkeiten werden genannt.
Hier ist man mitten in der Sphäre der Magie des Unbewußten, wo es seine ungeheuren Möglichkeiten, aus der überpersönlichen Fülle unserer Tiefe zu schöpfen, dem Menschen lockend zur Verfügung stellt. Aber die Gefahr, in bodenloser Inflation des Ego aus der rauschhaften Traumwelt des Über-Ich in die kahle Tagwelt wachen Daseins wirken zu wollen, wird voll begriffen: alle diese

Ausweitungen der Person sind kein Ziel des Yoga, wohl aber sind sie Wegzeichen, die als solche angestrebt werden sollen und sich einstellen auf dem Gange zum kaivalya. Es steht wohl am Ende dieser Erfahrungsreihe, aber nur für den Adepten, der sich nicht mit einem Rest von Ego in die Ausübung solcher Verlockungen verfängt. Diese Verlockungen seiner überpersönlichen Sphäre verdichten sich dem Yogin, wie er sie innen dem kaivalya zuschreitend durchquert, zu göttlichen Gestalten. Sie nahen ihm mit Glanz und Reiz und bieten ihm himmlische Freuden, den Trank der Todlosigkeit, Erfüllung aller Wünsche, göttliche Einsicht. Er aber spricht zu sich, ohne ihrer zu achten, »geröstet auf den schauerlichen Kohlen des zeitlosen Kreislaufs durch Geburten und Tode und umgetrieben in seinem Dunkel, habe ich mit Mühe die Leuchte des Yoga erlangt, die das Dunkel der Minderungen vernichtet. Feindlich sind ihr diese Sinnendinge, deren Mutterschoß Verlangen ist, wie wehende Winde dem Licht einer Lampe. Ich habe das Licht dieser Leuchte erschaut; wie könnte ich, von dieser Fata Morgana der Dinge verführt, mich dazu hergeben, Brennholz zu sein für die von neuem entflammten Gluten des Lebenskreislaufs? – fahrt wohl, ihr Dinge, Traumbildern vergleichbar, Wunschziele Beklagenswerter!« – damit gibt er sich ganz der Sammlung in Yoga anheim. Er wird nicht einmal stolz darauf sein, diesen hohen Versuchungen begegnet zu sein und sie ausgeschlagen zu haben: solcher Stolz wäre eine letzte sublime Hemmung, ein letzter Triumph eines in Inflation zum Über-Ich geweiteten Ego.

Dieser Gang über immer andere Fähigkeiten, die vom Weltkind her wunderbar scheinen, läßt immer neue Facetten am Kristall der ungeminderten Herrlichkeit unseres Wesens aufleuchten; sein Ende, das kaivalya, integriert all jenen stufenweis zugewachsenen Gewinn in sich, der sich als differenzierte Kräfte des Wissens und Wirkens an besonderen Bereichen der Welt und des Leibes entfaltet hat. Der Endzustand erreichter Herrlichkeit hebt sie alle zu undifferenzierter Ruhe, unbezeichenbarer Einheit auf. Wie er negativ gesehen »Ledigsein« von Minderungen ist, meint er in seinem positiven Gehalt die Integration aller Möglichkeiten, zu sein und zu wirken, die übergegensätzliche Totalität aller individuellen Bestimmtheiten, sich auf etwas zu beziehen, sich irgendwie zu gehaben. So ist er Entrücktheit gegenüber jedem Schicksal, das sich allemal als Konsequenz der Individuation und Differenzierung erweist. Es ist ein Dasein jenseits jeder Bestimmtheit und Abhängigkeit, eine in sich schwebende Fülle aller Möglichkeiten, die dem Zwange der Kreatur, sich in irgendeine greifbare Wirklichkeit vollstrecken zu müssen, enthoben ist. Ein Sein, das sich grenzenlos weiß und aller Bestimmung bar, wie es die Präexistenz des Göttlichen ist, wenn es sich noch nicht zum Spiele der Welt in Selbstdifferenzierung aus seiner Ruhe entfaltet hat: schicksallos, todlos. Der Weg zum kaivalya vollzieht an unserem Wesen die »restitutio in integrum«, wie der Aufstieg der Kundalinī die schrittweise Integration der aus sich differenzierten Elemente in den sie alle in sich integrierenden Äther vollzieht und im Heimweg über ihn hinaus zum überweltlich ruhenden Gott die totale Integration der Welt des Leibes erreicht.

III

Der rituale Lebensweg des Hindu ist mit Sakramenten bestanden, von Bräuchen, Festen und Observanzen eingefaßt, wie eine Landstraße von Bäumen. Von ihnen überschattet wandelt er dahin; sie umfangen ihn, ehe er geboren wird, und wissen ihn zu finden, wenn er schon lange tot ist. Sie stehen neben den Mythen von Göttern und Menschen, die in Epen und alten Überlieferungen ohne Ende das alle verbindende und leitende Gut an Sinnbildern und Formeln für die Wirklichkeit der Welt und des menschlichen Schicksals enthalten. Das moralische Element, Vorbild und Warnung, das die Mythen im Ablauf ihres Geschehens vorführen, verdichtet sich in den Observanzen zu formendem, erziehendem Zugriff auf den Menschen. In ihrer seelenführenden Funktion sind solche Observanzen dem Yogawege verwandt und aus ihrer Eigenart fällt Licht auf die seine.

Da gibt es eine Observanz, »das Hinschenken der Frucht«, – sie wird von der Mutter geübt, die einen Sohn geboren hat. Einen Sohn zur Welt zu bringen, ist höchste Pflicht und höchstes Glück der Hindufrau; dazu ist sie geheiratet worden, daß durch sie der Mannesstamm des Gatten nicht abreiße, daß sie den Gatten und seine Vorväter im Sohne wiedergebäre. Durch diese höchste Frucht erhält ihr Leben einzig Sinn und Recht. Aber so sehr sie an der wahrhaften Frucht ihres Lebens hängt, – sie hat den Sohn nicht zur Welt gebracht, um ihn für sich zu bewahren, sondern um ihn an die Welt dahinzuschenken, wenn er reif ist, von ihren Knien in die Welt hinauszustreben.

Die große Bindung zwischen Mutter und Kind, naturhaft und innig, birgt in sich die Gefahr einer tiefen, kaum löslichen Lebenskrise, für die Mutter wie für den Sohn, wenn das Dasein der Mutter mit religiöser Ausschließlichkeit auf diese Bindung wie auf weniges andere gestellt ist. Und die Gefahr dieser Lebenskrise kann die Beziehung und den Sohn vergiften. Aber die natürliche, notwendige und schmerzlichste Ablösung des Sohnes von der Mutter, daß sie die Frucht (phala) ihres Lebens als Gabe (dāna) an die Welt dahingibt, wird durch die Observanz (vrata) des Hinschenkens der Frucht (phala-dāna-vrata) möglich gemacht.

Wer so Großes opfern will, muß mit kleinen Dingen anfangen und sich an ihnen auf das große Opfer hin erziehen. Der Anfangszeitpunkt dieser Observanz ist unbestimmt, er liegt etwa um das fünfte Lebensjahr des Sohnes herum, sie läuft über eine unbestimmte Zahl von Jahren und währt alljährlich einen Monat lang. Der Haus-Brahmane und geistliche Lehrer der Familie (Guru) bestimmt ihren Gang; er entscheidet, wann die Mutter reif zu dem Abschluß ist: früher oder später nach voraufgehenden Opfern das eigentliche Opfer des Sohnes darzubringen. Die Frau beginnt mit dem Opfern von kleinen Früchten, die sie sehr gern hat. Sie verzichtet darauf, sie zu essen, und bringt sie täglich mit Reis und allerlei Gemüse dem Haus-Brahmanen als Spende dar. Sie fastet morgens und reicht dem Guru diese Gabe, wenn er im Laufe des Vormittags das Haus besucht; er ißt davon und reicht ihr auch eine Kleinigkeit, die sie andächtig verzehrt. Sie fastet dann weiter bis zum Abend, da darf sie wieder kochen und essen. Jedesmal wenn er kommt, erzählt der Guru der Mutter eine mythische Geschichte von einer Frau, die alles zu opfern wußte und daraus die Kraft zog, alles zu bewirken; stumm und aufmerksam, heiliges Gras in den zusammengelegten Händen, lauscht ihm die Frau, nimmt seine Worte in sich auf und bewegt sie in ihrem Herzen. Jedes Jahr steht eine andere, wertvollere Frucht sinnbildlich im Mittelpunkt dieses Hinschenkens. Von Früchten schreitet das Opfer fort zu Metallen, von Eisen über Kupfer und Bronze schließlich zu Gold. Das sind die Metalle, aus denen der Schmuck der Frauen gefertigt ist. Eigentlich ist hiermit wohl die – mindestens teilweise, jedenfalls schrittweise – Hinopferung des Schmuckes der Frau gemeint. Denn ihr Schmuck ist mit den Kleidern der einzige persönliche Besitz der Frau, an dem sie hängt; – aber es können Gegenstände aus diesen Metallen an seine

Stelle treten, die eigens dafür bestimmt sind, ihn sinnbildlich in dieser Observanz zu vertreten.
Die letzte, äußerste Steigerung dieses Opferganges ist ein völliges Fasten: die Frau reicht dem Guru frische Kokosmilch und muß den ganzen Tag Durst leiden. Brahmanen, Verwandte und Gesinde (Untertanen) wohnen der Zeremonie bei; sie vertreten als Zeugen die Welt, an die der Sohn dahingegeben werden muß. Zum Abschluß der Observanz werden zwölf Brahmanen, ein paar Bettler und Angehörige des fünften Standes der »Unberührbaren« zeremoniell gespeist: höchste und niederste Kaste, Spitze und Sockel der sozialen Pyramide stellen sinnbildlich und als Zeugen die gesamte soziale Welt dar, an die der Herangewachsene aus Heim und Mutterbanden überantwortet werden muß. Auch ein Verwandter vom Mannesstamm muß dabei zugegen sein, er vertritt den Teil der Welt, den das mütterliche Opfer des Sohnes an die Welt zumeist angeht. Die Observanz findet ihr Ende darin, daß der Guru die Mutter für reif erklärt, das Hinschenken des Sohnes an die Welt zu vollziehen. Dann bringt sie das Opfer der Frucht ihres Lebens –: schweigend und innerlich.
Mythos und Ritus verflechten sich in dieser Observanz, um die notwendige Verwandlung an der Mutter zu vollziehen: sie von dem Liebsten zu lösen, das sie an sich gebunden weiß und immer an sich gebunden halten möchte. Der Ritus sinnbildlichen Hinschenkens erhält sein Licht aus den Mythen vorbildlicher Gestalten, mit deren immer erneutem Vortrag der Guru die Schritte des Opferganges begleitet. Ihre Haltung wird aus dem Unbewußten der Frau erweckt, um ihr Wesen nach sich zu gestalten, um sie zu erlösen und zu bewahren vor der triebhaften Gewalt der Bindung, die Mutter und Kind zum Schaden beider vergewaltigen kann. An die Stelle der rührenden, aber bedroh-

lichen Dämonie des elementaren Gefühls tritt ein sinnbildliches Wesen im Innern, das diese Gefühlsflut in seinen Kontur aufnimmt und in seine Haltung verwandelt. Liebe kann sich so gut in eifersüchtigem Umklammern wie in segnendem Freigeben bewähren. Wir haben die Möglichkeiten zu allem in uns. Aber wir sind nicht imstande, sie mit Vernunft und bewußtem Willen aus ihrem tiefen Schlummer zu wecken, wenn es not täte. Aber das Sinnbildliche, im Mythos immer wieder vernommen, im Ritus immer neu geübt, hat diese zaubernde, beschwörende Macht über unser Unbewußtes, aus dessen Schoß die Dämonie des Triebhaften steigt, uns vergewaltigend, und wir können uns ihrer nicht erwehren. Wir sind nicht Herr unserer Gefühle, aber Leitbilder, mit Riten uns ins Unbewußte gesenkt, führen und formen unser Gefühlsleben. Das ist der Sinn einer anderen Observanz, die von Schwestern an Brüdern geübt wird. Das Familienleben, zumal in der indischen Großfamilie, wo die erwachsenen Söhne mit Frau und Kind oft im Hausstande der Eltern leben, ist voller Reibungen. Die angeheirateten Frauen der Männer und deren Schwestern im Hause – wie verträgt sich das? In der Familie lebt man beieinander mit allen kleinen Plagen und Sorgen des Tages, reibt sich an den Eigenheiten des anderen – wann wird man sich bewußt, wie nahe man einander ist: ein Blut, ein Leben. Wichtige Gefühlsfunktionen werden vernachlässigt, verkümmern, schlafen, und oft erwachen sie, wenn es zu spät ist.

Die Observanz »das Stirnzeichen des Bruders« (»bhrātri-sphota«) wird in der zweiten Nacht des zunehmenden Mondes im Oktober geübt. Alle Schwestern der Familie tun sich zusammen und laden ihre Brüder ein; der Ritus, den sie üben, dient dazu, ihre Brüder vor dem Tode zu bewahren. Er wird als ein Opfer dargebracht, den Tod zu überwinden. – Andere Opfer werden geübt, einen Gott zu verehren, seine Huld zu gewinnen; hier kommt kein Gott in Frage; das Opfer besteht darin, daß die Schwester sich selbst darbringt an den Tod. So tat es einst die einzige Schwester des ersten Menschen für ihren Bruder Yama. Der erste Mensch, Yama (das ist »Zwilling«), hatte eine Zwillingsschwester Yamunā (im vedischen Mythos »Yamī« genannt), die hat für ihn den Tod überwunden. Indem sie sich täglich für ihn dem Tode opferte, wurde er zum todüberwindenden König im Reiche der Seligen, wurde zum Herrscher der Totenwelt. Diese mythische Begebenheit ist das Vorbild für die Schwestern, sie wiederholt sich in ihrer Observanz. Das Ganze ist eine Frage der Willenskraft und des Glaubens: weil Yamunā mit ihrer Willenskraft fähig war, ihren Bruder unsterblich zu machen, muß jede Schwester in sich den Glauben entwickeln, mit ihrer Willenskraft an ihrem Bruder das gleiche Wunder zu vollbringen.

Alle Schwestern laden alle Brüder bei einer von sich ein. Sie fasten und richten den Brüdern ein besonderes Mahl, eine kleine Speise. Sie besteht aus lauter ganz reinen, lebendigen Dingen. Nach Mitternacht gehen die Schwestern aus und sammeln den nächtlichen Tau von den Blättern, reinstes Wasser vom Himmel, die Lebensmilch aus der oberen Welt, die alle Kreatur erquickt und aufbaut. Ein reines Herz voll sorgender Liebe ist es, des diese Observanz bedarf; und diese liebevolle Mühe, die den reinen Tau nächtlich zum Tranke sammelt für den Bruder, zeigt das reine Herz an. Zum Tauwasser kommt Reis, er ist rein und lebendig, da er frisch enthülst wird; dazu Banane, rein und lebend aus der Schale, und frische Kokosmilch aus der eben zerspaltenen Frucht.

Als Sinnbild erneuerten frischen Lebens erhalten die Brüder neue reine Gewänder von den Schwestern; sie legen sie an, nachdem sie gebadet haben. Dann nehmen sie das kleine Mahl entgegen. Die Zeremonie findet ihren

Höhepunkt darin, daß die Schwestern den Brüdern mehrmals ein Zeichen (sphota) zwischen den Brauen auf die Stirn tupfen. Sie nehmen dazu Lampenruß, Sandel, Honig, Dickmilch und zerlassene Butter, die sie, jedes für sich, mit dem kleinen Finger der linken Hand verrühren und auftragen. Mit diesen Stoffen, die Leben bedeuten, zeichnet Yamunā die Stirn ihres Bruders, um ihn gegen den Griff des Todes zu feien. So ist auch die Speise aus reinsten Stoffen, aus Himmelstau und lebendiger Frucht, ein Abbild des Trankes »Todlos«, von dem die Götter ihr ewiges Leben haben. Während dieser Zeremonie wird erzählt, so habe Yamuṇā an Yama gehandelt und dadurch habe er den Tod überwunden und sei unsterblich geworden. Zum Abschluß der Observanz bekommen die jüngeren Schwestern von den größeren Brüdern ein kleines Geschenk – meist Süßigkeiten –, und die älteren Schwestern beschenken die kleineren Brüder.
Es handelt sich hier nicht nur um einen Zauber, der die Brüder gegen den Tod feien soll durch die Liebe der Schwestern. Die Nachahmung des alten Zaubers, den Yamunā an Yama übte und dessen mythischer Erfolg die Wirksamkeit der Observanz beglaubigt, hat ebensosehr seinen Sinn darin, die Möglichkeit eines idealen Verhältnisses zwischen Bruder und Schwester, die auf dem Grunde dieser Beziehung überall im Leben verborgen liegt, zur inneren Wirklichkeit aufzurufen, auf daß sie die Gegenkräfte des Alltags und der menschlichen Unzulänglichkeit, die Ströme möglicher Verstimmung und Entfremdung, Gleichgültigkeit und Verfeindung paralysiere und durch ihr Gegenteil ersetze. Das mythische Urbild soll, was der Tag vielleicht verschüttet hat, aus der Tiefe des Unbewußten, in die es abgesunken sein mag, erwecken und aus seiner Verkümmerung zu beherrschender Entfaltung ins Leben der Person heraufbringen.

Wen solche Bräuche auf Schritt und Tritt umfangen und tragen, daß sein Weg recht unwillkürlich immer in den Geleisen läuft, die sie ihm ziehen, der braucht sich nicht bewußt zu werden mit Fragen und Entscheidungen, wie er sich halten und wohin er schreiten soll. Das ist schon für ihn vorgesorgt in der Weisheit der großen Kult- und Lebensgemeinschaft, die ihn sakramental empfing und segnete, ehe er geboren ward, und die ihn immer wieder segnet, – gerade auch wenn sie mit eigentümlicher Strenge sinnbildliche Opfer und Entsagungen von ihm verlangt. Er schwimmt, von der Strömung ritual-sakramentaler Observanzen getragen, zeitlebens sich selber unbewußt, – gleichsam unter Wasser treibt er im Strome des Unbewußten dahin. So fährt er im Einklang mit sich selbst und den ewigen Gehalten des Lebens einher, die mit Aufgaben, Beglückungen, Opfern und Leiden in jedes Leben treten. Es macht die Genialität solcher Observanzen aus, daß sie völlig treffend sind in ihrer Sinnbildlichkeit, – so völlig treffend wie unsere tieferen Träume und für die Vernunft manchmal so dunkel wie diese. Sie treffen das Unbewußte als den Regenten unseres Lebens in uns mit eben der Gewalt des Sinnbildlichen, in der die eigentliche Genialität des Unbewußten besteht, wenn es unsere Träume hervorbringt oder sonst durch unwillkürliche Handlungen uns Zeichen gibt.

Solche Bräuche sind ja auch von einem Unbewußten geschaffen, nämlich geformt vom kollektiv-überpersönlichen Geiste der Kult- und Lebensgemeinschaft, und sie sind bestimmt, ein Überpersönliches in uns, eben das tiefere Unbewußte, anzusprechen. Sie sollen es leiten, auf daß unsere Person sich im Überpersönlichen menschlichen Zusammenlebens richtig verzahne und auf daß sie den ewigen Gehalten des Lebens gewachsen sei, die auch ein Überpersönliches an Schicksal und Anforderung sind, jenseits aller individualen, biographisch-geschichtlichen Situation, in die sie sich jeweils verlarven, uns gemeinsam mit aller lebendigen Natur.

Dieses Unbewußte als überpersönliche Sphäre unserer Tiefe ist voll gestaltigen Gehalts; hier hat sich, wie die Psychologie der Träume und anderer Äußerungen des Unbewußten zeigt, in Sinnbildern, in Urbildern niedergeschlagen, was der Mensch von je, seit und ehe er sich aus der Reihe der Tiere löste, an Schicksalhaftem erfahren hat. Unsere tieferen Träume bringen es uns herauf, und es ist nichts anderes, als was die Mythen aller Zeiten an Figuren, Situationen und Sinnbildlichem Requisit bewahrt haben. Darum bedient sich die Weisheit solcher Observanzen, die den Lebensgang der Person aus ihrem Unbewußten her steuern wollen wie durch unsichtbare Klippenzonen, in denen wir unversehens scheitern können, mythischer Gestalten, um den Menschen durch jene notwendigen Gehalte des Lebens, die seine naturhaft unausweichlichen Krisenpunkte bedeuten, ohne Schiffbruch zu geleiten. Die Urbilder oder Varianten von Urbildern in Mythos und Ritus treffen das Unbewußte, das keine vernünftige Mahnung und Tröstung erreicht; – sie aber treffen im Unbewußten ein ihnen Verwandtes, ein Urbild, das in seiner Tiefe webt, und wecken es als Werkzeug des Regenten in uns, als ein Leitbild aus dem Unbewußten, das Macht gewinnen kann über unsere Person, auf daß sie sich ihm angleiche in ihrem Verhalten.

So wirken solche Urbilder, aus ihrem Schlummer in uns zu Leitbildern erweckt, Verwandlung an uns, indem sie, von ihresgleichen außen in Mythos und Observanz aufgerufen, in unserer Tiefe sich erheben und die Führung in uns an sich nehmen. Was unser bewußter Wille nicht in uns erwecken kann, erhebt sich aus uns zu leitender Funktion, daß es uns nach seinem Bilde verwandle und unsere formlosen Lebenskräfte leite, indem es sie in sich als eine bereite Urform aufnimmt und sich mit ihnen erfüllt, wie eine Form mit flüssigem Metall. Dann bewahrt uns das aufgerufene Urbild in uns davor, daß unsere formlosen Kräfte unter dem Druck der ewigen Lebensgehalte, die uns als aufgegebenes Schicksal beklemmen und zu zermalmen drohen, unsere Person zerreißen oder in die Irre jagen, – es gibt uns als altes, zeitlos gültiges Vorbild den Frieden mit dem unausweichlichen Schicksal der Kreatur. Das ist die besondere Funktion heiliger Gestalten und anderer Figuren, die sich zum Range mythischer Sinnbildlichkeit erhoben haben, daß sie uns verwandeln können zu ihresgleichen in Tun und Leiden, wenn sie ihr Bild, das in uns ruht als Möglichkeit großer Haltung, zu erwecken vermögen über die Brücke unserer Hingabe und Sammlung auf ihr Wesen.

Eine andere solche Observanz, die wie das »Stirnzeichen des Bruders« mit einem mythischen Urbild wirkt, ist der Sāvitrī-Ritus, den die indische Witwe vollzieht. Das Schicksal der indischen Witwe gehört wohl zum Schwersten, was einem Menschen auferlegt sein kann. Die Hindu-Ehe ist ein Band für die Ewigkeit. Die Frau bleibt über den Tod hinaus die Frau dieses einen Mannes, d.h. der Mann ist unsterblich für sie. Aber halb noch als Kind ihm anvermählt, verliert sie ihn oft, ehe sie ihn recht besessen hat. Mit dem seinen ist ihr Leben zu Ende. Was ihr nach seinem frühen Tode bleibt, ist kaum der Schatten eines Daseins. Eine Observanz, alljährlich einen Monat lang geübt, soll der Witwe helfen, dem Schicksalhaften Gehalt ihres Lebens gewachsen zu sein. In ihrem Mittelpunkt steht die sagenhafte Gestalt der Sāvitrī, einer Königstochter, die den Sohn eines vertriebenen Königs heiratete, obwohl sie wußte, was ihm verborgen war: daß seine Tage vom Gott des Todes gezählt waren. Als die Zeit kam, da der Todes-

gott das Leben ihres Mannes holen würde, fastete sie drei Tage lang und reinigte sich, dem Gotte zu begegnen. Sie wich nicht von ihres Mannes Seite und folgte ihm in den Dschungel; da war's beim Holzholen in der blühenden Wildnis, als alle Natur vom Sommerregen erquickt in Blüte stand, daß der Gott des Todes kam und ihres Gatten Lebensfunken in seiner Schlinge fing. Aber sie sprach zu ihm von allem Heiligen und Guten, beschwor ihn und ließ nicht ab, bis sie das Leben ihres Mannes erbeten hatte, und das Augenlicht für seinen blinden Vater, Krone und Reich für den Vertriebenen dazu empfing und ihr selbst Söhne und Glück vom Gott verheißen waren.
Was Sāvitrī vor Zeiten vollbrachte, ihren Mann wieder zum Leben zurückzuführen, als ihn der Tod schon geholt hatte, das sucht jede Frau, der ihr Gatte gestorben ist, in ihrem Leben zu vollbringen. Das ist der Sinn dieser Observanz, die im gleichen Sommermonat von der Witwe geübt wird und in einer Neumondnacht enden soll, wie Sāvitrīs Geschichte ihr wunderbares Ende in einer Neumondnacht fand. Die Observanz enthält drei völlige Fasttage, entsprechend dem Fasten Sāvitrīs vor ihrer Begegnung mit dem Gotte. Sie wird im Hause der Witwe vor dem Bilde der Hausgottheit geübt, die Gottheit ist als Zeuge gegenwärtig. Ein Brahmane, der Guru der Witwe, kommt jeden Tag und erzählt ihr die Geschichte von Sāvitrī; die Frau, die bis zu seinem Kommen gefastet hat, lauscht ihm, heiliges Gras in Händen haltend. Am Ende der Observanz wird der Frau ein weißer Seidenfaden neunmal um den linken Oberarm geschlungen, er bezeichnet und schafft die unlösliche Verbundenheit mit dem ungreifbar gewordenen Gatten. Sie trägt ihn, bis die Observanz sich im kommenden Jahre wiederholt. So soll sich das Wunder der Wiederkehr des Gatten, sein Lebendigsein für die Gattin, wenn nicht greifbar im Raume,

innerlich für die Gattin vollziehen. Das Urbild der Liebe, die den Tod überwindet, wird in ihrem Herzen aufgerufen als der Sinn ihres Lebens und Schicksals. Die Variante des Urbilds in Gestalt der mythischen Sāvitrī erweckt es aus der Tiefe des Unbewußten zum Leben, auf daß es die Person überwältige und ihre Lebenskräfte, die chaotisch in Schmerz oder Verlangen sie zerreißen oder in die Irre treiben können, in sich aufnehme und sie in ihrem Wesen umforme zu einem Ebenbild der Sāvitrī.

Dem Unausweichlichen gewachsen sein, ist die Weisheit des Lebens. Das Unbewußte allein, das alles weiß und sinnbildlich in sich bewegt, uns aber als Person davon nur soviel sehen läßt, als wir verdienen, wenn wir ihm zu lauschen vermögen, und nicht viel mehr, als wir bedürfen, um unseren Weg durch die unausweichlichen Gehalte des Lebens zu wandeln, – das Unbewußte allein ist allem gewachsen. Es ist das alterslose Ganze, dem nichts Neues geschieht, was auch mit uns geschehe, und das dem Gange des Ich zuschaut wie die kummerlose Natur dem Aufblühen und Vergehen ihrer Geschöpfe. Seine wachste Zeit in den meisten Menschen ist die Kindheit, daher ist sie das eigentlich geniale Alter: zauberhaft, unbestechlich und allem nahe.

Darum gibt es in Bengalen eine Observanz, die von Kindern geübt wird; sie lehrt den Menschen das Einzige, des jeder bedarf: dem Unausweichlichen gewachsen sein. Es ist die Verehrung der Jamburī. Größere Kinder weihen die kleineren ein. Sie beginnen damit im fünften oder sechsten Jahre, und Kinder, die noch kleiner sind, beteiligen sich wenigstens in stummem Dabeistehen. Erwachsene dürfen nicht dabei sein, ja sie wissen nicht einmal genau, wann die Kinder den Ritus üben, denn diese Observanz darf, wie alle ihresgleichen, keine unbeteiligten Zuschauer haben. Sie geschehen ja alle um der Verwirklichung willen am

Übenden selbst, nicht als Darstellung oder als ein sinnbildliches Zeremonial zur Belehrung und Weihung anderer. Darum muß der Ritus heimlich vor den Großen geübt werden. Er sieht fast aus wie ein Spiel der Kinder unter sich, die das rituale Leben der Großen mitangesehen haben, wie es das ganze Jahr durchspinnt, und die nun in ihrer kleinen Welt mit derselben Wichtigkeit des Geheimnisses jener Riten und mit dem unerschütterlichen Ernst des Kindes ein Gleiches tun, – aber mit welchem tiefsinnigen Ernst, der um alles weiß!

Die Observanz läuft über fünf Jahre und wird in den Winternächten des kältesten Monats geübt. Die Kinder stehen heimlich ganz früh morgens auf, wenn es noch dunkel ist, ehe noch ein Tier unterwegs ist, ehe noch ein Vogel seine Stimme erhebt. Jede Nacht formen sie eine neue kleine, kaum handgroße Figur der Janburī aus Erde, – aus derselben Erde, in der sie tagsüber spielen und wühlen. Jeden Morgen, wenn der Ritus vorüber ist, wird die Figur weggeworfen, – so formen ja auch die Erwachsenen im Kult zu Haus sich täglich kleine Götterbilder aus Lehm, die nach der Andacht ins Wasser geworfen werden und darin zergehen. Die kleine Figur hat keine Arme und Beine, kaum angedeutet sind Augen und Mund. Mit einem kleinen Erdwall wird vor ihr ein kleiner Teich geformt. Daran sitzt sie und darin wird ihr Wasser dargebracht, dazu Blumen und heiliges Gras. »Ich bringe dir Wasser. bevor die Krähe davon getrunken hat; ich bringe dir Blumen, ehe eine Biene sie besucht hat« – solche Sprüche begleiten die Darbringung, und dazu wird die Geschichte von Jamburī erzählt. Ihr Sinn – und es ist der Sinn der Observanz – ist: Jamburī hat keine Füße und keine Hände, keinen richtigen Mund und keine richtigen Augen, und doch kann sie alles vollbringen, alles verwirklichen, – denn sie hat einen Willen; das wollen wir von ihr lernen.

Die Gebräuche steigern sich jeden Tag, und der innere Vorgang, der, an ihnen geweckt, sie begleiten soll, durchläuft die sieben Stufen des Yogaweges, der sich an ein Götterbild heftet: von der Betrachtung des leibhaftigen Bildes bis zur Loslösung auf sein inneres Abbild, dessen Schau keines äußeren Haltepunktes mehr bedarf, und von der inneren Anschauung dieses Bildes im Gegenüber von Schauendem und Bild zur Vereinigung beider (samādhi), zur Verwirklichung des Bildgehaltes im Andächtigen –: beide tauchen ineinander und werden eins.
Die Darbringung von Wasser und Blumen ist dann nur eine einleitende Zeremonie; mit ihr bezeugt das opfernde Kind, daß es als echter ernster Schüler zur Jamburī kommt, wie ein Schüler zu seinem Guru: ehrfürchtig und dienstbereit, – bereit die Lehre der Jamburī in sich aufzunehmen und zu verwirklichen. Dann folgt die Belehrung, aufsteigend über die Yogastufen. Die Erzählung vom Mythos der Jamburī bildet, immer erneut, die Brücke, auf der die stumme starre Lehrerin, der kleine Erdenkloß, den andächtigen Schülern gibt, was er von seinem Wesen mitzuteilen hat. – So gibt es ja auch heute noch Belehrung und Einweihung unter Erwachsenen (im japanischen und tibetischen Buddhismus), die im Gegenüber von Lehrer und Schüler erfolgt, begleitet von sinnbildlichen Gesten und festen Formeln, ohne daß dabei ein Wort der Belehrung gesprochen wird. Lehrer und Schüler haben sich in Askese gereinigt und in Übungen alle ihre Kraft darauf gesammelt, ein in Worten nicht Übertragbares einander mitzuteilen. Der Lehrer gibt, der Schüler empfängt etwas, das mehr als Wissen ist –: eine Kraft, einen magischen Teil aus dem Wesen des Lehrers, der ins Ganze der Person, ins Unbewußte des Schülers dringt und aus der Tiefe ihn wandelt.

Das Ergebnis dieses aufsteigenden Prozesses ist: der kleine Schüler der Jamburī hat, was sie ihn lehren kann, nämlich ihr Wesen, so in sich aufgenommen, daß es Wirklichkeit in ihm geworden ist, – seine neue Wirklichkeit, zu der er umgewandelt ist. Ihr Wesen ist in ihn hinübergeflossen und zu seinem wesenhaften Bestand geworden. Wie wäre das möglich, wenn es nicht keimhaft in ihm läge, als eine der zahllosen Bereitschaften seiner halb formfreien, immer formbaren und formbegierigen Lebenskraft, der »schakti« in ihm, die – wie die unendliche Kraft, die schakti des Allgottes, den Makrokosmos entfaltet und durchspielt – in der kleinen Welt seines Leibes waltet, vielfältig Gestalt annehmen und sich zu immer neuem Gebaren entfalten will?

Von hier ist der Blick auf jenen Yoga frei, der in täglicher Verehrung der Gottheit ihr inneres Schaubild im Andächtigen aufruft. Die Literatur der Tantra's bietet zahllose Anweisungen für diese Form der »pūjā«, der Verehrung des Göttlichen in einem seiner unendlich vielen Aspekte. Sie lehrt einen inneren Kult voll gläubiger Hingabe (bhakti) an die »Gottheit, der einer opfert« nach dem Ritual, in das ihn sein Guru eingeweiht hat. Wie in der Observanz der Jamburī dient ein kleines Kultbild als Mittelpunkt für den Ritus der Darbringung und Verehrung. Zugleich aber dient es als Ausgangspunkt für die innere Anschauung des Frommen, die sich an seiner äußeren sinnfälligen Erscheinung mählich vollsaugen soll, bis sie des greifbaren Bildes entraten kann. Dann wird der äußere Kult, der mit Schmücken der Kultfigur, mit Darbringungen, geflüsterten Sprüchen, Lichterschwenken und anderem Zeremonial den Empfang und die Bewirtung eines hohen Gastes mimt, hinfällig. Diese Kultübung wird in die Sphäre rein innerlicher Anschauung verlegt. In innerer Schau wird die Göttergestalt mit ihrem Gefolge

und Requisit in dem ihr eigenen Raume (Palast, Landschaft, Sitz unter einem Baume usw.) aufgebaut. Das geschieht schrittweis; der ganze Bildgehalt wird Stück für Stück bis ins Detail innerlich visualisiert und stetig festgehalten. Die Göttergestalt wird mit »geistigen«, d. h. rein visualisierten Geschmeiden und Perlen geschmückt an Hals und Armen, Brust und Hüften, vom Diadem ihres Scheitels bis zu Ringen um die Knöchel; »geistige« Blumen werden ihr dargebracht, – in einem Prozeß fortlaufender Visualisierung soll sich das ganze äußere Zeremoniell abspielen.
Aber das ist, von der Endabsicht her gesehen, noch Vorbereitung; die angespannte Bemühung innerer Schau drückt die gläubige Hingabe und Verehrung des Frommen aus, wie die Spenden und Sprüche der Kinder und ihr nächtliches Sich-Mühen im Kult der Jamburī. Das eigentliche Ziel ist, daß dieses innere Bild der Gottheit und der es in uns innerlich erschaut, aus der Zweiheit ihres Gegenübers zur gegenseitigen Durchdringung gelangen, in Eins verschmelzen (samādhi). Dann erfährt der Gläubige, daß die Gottheit nicht von ihm verschieden ist, – sie webt nicht irgendwo draußen in der Welt und kam, ihn zu besuchen; auch thront sie in keinem Himmel über Himmeln –: aus seinem eigenen gestaltlosen Innern baut er sie auf mit allen Einzelheiten und läßt sie am Ende der Andacht wieder in seine gestaltlose Tiefe innen zerrinnen, in die Urwasser des Unbewußten, wie der indische Gott die Welt, die er entfaltete, wenn sie zur Auflösung reif ist, wieder einschmilzt in sich selbst, die all-eine nächtige Urflut. Aus dem Unbewußten zwang der Fromme sich die Erscheinung des Göttlichen herauf, nachdem das Unbewußte ihre Form nach dem Modell des äußeren Kultbildes sich einverleibt hatte, – nun kann es sie in täglichem Prozesse er-innern. Wie Brahmā auf dem Lotos

sich an jedem Weltanfang aus den Urwassern hebt und hebt, demiurgisch die Welt zu entfalten, und wie die Welt am Ende eines Äon sich im welt- und raumlosen Meere des Anfangs wieder auflöst, erhebt sich die Gottesgestalt als Ausgeburt und Hieroglyphe aus dem Innersten des Adepten, – als eine wahre Gestalt seines ungreifbaren Wesens, die ihm als solche unbewußt geblieben war und auf keine andere Weise willentlich ins Bewußtsein zu heben ging.
Die Zahl der Götterbilder, deren Verehrung in innerem Heraufbeschwören, Anschauen und Verschmelzen gelehrt wird, ist Legion. In immer anderen Varianten der Erscheinung, Tracht und Geste treten die großen und kleinen Götter des Hinduismus auf, mit wechselnden Waffen, Emblemen und Requisit, mit segnenden und drohenden Haltungen, gnädig und finster, und begleitet von ihren göttlichen Kräften (schakti) als ihren Frauen, die das göttliche Wesen entfalten wie Facetten des Kristalls die Farben des Lichts. Dem Gotte in gnädiger Erscheinung mit segnender und schenkender Gebärde steht oft seine Schakti drohend bluttriefend zur Seite, denn nur so ist er wahrhaft ganz, sein Wesen ist das Ganze. – Sie alle werden visualisiert als Ausgeburten unserer eigenen Tiefe, als Hieroglyphen unseres Wesens. Denn in uns allen ist alles, – mindestens als Möglichkeit.
In uns ist die Anlage zu allem: wir wollen hören und gehorchen, folgen und uns leiten lassen, dienen und uns abdanken; aber wir wollen auch aufschwellen und gebieten, herrschen und Blitze schleudern; wir wollen in Gemeinschaft aufgehen und einsam sein, keines anderen bedürftig. Alles Grauen schläft in uns und alle Untat, aber auch alle Möglichkeiten der Läuterung und Verklärung. Ein unaufhaltsam schnelles Nacheinander wie ein Rasen zuckender Blitze, ja ein ewiges Zugleich aller

dieser widersprechenden Möglichkeiten wäre die totale, ideale Erfüllung des in uns angelegten Wesens, der schakti in uns: – und es würde uns selbst zerreißen und unsere Welt, wenn es so aus unserem Innersten hervorbräche, über uns hinaus strömte in die Wirklichkeit und sich projizieren wollte auf die Welt. Die reale Erfüllung solches ungeheuren Spieles ist das Dasein Gottes, – nicht aber der Kreatur. Sein Abglanz liegt auf dem Gebaren des Kindes, solange es klein ist; da findet dieser Drang ein höheres Maß an Erfüllung als später, ohne daß der Mensch daran zerbricht. Da projiziert sich noch alles Innere hemmungslos nach außen, was später durch Gemeinschaft und Erziehung dann allmählich gehemmt, verlarvt und ins Unbewußte verdrängt wird. Es strömt sich aus, naiv und schrankenlos: alle Bosheit, lächelnde Fühllosigkeit, quälende Grausamkeit, alle Zärtlichkeit und hilfsbedürftiges, schmeichelndes Sich-Schmiegen, Witz und Angst und furchtloses Zuschauen, – in der souveränen Subjektivität der Kinderwelt hüllt es magisch die Grenzen einer objektiven Wirklichkeit in sein dichtes, dämonisch glühendes Gewölk.

Wer aber könnte alle Urbilder möglichen Gebarens, die in uns schlummern, in sich erwecken? Wer dürfte sie in der Gemeinschaft der Erwachsenen, in der Lebensordnung seiner Gesellschaft realisieren? Darum erfanden die Völker in früheren Zeiten zu Spielen, in denen Drang sich ausgeben darf und doch durch Regeln gebändigt ist, die großen Feste in ihrem Gepränge und Überschwang, in ihren eigentümlichen Bräuchen. Mit der zeitweisen Aufhebung strengster Moralvorschriften, mit der Verkehrung ihrer Grenzen und Zäune in Wege und Tore, daß erlaubt, ja geboten ward, was sonst verpönt hieß, schufen sie die Ergänzungen zu dem, was die Gemeinschaft des Alltags versagen muß, soll sie nicht in Stücke gehen und alle mit ihr.

Wieviel bleibt durch die gemeinschaftliche Lebensordnung in jedem gestaut, denn jede Lebenskraft (schakti) in jedem könnte sich maßlos ausleben, wollte sie ihrem Wesen genügen, das Allheit ist. Auch der Narr will einmal König sein, und auch die gesalbte Majestät verlangt es, einmal den Narren zu spielen. Harun al Raschid und sein Vezir mischen sich verkleidet unter das Volk, unter Lastträger, Fischer und Negersklaven, es verlangt sie, das Gemeine und Vermischte zu kosten, das dem Beherrscher der Gläubigen auf seinem Throne nicht nahe kommen darf. Die Dauphine Marie Antoinette fährt aus der hoheitlichen Abgeschlossenheit des Parkes von Versailles verlarvt zum Karneval nach Paris. Auch dem keuschesten Gemüt haucht in einer lauen Nacht ein glühender Atem Wünsche und Bilder ein, vor deren Zuchtlosigkeit es in Grauen erstarrt; von einem Fremdesten fühlt es sich ganz beschmutzt, – aber es quoll wie aus seinem eigensten Inneren herauf. So will es die unerbittliche Schakti in uns, deren Wesen ist, sich grenzenlos zu allen Lebensgestalten und Gebärden des Verhaltens auszugebären.

Das faßt uns vor jenen Holzschnitten und Stichen Hans Baldung Griens und des Hausbuch-Meisters, die den greisen Aristoteles zeigen: die Buhlerin Phyllis reitet auf ihm, nackt auf dem nackten, mit der Peitsche streicht sie seine verblühten Lenden und reißt ihn am Zaum in seinem Munde, – diesem Munde, der, als er jung war, dem göttlichen Platon Rede stand und dessen Worten nachmals der welterobernde Alexander ehrfürchtig lauschte. Der große Weise, dieses erzieherische Musterexemplar des auf zwei Beinen aufrecht schreitenden Homo sapiens, – da rutscht er auf allen Vieren einher; ein Etwas in ihm verlangt danach, alledem abzudanken, wodurch er sich selbst vor der Welt und dem eigenen Auge groß und vorbildlich gemacht hat. Etwas in ihm, das er nie hatte auf-

kommen lassen, das ihm nie bewußt ward, – »Eros, unbesiegter im Kampf«, nennen es die thebanischen Mädchen bei Sophokles, – das verkrüppelt in ihm geblieben war und darum bös geworden, vom Antlitz zur Fratze, vom Reinen zum Schmutz verwandelt, – einmal stieg es denn doch herauf und ergriff die Herrschaft und nahm dämonisch grausame Rache an ihm.
Oder was war es mit Nebukadnezar, dem großen Könige, der da sprach, »das ist die große Babel, die *ich* erbaut habe zum königlichen Hause durch *meine* große Macht, zu Ehren *meiner* Herrlichkeit« – es war wohl noch etwas anderes in dem gewaltigen König als Macht und Herrlichkeit und der Trieb, diese beiden grenzenlos auszuleben. Ungefähr das Gegenteil war auch in ihm, aber es kam nicht zu Wort unter der ehernen Notwendigkeit seines Loses, immer ein großer König zu sein, immer größer als alle Könige ringsum. Indem er aber so große Reden führte, »fiel eine Stimme vom Himmel« – und fiel ihm ins Wort: »dein Königreich soll dir genommen werden; und man wird dich von den Menschen verstoßen und sollst bei den Tieren bleiben, so auf dem Felde gehen; Gras wird man dich essen lassen wie Ochsen, bis daß über dir sieben Zeiten um sind...« Und so geschah es ihm, er »ward verstoßen von den Menschen hinweg, und er aß Gras wie Ochsen, und sein Leib lag unter dem Tau des Himmels und ward naß, bis sein Haar wuchs so groß wie Adlersfedern und seine Nägel wie Vogelsklauen wurden«.
Sieben Jahre lang vergaß Nebukadnezar seiner Herrlichkeit und lebte wie ein Tier auf der Weide. Eine Stimme, die stärker war als alle seine Macht und Größe, zwang ihn dazu. Es heißt nicht, daß er dabei unglücklich war. Er galt bloß für verrückt. Darum ward er von den Menschen ausgewiesen zu den Tieren, die lebten wie er. Es scheint

nicht einmal, daß ihm dieser Zustand schlecht bekam, denn er erzählt, »nach dieser Zeit hob ich, Nebukadnezar, meine Augen auf gen Himmel und kam wieder zur Vernunft... zur selbigen Zeit kam ich wieder zur Vernunft, auch zu meinen königlichen Ehren, zu meiner Herrlichkeit und zu meiner Gestalt. Und meine Räte und Gewaltigen suchten mich, und ward wieder in mein Königreich gesetzt, und ich überkam noch größere Herrlichkeit«. Verwandelt und erfrischt, ein Größerer noch, kehrt der König aus seinem Rückschreiten ins Tier zur höchsten Würde zurück. In der Abdankung aller Königs- und Menschenwürde lag die Möglichkeit verborgen, mit beiden in einem umfassenderen Sinne neu belehnt zu werden. Als er zum Tier ward, verschwand Nebukadnezar für die Menschen, ihnen war es, als wäre er gestorben. Er war weniger als sein Schatten; kein Schatten seiner Hoheit lag mehr auf ihm, seine »Gestalt« sogar schien von ihm genommen wie sein Diadem. Sein Gang ins Tier und wieder hervor war wirklich wie ein Gang ins Schattenreich und über die Schwelle der Proserpina, wie der antike Adept in den Mysterien der Isis ihn wandelt, und wie ein Eingeweihter kam er auch als ein Verwandelter zurück. Ihn trug ein neues Wissen und ein neues Gleichgewicht.

Ehe er ein Tier ward, hatte Nebukadnezar das herrscherliche Ich, als das er sich bewußt war, zur allbeherrschenden Funktion in sich gesteigert; er konnte sich in seinem Lebenslose des orientalischen Despoten eines großen Reiches wohl nur behaupten, wenn er Herrlichkeit und Macht über die große Babel mit umklammerndem Griff in seinen Händen preßte; diese Gebärde, immer sich steigernd, war es, aus der er lebte. In diesem Krampfe, ihm nahegelegt von seiner Situation wie seiner Natur, lag die Drohung, das innere Gleichgewicht zu verlieren und nur mehr dieses Eine, dieses herrscherliche Ich zu sein und nicht alles, was die Schakti in uns als unbewußte Fülle aller Möglichkeiten in sich trägt. Und eine völlig mißachtete, nie gelebte Seite seines Wesens, die im Unbewußten abgesunken blieb, mußte einmal, das Gleichgewicht der Ganzheit wiederherzustellen, so völlig und rücksichtslos die Herrschaft über Nebukadnezar an sich reißen, wie vordem die herrscherliche Idee. Darum ward er wie ein Tier.

Aber er erkannte die Gewalt, die ihn niederwarf und so verwandelte; er nannte sie Gott: »nach dieser Zeit hob ich, Nebukadnezar, meine Augen auf gen Himmel und kam wieder zur Vernunft und lobte den Höchsten. Ich pries und ehrte den, so ewiglich lebt, des Gewalt ewig ist und des Reich für und für währet; gegen welchen alle, so auf Erden wohnen, als nichts zu rechnen sind. Er macht's wie er will, mit beiden: mit den Kräften im Himmel und mit denen, so auf Erden wohnen; und niemand kann seiner Hand wehren, noch zu ihm sagen: ›was machst du?‹« – Er nannte den Regenten in uns, der solches alles an uns wirken kann, den »König des Himmels« und schloß die Erzählung seiner wunderbaren Wandlung, die im Buche Daniel aufgezeichnet steht, mit den Worten, »darum lobe ich, Nebukadnezar, und ehre und preise den König des Himmels; denn all sein Tun ist Wahrheit und seine Wege sind recht, und wer stolz ist, den kann er demütigen«.

Was Nebukadnezar am Himmel des Makrokosmos fand, das fühlt der Adept des Tantra-Yoga sich leiblich innewohnen in der Tiefe seines Mikrokosmos und nennt es, wie der König von Babel, »Gott«. Ihm weiht er sich in innerer Verehrung und ruft es auf in einer der zahllosen Möglichkeiten, in denen es Gestalt annehmen kann. Damit will er es sich bewußt machen, denn nur als ein Gestaltiges kann etwas uns ins Bewußtsein treten, für unser Bewußtsein dasein. Die göttliche Erscheinungsform des Unbewußten, die er heraufruft, schmückt er mit allem Reiz, aller Hoheit und allen Kräften; so verehrt er sie geziemend samt der allgestaltig-allgewaltigen formlosen Macht, die sich in ihr verleibt. Damit strömt er zugleich alle Möglichkeiten, Reiz, Hoheit und Größe als die Dämonie seines eigenen Wesens aus sich zu gebären und nach ihren Gestalten im Raume zu greifen und sie dämonisch an sich zu reißen, aus sich empor und formt sie zu Schmuck und Ausdruck der göttlichen Gestalt. Anstatt nach außen in die Welt, projiziert er auf die innere Gottheit alle unbewußten Möglichkeiten seiner Lebenskraft, die seine menschliche Lebenssituation ja nur ganz schattenhaft, nur in Bruchteilen ihm auszuleben erlaubt. Denn diese Möglichkeiten sind unendlich in ihrer Dimension, unersättlich in ihrem Drang, gemessen an der schmalen Situation der meisten Menschenleben. Er projiziert sie alle auf das Götterbild als dessen Reiz und Größe, – so zerreißen sie ihn nicht in ihrem Ausbruch, so verkehren sie sich nicht in ein Böses, Teuflisches, wenn sie verdrängt gehalten werden. Aus der Gefahr, ins Unbewußte abgedrängt zu bleiben, ungelebt zur bösen Fratze zu verkümmern, werden sie erlöst, heraufgeholt und umgeformt zur Substanz und zum Geschmeide der innerlich sichtbaren Gottheit des Herzens. Auf ihr Bild werden sie alle projiziert und abgeladen in der Haltung gläubiger Hingabe (bhakti), die dem Ich der Person dabei abdankt und zur Gottheit spricht: »Du bist mein wahres Wesen, – nicht ich. Nicht ich bin's, Du bist es, der diesen Kosmos meiner Person und Welt wirkt. Alles ist Dein.«

In dieser Haltung dankt der Fromme seinem bewußten Ich ab und gibt sich gläubig ganz dem Unbewußten in ihm selbst anheim, dem Regenten in uns. So vermeidet er das Heer der Gefahren, das in uns selbst, in uns allein

lauert, – die Legionen der Hölle, die aus uns brechen können, deren spielende Gewalt aus dem Bilde des Aristoteles und Nebukadnezar auf allen Vieren mit einer kleinen sinnfälligen Geste zu uns spricht.
Die zahllosen Erscheinungsformen des Göttlichen als Götter und Göttinnen, hoheitsvoll und in Jugendreiz, majestätisch-gelassen oder grimmig drohend, und alle Heere des Dämonischen, – alle tun als Vorbilder von außen dem inneren Reichtum der Lebenskraft, der Schakti, Genüge. Sie entsprechen den zahllosen Grundgebärden und elementaren Möglichkeiten des Unbewußten im Frommen, sich zu dieser oder jener Haltung auszugebären. Diese Möglichkeiten sind im einzelnen menschlichen Typus in verschiedener Stärke angelegt, keimhaft ungleich ausgeprägt. Wir haben den Samen zu allem in uns, aber nicht alles wird keimen und aufschießen, viele Früchte, die unser Garten tragen könnte, werden niemals reif. Aber was unter allem keimhaft in uns Angelegten so geartet ist, daß es wirklich keimen kann, – was an uns keine vage, sondern aktuelle Möglichkeit uns zu gebaren, ist, das bildet eigentlich den Typus an uns, der anderem widerstrebt oder wahlverwandt ist. Typus, Temperament und Lebensalter, dazu Gewöhnung halten uns spontan in der Nähe der einen oder anderen Ausprägung des Göttlichen oder Dämonischen; die in uns keimbereiten Möglichkeiten sind dem einen oder anderen Vorbild aus Mythos und Geschichte wahlverwandt. Darum gehört es zur Weisheit des geistlichen Lehrers, der den formbegierigen Drang der unbewußten Lebenskräfte in uns lenken will, daß er ihnen dämonische Vorbilder verbiete und andere ihnen fernhalte, die ihnen nicht gemäß sind, ein wahlverwandtes aber darbiete in Observanz und Kult, auf daß sie sich darauf fixieren und sich darein verwandeln. Manchem weiblichen Gemüt inner-

halb der katholischen Christenheit ist die heilige Anna im geheimen nahe, und wenn ihr Vorbild dem formbegierigen Drange des Unbewußten geboten wird, kann er seine Entsprechung innen hervorbingen, daß sie den Menschen forme und leite; der Fromme kann von ihr lernen, wie das Kind von der Jamburī, und die gestaltträchtigen Urwasser des Unbewußten kosmogonisch zu ihrem Wesen ausgebären. Anderen bietet die heilige Agnes oder die heilige Magdalena ein Gleiches; der Jugend reicht man gern den heiligen Aloysius als Vorbild. Franziskus und Ignatius, der Bräutigam der Armut und der Soldat Christi, schließen einander aus als Leitbilder zur Selbstverwandlung und Auskristallisation der aus sich selbst strömenden, mit sich selbst übersättigten Schakti; so schließen einander Vischnu und Schiva aus als zwei verschiedene höchste Aspekte des göttlichen Allwesens, und, auf mittlerer Ebene göttlicher Gestalt, der elefantenköpfige reisbäuchige Ganescha, der Gott bäuerlicher Wohlfahrt, und sein Geschwister, der geschmeidige Knabe Kriegsgott, der sieben Tage nach seiner Geburt die Welt von einem Dämon befreite, welcher alle Götter aus ihren Ämtern gestürzt und tyrannisches Wirrsal über die Welt gebracht hatte. Wie Sāvitrī das Ideal aufopfernder Gattenliebe darstellt, der Liebe, die dem Tode trotzt, wie Yamunā höchste Liebe zwischen Geschwistern verkörpert und Jamburī die Kraft, allem gewachsen zu sein, so verkörpern alle Urbilder des Unbewußten in Mythos und Kult eine spezifische Haltung und Gebärde des Menschen in idealer Reinheit. Hier findet sich in sinnbildlichen Gestalten alles Lautere und alles Dämonische zusammen: alles Grauen und aller Unflat, aber auch alle erzengelgleiche Gewalt des Hohen, die den Schlüssel zum Abgrund und die große Kette in Händen führt, mit denen sie Satan bändigt.

In den Buddha's und Bodhisattva's stellt sich die durch-

schauende Erkenntnis das als eine höchste Möglichkeit der Schakti in uns, wenn sie ihr Aggregat von verwölkender Leidenschaft und animalischer Dumpfheit ganz geläutert hat und das naturhafte Walten ihrer eigenen Wut zu überwinden vermag, indem sie, rastlos sich ausgebärend, sich als ihre gestaltige Welt nach außen projiziert; – in dieser Erkenntnis stellt sich das Wunder ihrer Umkehr in sich selber dar, den eigenen Drang zu stillen, der mit Projektion ihrer formbegierigen Kräfte als Māyā grenzenlos spielt und den Prozeß ihrer Welt im Schwunge hält. In ihnen verkörpert sich das erhabene Erbarmen, das alle Welt von sich als Welt, als ständig aufschießendem Produkt dieser weltschaffenden Potenz erlösen will, – das Erbarmen, das die Welt vom Banne ihrer selbst befreien will, in dem sie sich mit Lust und Qual herumwirft wie ein Träumer in Schlafes Bann, den lockende und fürchterliche Gesichte in atemberaubender Fülle bedrängen.
Alle Figuren, die in Kult und Mythos leben, sind solche leibhaften Ideen; als Varianten von Urbildern, die in uns schlummern, können sie je nach unserer Anlage und Schicksalssituation uns Vorbilder werden zum Guten und Schlimmen. Aber wir können nicht frei wählen: etwa Indisches für uns und Christliches für den Osten, – da liegt die Klippe für alle Mission und Aneignung, – denn unser westliches Unbewußtes enthält dasselbe Urbild wie das östliche in einer anderen Variante ausgefomt. Wir sind kleine Blüten am alten Baum des Westens, in unserem Unbewußten drängt sein Saft zum Licht, – was er in sinnbildlichen Varianten keimhaft in sich trägt und ausgebären kann, ist seine besondere Art.
Das bezeichnet unsere Ferne schon zu den mythischen Gestalten der Griechen, bei aller werbenden Liebe, aller sich schmiegenden Nähe des Humanismus zu der Welt der Alten. Im griechischen wie im deutschen Mythos

gibt es den zauberkundigen Schmied, den wunderbaren Techniker: Dädalus hier, Wieland bei uns. Das alte Wunder, daß der Mensch erfand, aus starrem Fels das flüssige Metall zu schmelzen und es in alle Gestalt zu gießen, schuf einen neuen Weltstand. Etwas völlig Dämonisches war da am Werke: das Härteste ward bezwungen durch die Glut, ward wie Wasser und ließ sich doch ballen. Der Stein, Waffe und Werkzeug einer Weltzeit, gab aus dem eigenen Schoße seinen vielgestaltigen Überwinder frei. Das Wunder dieser prometheischen Tat senkte sich ins Unbewußte der Menschen: in der Gestalt des mythischen Schmiedes, des Magiers der Erze, – davon hat sein Beruf noch heute einen magischen Schimmer (in England der Schmied von Gretna Green, vor dem man Ehen schließt). Aber wie verschieden ist diese Hieroglyphe vom kollektiven Unbewußten griechischer und deutscher Überlieferung gestaltet. Der mythische Schmied löst die Menschen aus dem Gefängnis des Steinzeitalters, so löst er sich selbst aus der Haft des Königs, der ihn fronden läßt. Er gewinnt die unendliche Weite einer neuen Menschenzeit; auf den Flügeln, die er sich schuf, entfliegt er himmelauf. Wie tragisch ist die neue Freiheit bei den Griechen: die Flügel, die Ikarus und Dädalus erlösen, bringen Ikarus den frühen Tod. Der vogelgleich Ätherische, Euphorions Bruder im Geiste, hob sich, vom Geist des neuen Weltalters getragen, zu stürmisch der Sonne entgegen und fand den Tod im Meer. Der Vater zahlte für seine titanische Erfinderkraft mit dem schwersten Opfer: sein anderes Ich, den Sohn, seine wiedergeborene Zukunft, mußte er dafür drangeben. Das Erschauern des Griechen vor dem Maßlosen der neuen Möglichkeit, vor dem Titanischen der Naturbezwingung und Verstörung steinern alter Ordnung fand in dieser Buße den Ausgleich mit den Mächten, die der technische Magier vergewaltigt hatte.

Daneben Dädalus' dunkler Bruder Wieland, der dumpfe Rächer seiner Gefangenschaft, dem der König die Sehnen seiner Füße zerschneiden ließ, daß ihm der Wundermann nicht auskäme; – auch seine glückhafte Flucht muß schuldloses Leben mit dem Tode bezahlen. Aber nicht das Pathos eines Fluges in die Sonne vergoldet das Dunkel. Die abgeschlagenen Häupter der beiden Königsknaben, die sich verlangend über Wielands Schatz beugen, die Schändung der Königstochter, die mit dem zerbrochenen Goldreif seiner Geliebten zum Schmiede kam und die er betrunken machte, sie zu schänden, – diese maßlose Rache, die den König in seinem Liebsten trifft, seinem zweiten Leben, seiner Zukunft, die aus Hirnschalen, Augen und Zähnen der Knaben Schmuck und Gerät gestaltet und dem König einen Bastard vermacht, webt beklemmend und boshaft um die dämonische Gestalt des magischen Erfinders. Wie das kollektive Unbewußte beider Kulturen durch ganz verschiedenes Kolorit sich eigene Varianten derselben Urfigur stilisiert, sie über die Zeiten erinnert in Dichtungen und Überlieferung, das spiegelt den tiefen Unterschied zwischen den Hellenen und der Nacht des Nordens.

Im Mythos vieler Kulturen gibt es die Gestalt des wunderbaren Sängers und Musikanten, der zauberische Kräfte hat. In ihm hat die magische Gewalt der Musik, die wie nichts anderes unmittelbar ins Unbewußte greift und es erregt und sänftigen kann, ihren sinnbildlichen Niederschlag im Zeichenschatz des kollektiven Unbewußten gefunden. In Indien ist es Krischna, der menschgewordene Allgott Vischnu, der mit einem Bruchteil seines unendlichen Wesens in die Welt hinabgestiegen ist, um sie von der Tyrannei der Dämonen zu befreien, die sich in menschliche Gewaltherrscher verlarvt haben. Wie Zeus als Bringer eines neuen Weltstandes geweissagt, wie Zeus schon im Mutterleibe verfolgt, aber wunderbar geborgen, wächst er unerkannt bei Hirten und Herden auf, bis die Stunde reif ist zur weltordnenden Heilstat. Als Knabe bezwingt er inzwischen Dämonen der Wildnis, die das Idyll der Hirten verstören und dem Jugendlichen den Garaus machen sollen, ehe er herangewachsen ist. Halb Knabe noch und schon Mann ist er die verzaubernde Lieblichkeit selbst; Hirtenfrauen und -mädchen vergöttern ihn. Im Spiel und Tanz der mondhellen Nächte gibt er ihnen einen Vorgeschmack der himmlischen Freude, mit ihm in seinem Paradiese vereint zu sein. Er singt und tanzt mit ihnen und führt den herbstlichen Reigen an; mit dem Pfeil seiner Blicke ihr Herz versehrend, weiht er sie in die Geheimnisse des Eros ein, – des Eros, der dem Leben huldigt und der mit Gott vereint. Dazu bläst er die Flöte, – ein Rattenfänger der Frauenherzen; verführerisch in seinem Schmelz. Alle Herzen fliegen ihm zu und hangen an ihm in schmerzhafter Süße. Ein Rattenfänger, – aber wie verschieden von seinem dunklen Bruder der Hamelner Stadtsage, dieser deutschen Variante des magischen Musikanten.

Die Dämonie der Musik, – bei uns Deutschen ist's ein hergelaufener Pfeifer, der zum schlechten fahrenden Volk gehört, eine dunkle bedenkliche Erscheinung von anrüchiger Herkunft. Aber ebendarum ist er im Bunde mit den Mächten, die der ehrenhafte Bürger, der wohlbehauste selbstgerechte Besitzende hinter Mauern und Türmen übermächtig um sich fühlt und nicht zu bannen vermag. Er ist der wahlverwandte Meister des Unheimlichen, er befreit die Stadt von der eklen Rattenplage, in der sie umzukommen droht. Diese Ratten, – das unreine, bösartige und gefährliche Tier, gemein wie kein anderes, aber dabei der Hausgenosse des Menschen, sich mästend von seinem Unrat und Wegwurf, – welch geniales Symbol des Unbewußten. Der unheimliche Musikant befreit die Stadt von ihrer selbstverschuldeten Plage, von dieser lebendig gewordenen, wimmelnden, um sich beißenden Gewalt ihres eigenen Unrats, von den Dämonen ihres eigenen Schmutzes in jedem Betracht. Aber was hilft's? – daß sie diesen Schmutz aus ihrer Ehrbarkeit und wohlverschanzten Selbstgerechtigkeit hervorbringt und immer neu in sich häufen muß, – von diesem ihrem Wesen kann er sie nicht erlösen. Den Augiasstall der Seele räumt uns kein Hergelaufener aus, und wär' es Herakles; den Schmutz der Seele auszukehren, müssen wir schon selbst Hand anlegen, – und der schwärzeste Schmutz in ihr ist der Undank. Daher die Strafe an der undankbaren Stadt, die den hergelaufenen Pfeifer, den rechtlosen Vaganten um den ausbedungenen Lohn meint prellen zu dürfen, ihr wird das Leben in die Zukunft, – Hoffnung und Unschuld, die auch am gemeinen Menschen wunderbar vorhanden sind, die Verheißung der lebendigen Ewigkeit werden ihr genommen: der Pfeifer lockt die Kinder, und sie müssen mit ihm ziehen wie die Ratten. Ein grauenhaftes Strafgericht, so erbarmungslos wie gerecht, – ein Pfeil, der unerbittlich ins Schwarze trifft. Und welch ein unheimliches Unbewußtes, das solche Pfeile sich selbst ins Schwarze schießt. Wie fern ist das dem Volk, bei dem der zauberische Musikant mit seinem Sang und Saitenspiel alle Natur aus dem Banne ihrer dumpfen Schwere, ihrer Angst und Wut erlöst, zu Orpheus' ätherischer Weise heben sich die in Wildnis durcheinandergeworfenen Felsblöcke auf, ihr Rhythmus setzt sie in Gang, ihre Harmonie fügt sie zu Mauern und Stiegen, zu Palast und Tor, Burg und Tempel (denn »Harmonie« meint »ebenmäßige Fügung«). Und alle Tiere vergessen ihrer angeborenen Natur, das Reißende und das Verängstete in ihnen löst sich, sie scharen sich um den Sänger, dessen Harmonien das

Widerstreitende sänftigend zueinanderfügen, auf dessen heiligen Namen das alte Griechenland seine geheimen Lehren taufte, wie der Mensch sich wandle zum Vollendeten und das Ewige in sich gewönne. Die dämonischen Kräfte, die sich selbst zerreißen, rasen verzweifelt ob ihrer Ohnmacht. Wenn sie den Magier seelenführender Musik, die das Dämonische bändigt, schließlich anfallen und zerreißen, müssen sie sich taub machen mit wahnwitzigem Gebrüll und Lärmen, daß sie die himmlische Stimme und sein Spiel nicht vernehmen; sonst wären sie gezwungen, ihrem Wesen abzudanken und friedfertig zu sein und voll innerer Harmonie wie sein Gesang.

Der Gläubige lebt aus den Urbildern, die Ritus und Mythos ihm im Schatze der ihnen jeweils eigenen Varianten als Leitbilder bereithalten. Wen keine Glaubensgemeinschaft mehr umfängt, die noch Ritus und Mythos besitzt, dem treten leitend die Dichter zur Seite. Der seltene wahre Dichter ist wie Priester und Guru Schatzwalter der Urbilder des kollektiven Unbewußten seiner Kultur. Nicht Erfinden, aber Wiederfinden und Beleben ist sein Amt. Ihn scheidet vom weltweiten Schriftsteller, daß er den zeitlosen Genien dient und ihr Bild über die Zeiten für die seine erneuert. Der Schriftsteller greift von der Straße auf, was seine Zeit und nur sie bewegt; so gehen seine Gebilde mit ihr dahin in die Totenkammer des schlechthin Gewesenen, fristen ein Scheindasein im Wachsfigurenkabinett der Literaturgeschichte. Schrifttum, das nicht zu den Urbildern, geprägt von kollektiver Erfahrung, hinabreicht, hat seinen Welthorizont im Sozialen und stirbt an seinem Wandel ab; mit ihm wird es belanglos. Notwendigerweise ist es offen oder geheim ironisch und untragisch, denn daß das Soziale die alles umfassende Sphäre sei der Kräfte, die über uns bestimmen, die wesentlich über unser Schicksal entscheiden, – das ist von der Ebene unseres tieferen

Selbst, vom zeit- und todlosen Unbewußten her, eine große Ironie, ein gewaltiger Humbug. Der Gläubige weiß es anders, – so auch, wer auf den Regenten innen zu lauschen weiß. Daher der ironische Charakter der »Madame Bovary« und des ganzen sozialen Romans im 19. Jahrhundert, daher die reine Dreidimensionalität des sozialen und psychologischen Romans überhaupt. Sein Pathos kann nur darin liegen, daß er kritisch ist und kämpferisch für eine bessere soziale Wirklichkeit, z.B. bei Zola. Balzac bleibt dreidimensional, das ist seine Größe und Grenze, und eben diese Grenze wird so fühlbar, wenn der Gigant in ihm, im Wunsch sie zu überschreiten, an sie stößt. Sein Versuch, die vierte Dimension, das Reich der Geister, Engel und Dämonen einzubeziehen (in »Séraphita« und »La Recherche de l'Absolu«), ist schon unangenehm in der Naivität, mit der zum Stoff gewählt ist, was nur Raum und Stil des Geschehens sein darf. Es gibt kein Ding, das diese Dimension enthielte, daß man nur nach ihm zu langen brauchte, sie ist an keinen Gegenstand gebunden, kann sich aber an jedem als Stil enthüllen, – etwa in Goethes Märchen von der »Neuen Melusine« oder in seiner »Novelle«.

Christus und Buddha sind als Urbilder ins westliche und östliche Unbewußte eingegangen; ihr geschichtliches Leben hatte solche Gewalt, daß sie als eine Variante, Neuprägung und Entwicklung sich auf ein schon vorhandenes Bild im Unbewußten legten. Es bezeichnet ihren geschichtlichen Rang, daß sie in ältere, schon bereite Urbildformen eingehen konnten, die sie ersetzten und zu sich verwandelten –: Christus in die altorientalische Gestalt des sterbenden, geopferten und wiederauferstehenden Jahresgottes, Buddha in den altindischen Sonnengott. Weil sie aus eigener Kraft so hohen Rang besaßen, daß keine geringeren Formen als diese hohen alten ihnen Genüge taten, in

ihrer Schale sie über die Zeiten zu bewahren, haben sie die weltgeschichtliche Funktion, das Unbewußte zeitlos weit zu inspirieren, die Funktion, mit ihrem äußeren Bild ihr inneres in uns anzurühren wie mit magisch lebenspendendem Finger und aus dem Schlafe der Tiefe zu wecken, daß es uns leite und zu sich verwandle. Durch ihre Verschmelzung mit den älteren Urbildern vollzog das Unbewußte die feierliche Auffahrt ihrer geschichtlichen Erscheinung in die Ewigkeit der Sinnbilder, es versetzte sie unter die Gestirne am inneren Nachthimmel der Seelen.
Die gelehrte Frage, ob Christus oder Buddha geschichtliche Gestalten waren oder »nur« Abspaltungen eines mythischen Figurkomplexes in die historische Ebene, verliert unter dieser Perspektive ihr Relief; daß diese beiden von der Historie überlieferten Gestalten so allgewaltig mythisch werden konnten, zeugt für ihre geschichtliche Realität. Mit Erfundenem und Gespinsten läßt sich das Unbewußte nicht speisen; formgierig bemächtigte es sich ihrer Erscheinung als einer seltenen Möglichkeit, ein Urbild in sich um- und auszuprägen, Unendliches von Wirkungen und Kräften hängte sich an ihre Gestalt, ausgehend und in sie strömend, um sie kreisend. Darum sind sie allein ja lebendig, unsterblich, indes die Menschen der Jahrtausende von ihnen zu uns fast alle ganz verschollen sind und kaum ein Name weitertönt. Dank dieser höchsten Lebendigkeit, die das Unbewußte ihm zuerkannte, heißt Jesus Gottes Sohn, wie Herakles den Griechen um der gleichen Kraft willen zum Sohne des Zeus ward und Krischna den Indern zu einem menschgewordenen Stück des Allgotts.
Diesen Christus in uns, und nur in uns, in keinem Himmel über Himmeln, zu verehren, uns mit ihm zu durchdringen, indem wir seine ungeheure Möglichkeit als unsere persönlichste, in uns angelegte Wirklichkeit ausbilden durch Erweckung seiner inneren Gegenwart, das wäre wirklich

»Nachfolge Christi«, das wäre – in Vertrauen auf die Gnade, das heißt: im Glauben daran, daß er wirklich in uns schlummert und in uns aufstehen kann – ein christlicher bhakti-yoga.

In der vollen Entfaltung seiner Lehre zum »Großen Fahrzeug« (Mahāyāna) geht der Buddhismus soweit, die geschichtliche Wirklichkeit seines Gründers zu leugnen. Es hat nie einen Buddha gegeben, freilich auch nie einen Orden, niemals einen Buddhismus, – so sprechen die Mönche, die sein Gewand tragen, in seinen Klöstern leben und Buddhabilder den Frommen zur Verehrung in ihren Mauern bereithalten. An solche Dinge glauben Weltkinder. – Damit wird der mönchische Adept des buddhistischen Yoga im Paradoxon gelehrt, sich von allem Raum-Zeitlichen, Benennbaren und Gestalthaften zu lösen, das er außer sich wähnen mag und woran er haftet, wenn seine Schakti sich noch in Ehrfurcht auf einen gewesenen Buddha projiziert. Gäbe es einen Buddha als letzte Realität, geschichtlich einmal auf Erden weilend oder ewig in irgendeinem Überhimmel, auf den der gläubige Laie hofft, – dann wäre auch das Ich eine letzte Realität. Es gilt aber gerade zu durchschauen, daß es nur eine rein phänomenale Ausgeburt des ungreifbaren Namenlosen ist, ein Phantasma, rein bedingt durch den Drang, mit dem es an sich selber haftet; – das gilt es zu erfahren, zu vollziehen.

Für das tiefere Unbewußte existiert nichts real Geschehenes, keine Geschichte, nur Sinnbilder, die es aus allem Geschehenden bewahrt; es erinnert keine einzelne Welle, aber alle Figur, die Wellen haben können. Der Buddhismus spricht aus der Ebene dieses Unbewußten, wenn er lehrhaft betont, nie sei ein Buddha gewesen. Der Adept seines Yoga gibt sich verehrend einem reinen Sinnbild hin, in dem Wissen: der persönlich-geschichtliche Ursprung dieses

Bildes sei in seiner Realität so wesenlos wie das eigene Ich, das nur bedingt ist durch die eigene Unvollkommenheit. Aber dieses Sinnbild einziger Vollkommenheit, der Buddha, dient ihm dazu, die verborgene Buddhaschaft in sich, die einzige Wirklichkeit zu wecken.

Die Form alles Bewahrens ist für das Unbewußte das mythische Sinnbild. Darum lehrt es, Buddha werden, obwohl es keinen geschichtlichen Buddha, nichts Geschichtliches anerkannt. An aller Individuation, die es durchläuft und als wechselndes Phänomen an sich hervorbringt, – welkende Blüte an immergrünem Laube, – bewahrt es nur, was über das ephemer Geschichtliche ins zeitlos Sinnbildliche, ihm Gemäße, hineinragt. Darum ist der Weg des buddhistischen Yogin ganz voll sinnbildlicher Taten: Opfer ohne Maß wollen als sinnbildliche Gesten des Nicht-Haftens an irgend etwas vollbracht werden. Der Werdende Buddha (Bodhisattva) soll lernen, in sich selbst und in jeder Situation, in die er sich aufopfernd sich verflicht, zu stehen wie das tiefe Unbewußte in uns steht: nicht an uns haftend, nicht gebannt durch seine eigene Geste an Ich und Welt; – zu wesen wie das Unbewußte: zeit- und todlos, unanrührbar.

Wir sind nichts Einfaches, und die Zweiheit »Leib – Seele« drückt unser Wesen nicht aus. Wie vielfältig sich die Alten das Wesen des Menschen dachten, lehrt ein antiker Vers, der davon handelt, wie es sich im Tode scheidet,

> »Terra tegit carnem, tumulum circumvolat umbra,
> orcus habet manes, spiritus astra petit.«

»Erde bedeckt das Fleisch, den Hügel umschwebet der Schatten, Seele sinkt unterweltwärts, sternenauf hebt sich der Geist.«

Die Vorstellung, daß die Seele als Lebensprinzip etwas einfaches sei, ist eine späte und schon wieder vergangene

Meinung; die alten Ägypter und viele »Naturvölker« haben es anders gewußt, ein besonders vielgliedriges und beziehungsreiches Bild hat das alte China entwickelt. »Der Mensch besteht aus den wirkenden Kräften Himmels und der Erde«, heißt es im Buche Li-Ki, »er besteht aus der Vereinigung eines Kwei und eines Schen«. Kwei und Schen sind die zahllosen lebendig-feinsten Teilchen der unendlichen Kräfte der Erde und des Himmels, des Yin und des Yang; »der Odem ist die gesammelte Äußerung des Schen, und die ›Leibesseele‹ ist die gesammelte Äußerung des Kwei. Die Vereinigung von Kwei und Schen ist die höchste der Lehren. Alle lebenden Wesen müssen sterben; gestorben müssen sie zur Erde heimkehren, das nennt man Kwei. Knochen und Fleisch verfaulen unten im Grunde, geheimnisvoll werden sie Erde der Felder; aber der Odem hebt sich auf und steigt in die Höhe und wird zu himmlisch strahlendem Licht (ming)«. Entsteht der Mensch, so entwickelt sich zuerst die »Leibesseele«, das Prinzip vegetativer Lebenskraft, die Erscheinungsform von Kwei und Yin, danach entfaltet sich der Anteil des himmlischen Yang, das ist die »Geistseele«; sie wird auch dem Odem gleichgesetzt. In der Berührung mit der äußeren Welt bildet sich die »feinste Kraft«, ihr Wachsen kräftigt Leibes- und Geistseele, wie deren Wachstum wieder stärkend auf die »feinste Kraft« zurückwirkt. Und so entwickelt sich schließlich Schen im Menschen, dem Odem und der Geistseele verwandt, das Himmlisch-Geistige, das in sich großzuziehen das Ziel aller ethischen und asketischen Erzeihung ist. Wer zur Vollendung, zur Verklärung strebt, trachtet, ein reiner Schen zu werden: Kraft vom Himmel, Licht von seinem Lichte (»ming« – das Zeichen dafür ist Sonne und Mond beieinander als Inbegriff alles Strahlenden) – diese Läuterung und Erhebung ist der chinesische Gang zur Unsterblichkeit, der Weg zu göttlichem Sein.

In der Durchdringung von Kwei und Schen, d.i. von Yin und Yang ist der Mensch ein kleiner Kosmos, denn »das ganze Yin und das ganze Yang heißen Tao«, d.i. die im großen Lebensrhythmus der Gezeiten kreisende Welt. Die Leibesseele aber, ein Stück Yin im Menschen, verläßt den Leib niemals, darum wohnt sie mit ihm im Grabe; »sie verläßt das Edelste am stofflichen Teil des Menschen« und ihr wird das Grab mit peinlicher Sorgfalt und ehrfürchtiger Pflege zur Wohnung bestellt. »Nach dem Tode steigen Leib und Leibesseele in die Erde hinab«, – aber mit dem unaufhaltsamen Zerfall des Leibes zerfällt mählich auch die Leibesseele: »Leib und Leibesseele lösen sich auf und schwinden dahin, Geist und Odem behält die Kraft zu fühlen und sich zu bewegen und vergeht nicht.«
Der altchinesische Mensch ist sich einer Vielheit von Lebenskräften in sich bewußt; seine Weltsicht der kosmischen Kräfte des Männlich-Himmlischen und des Weiblich-Erdhaften, deren Ineinanderspiel die Welt immer neu gestaltig wirkt, gibt ihm den Rahmen und die Anschauungen, zu fassen, was er in sich erfühlt als Spiel und Bestand von Kräften. Uns ist sein schließliches System ein Gleichnis und Hinweis, denn unser Forschen und Fragen, unser vorgebliches Wissen setzt an anderen Punkten ein, an überlieferten und gewonnenen: daß sie so zweifelhaft und vordergründlich sind wie die altchinesischen, kann uns noch nicht deutlich sein. Doch wohnt diesen chinesischen Vorstellungen abseits von ihrer Verknüpfung mit dem kosmischen Dualismus des Tao in Yang und Yin ein ursprünglicher Zauber, eine angeborene Kraft ein: diese Leibesseele, als erstes im Leibe entstehend, an ihn gebunden und mit ihm zergehend, ein Geheimes, das den Toten, wie er da ruht, nicht ganz tot sein läßt, – das rührt nicht bloß an alte, verschüttete Vorstellungen in uns, die Frühere vor uns dachten, und die wir in uns tragen wie Er-

innerung als Erbgut unseres Leibes, – das bringt uns ein unmittelbares Empfinden herauf, das wir empfunden haben, immer wenn wir einen gestorben sahen, ob wir es uns eingestehen mögen oder nicht. Und jene »feinste Kraft«, Auslese und Essenz der Leibes- und Geistseele (»tsing«, d.i. eigentlich feinster, »auserlesener« Reis, entsprechend unserem Auszugsmehl) – ein Lauteres, dessen posthumer Name »Himmelslicht« ist, schließt das Höchste in sich, was der Mensch im Westen wie im Osten an die Vorstellung der Seele als Trägerin alles ewigen Schicksals, aller hohen Hoffnungen geknüpft hat.

In seinen tiefgreifenden Bemerkungen »über die anscheinende Absichtlichkeit im Schicksale des Einzelnen« erörtert Schopenhauer die antike Lehre vom Daimon, der über das bewußte Ich gesetzt, sein Leben schicksalhaft zu lenken berufen ist; er zitiert Menander,

»ein Dämon steht zur Seite jedem Menschen,
von der Geburt an ist er ihm ein Führer,
ein guter, durchs Geheimnis seines Lebens.«

Wie dieser Dämon und die Seele sich in der Totenwelt zusammenfinden, um gemeinsam den Gang durch ein neues Leben anzutreten, lehrt Platon in seiner Schilderung des Jenseits, »wenn aber alle Seelen sich ihre Leben erwählt haben, treten sie in der Reihenfolge, nach der sie ihre Lebenslose an sich genommen haben, vor die Parze hin. Diese aber gibt jedem den Dämon, den er sich erwählt hat, als Wächter mit auf den Weg für sein Leben und als den Erfüller der von ihm erwählten Schicksalslose; – nicht erwählt der Dämon euch, aber ihr werdet ihn an euch nehmen.« Diese Lehre von einer Instanz in uns, die mächtiger ist als das Ich und als Regent seinen Gang führt, auch gegen seinen Willen, nach der Notwendigkeit eines vorgewählten Schicksals, blitzt in Senecas Wort auf, »den Willigen führt sein Schicksal, den Widerstrebenden schleift es«

– fata volentem ducunt, trahunt nolentem. Der Sternenglaube der Spätantike setzt diesen Dämon, der unseres Schicksals Schlüssel hält und es besser kennt als wir selbst mit unserem bewußten Willen, oben in die Sterne, aus deren Stand der Astrolog unser Schicksal, unser Wesen liest. Schopenhauer bemerkt dazu, »überaus tiefsinnig hat denselben Gedanken Theophrastus Paracelsus gefaßt, da er sagt, ›damit aber das Fatum wohl erkannt werde, ist es also, daß jeglicher Mensch einen Geist hat, der außerhalb ihm wohnt und setzt seinen Stuhl in die oberen Sterne‹«. Es steht uns nicht frei, die großen Zeichen anderer Zeiten und Räume uns anzueignen als unser Eigentum und von uns unmittelbar durch sie zu sprechen. Sie sind eine Bilderschrift, die uns aufruft, ein Wirkliches, das immer war, in uns wie je, zu fassen und in neuen Bildern und Begriffen aus ihm zu leben, wenn die Bilderschrift der eignen Herkunft uns blind geworden ist oder so gleichnishaft wie jene anderer versinkender Geschichtsräume. Können wir unser geistiges Auge nicht zu Sternen heben, in die unser Regent seinen Stuhl gesetzt hat, so erfahren wir ihn mit Stimmen und Zeichen in unserem Inneren, wie es Sokrates geschah, – und ist die räumliche Angabe hier mehr als ein bildhaftes Element, eine metaphorische Veranschaulichung? Wie steht in einem tiefern Betracht Außen zu Innen, Makrokosmos zu Mikrokosmos?
Es ist das Verdienst der neueren Tiefenpsychologie, daß sie in einer Form, die unserer Stunde gemäß ist, das Zeitlose in uns aufgräbt, daß wir es fassen und aus ihm leben können. Nicht als ob sie, und in ihr die Analytische Psychologie, mehr wäre als eine sinnbildlich-anschauliche Art, sich über unser Wesen zu verständigen, aus unserer Zeit und Not geboren und mit ihr zerrinnend, aber uns darum verständlich wie keine andere Hieroglyphenschrift; – gerade weil sie das ist: die uns mögliche Form, uns gültig

zu klären, wie wir uns geschehen, setzt sie uns in Beziehung zu derselben Wirklichkeit, von der die nachgedunkelte Bilderschrift aller Zeiten in ihren verschiedenen Hieroglyphenreihen zeugt. Sie ist unsere Form, das ungreifbare Wirkliche in uns als ein Benanntes und Gestaltiges zu greifen, ist die besondere Form der Māyā, in der das Wirkliche der Seele für uns in unserem geschichtlichen Augenblick Erscheinung werden kann. Alle wesenhafte Lehre ist immer nur Pfeil und Bogen nach dem Wirklichen, das unfaßbar die Sphäre des Geistes und der Sprache übersteigt, aber der Pfeil kann sie berühren und unser Begreifen fliegt auf ihm. Jede Zeit hat andere Pfeile, – manchmal nur einen einzigen.

Die Tiefenpsychologie zerstört den primitiven Dualismus Leib – Seele, diese vermeintliche schlichte Zweiheit; bei ihr war zweierlei verkannt, – als wäre das Seelische eine Einheit und als wäre der Leib nicht ein Stück der Seele. Die dunkle Flut des Unbewußten, auf der das kleine Schiff des Bewußtseins schwimmt, – eher ein Keim in seinem Fruchtwasser, von ihm gewiegt, von ihm genährt, – ist leibhaft greifbar als die vielfältige Organ- und Zellenwelt unseres Leibes. Mit ihren Leistungen, spontanem Ja und Nein, die Befehl und Verbot des Ich überspringen und seiner Ansprüche spotten in der Betätigung von Fehlleistungen und Versagen, lebt sich nach indischem Empfinden etwas Ungeheures aus. Die Inder nennen es »alle Götter«. Denn nach indischer Auffassung sitzen an unserem Leibe alle Götter der Welt als die Kräfte, die sie im Makrokosmos sind. Durch das Zeremonial des Handauflegens (nyāsa) unter innerer Sammlung auf die Wesenheiten der Götter und mit Flüstern der magischen Silben, die sie im Reiche des Schalls verkörpern, ruft der Adept des Tantra-Yoga sie an sich auf und erweckt sich damit zum Bewußtsein, Inbegriff aller göttlichen Māyā zu sein, die alle Gestalt in

Mikro- und Makrokosmos als Spiel der aus ihr differenzierten göttlichen Kräfte entfaltet. So sind die Götter nicht nur am Leibe des Menschen, und sind dieser ganze Leib selbst als Aggregat vielfältiger Kräfte und Funktionen, sie sind auch an allen anderen Leibern, – das ist ein Aspekt der Einheit der Welt, die aus *einem* fließend lebendigen Stoff, der Schakti des Gottes, vielfältig gestaltet ist.

Die indische Elefantenmedizin (Hastyāyurveda, »das Wissen vom langen Leben der Elefanten«) lehrt die Verteilung der vielfältigen stofflichen Kräfte der Götter (devaguna) am Leibe des Elefanten (III 8) gelegentlich der Lehre vom Embryo, an dem sie sich entfalten: »Brahmā ist im Haupte, Indra im Halse, Vischnu im Rumpfe befindlich. Im Nabel (dem Zentrum der Leibeswärme) der Feuergott, der Sonnengott in beiden Augen, Mitra in den Hinterbeinen des Elefanten«. Zwei Aspekte des Weltschöpfers (Dhātar und Vidhātar) sind in den beiden Bauchseiten, »im Zeugungsliede ist der ›Herr der Ausgeburten‹ (Prajāpati), in den Eingeweiden (den schlangengleich sich windenden Därmen) sind die Schlangengötter, die das Joch aller Welten tragen. Denn in den Elefanten weilt das alterslose unvergängliche, allem zugrund einwohnende Wesen (pradhāna-ātman). In den Vorderfüßen sind die beiden reitenden Zwillingsgötter« – sie entsprechen den beiden Armen am Menschen, von denen der hantierende Priester im alten Ritual der Veden sagt, »mit den beiden Armen der beiden reitenden Zwillingsgötter greife ich«. – In den Ohren wohnen die Göttinnen der Raumrichtungen, die Walterinnen des Elementes Raum, das in der Muschel des Ohrs sich als Schall einfängt. Der Regengott Parjanya wohnt im Herzen der Elefanten, denn sie sind mythische Geschwister der Regenwolken, ihre Nähe zieht magisch das Wasser ihrer himmlischen Urheimat an.

Alle Götter an unserem Leibe, – das bedeutet: der Leib ist

rings besetzt, erfüllt mit Kräften, kraftartigen Individualitäten, die uns nicht untertan sind, sondern die ein eigenwilliges Leben zu führen vermögen. Sonst würde es ja nicht des langen und schwierigen Trainings im Yoga, hoher Willensanspannung und Zähigkeit und ehrfürchtigen Umganges mit diesen Göttern in uns (durch pūjā und nyāsa) bedürfen, um Herr im Hause unseres Leibes zu werden und ihn mählich zu den Betätigungen und Vorgängen zu erziehen, die der Yoga mit seinen Zielsetzungen von ihm fordert. Sie führen ihr Leben unabhängig von uns, werden krank und versagen, ohne uns zu fragen. Wir sind abhängig von ihnen in Furcht und Erwartung, abhängig von zwei Gebärden an ihnen, die in Indien wie in der ganzen Welt die wesentlichsten Gebärden aller Götter sind: die wunschverleihende, gabengewährende (varada) und die Gebärde »fürchte dich nicht!« (abhayada). Sie fehlen kaum an einem indischen Götterbild.
Alles in uns, – wir sind, nach des Dichters Wort »dei gorghi d'ogni abisso, degli astri d'ogni ciel«, »aus den Strudeln aller Abgründe, von den Sternen aller Himmel«, – alle Götter in uns, – wir sind erfüllt von Einem, das mächtiger, unheimlicher und größer ist als wir selbst. Man kann nur suchen, sich gut mit ihm zu stellen, indem man ihm tägliche Aufmerksamkeit entgegenbringt in kultisch verehrendem Umgange. Auf die Regelmäßigkeit des Umgangs kommt es an, sonst entschlüpft das Mächtige uns, vielgestaltig, dunkel, geschmeidig. Es entzieht sich, überrascht und plagt uns mit unerwünschter An- und Abwesenheit, Verlarvung und Drohung. Gegen unsere Bedürfnisse bleibt es aus, wird uns beziehungsfremd, feindlich und koboldhaft, läßt sich nicht mehr ansprechen und erbitten. Durch den täglichen und ehrfürchtigen Umgang mit ihm (dazu gehört sein Wecken vermittelst nyāsa) versichert man sich seiner als nahe und geneigt

Auf die richtige Form des Umgangs kommt ebensoviel an, denn es ist das Mächtige und Vielgesichtige, Vielgliedrige. In seinem Wald von Händen hält es alles zugleich: alle Waffen des Schutzes und der Rache, unserer Erhaltung wie Vernichtung, Geräte, Schmuck und Blumen – Sinnbilder für alles. Und viele Gesichter zeigt es zugleich, nach allen Seiten blickt es zumal. Wenn sein uns zugekehrtes Gesicht uns lächelt, trägt ein anderes, das es uns gnädig abgewendet vorenthält, die grauenvollen Züge, die uns versteinen. In allen Gebärden spielt es zugleich, in liebender Fürsorge, schreckender Gewalt und weltüberhobenem Gleichmut; das Weibliche und das Männliche, das Lockende und das Mütterliche, das strahlend Heldische und das Hohnlachen der Vernichtung blitzen an ihm auf, darüber die göttliche Ruhe des Jenseits. Alle Tiergestalten in ihrer sprechend sinnbildlichen Gewalt des Dumpfen und Weichen, des Grausamen und Warmen, Reißenden und Sanften sind seine spielenden Facetten.
Der richtige Umgang mit diesem Göttlichen und völlig Dämonischen in uns, mit Erscheinungsformen zahllos wie alles Leben, – denn wir sind ja das Leben selbst mit unserem Leibe, – kann nur auf einer langen Tradition beruhen, die vielfältige, bedenkliche Erfahrungen wechselnder Geschlechter gesiebt hat und aus ihr das immer Bewährte zum Kanon formte. Solcher Umgang mit dem Göttlichen ist der Umgang mit unserer Totalität in ihren wesenhaften Facetten, mit dem Unbewußten, dem Leibe, der Welt in der die Götter hausen wie überall in der Welt. Wer sie nicht mehr in Wind und Fels, in Quell und Sternen verehrt, auch nicht an einer himmlischen oder überhimmlischen Stätte, sondern da, wo er sie einzig unmittelbar erfährt, am eigenen Leibe, dem kann sein Leib zur Welt werden, dem wird wie dem Yogin die Wirklichkeit seines Leibes zur Wirklichkeit schlechthin. Er entdeckt,

daß sie alles enthält und daß aller Gehalt außen nur Spiegelreflex der Ausstrahlung seines Wesens innen ist, Projektion der Kraft, die ihn innen immerwährend aufbaut, – dem wird, was ihm geschieht, zum Geschehenden schlechthin.

Der tantrische Yogakult, der mit dem eigenen Unbewußten umgeht, dem Göttlichen, das in uns steckt, ist seine Beschwörung, Erweckung und zeremonielle Verehrung. Was im alten Kult der Veden zwichen den Feueraltären des Opferbezirks unsichtbar zwar, doch außen vor sich geht: daß die Götter kommen auf ihren Wagen und nur der Priester sieht die Himmlischen leibhaft in innerer Visualisierung, getragen von den Strophen, die sie herbeizwingen in den Kultbezirk und ihre Herrlichkeit ehrfürchtig malen und ihr Sitzen auf der Streu von heiligem Gras zu gastlicher Bewirtung, – dergleichen geschieht hier im Innenraum des Leibes, im inneren Blickfeld, in das die Gestalt des Göttlichen aus seiner – unserer – ungreifbaren Tiefe heraufsteigt.

Alle Götter in unserem Leibe, – nichts anderes meint das visuelle Schema des Kundalinī-Yoga, dessen Adept die weltentfaltende, welttragende Lebensschlange des Mikrokosmos aus ihrem Schlummer der Tiefe den ganzen Leib hinauf in ihren überweltlichen Gegenpol führt. Auf ihrem Gang nach oben quert sie die Lotoszentren des Leibes, in denen alle Elemente, der Baustoff aller Gestalt und Gebärde der formgelüstigen Lebenskraft, versammelt sind; und in denselben Zentren werden die Erscheinungsformen des Göttlichen samt den Facetten ihrer Schakti's erschaut und verehrt.

Daß alle Götter und Dämonen in uns sind und aus uns kommen, wenn sie uns wie von außen gegenübertreten, ist ein offenbares Geheimnis des Buddhismus in seiner entfalteten Form des »Großen Fahrzeugs« und wird auch im

Vedānta gelehrt, der den Tantra's als philosophische Doktrin unterbaut ist. Kaum irgendwo aber wird es anschaulicher und wirksamer ausgesprochen, ja zelebriert, als im tibetischen Totenbuche »Bardo Tödol«. Denn daß dem so sei, erfährt nach der Lehre dieses buddhistischen Rituals ein jeder, auch wenn er es bei Lebzeiten nicht geahnt hat oder nicht hat glauben mögen, in dem »Zwischenzustande« (bardo), der seinem Tode folgt und der neuen Verleibung seines Aggregats psychischer Kräfte und Bereitschaften voraufgeht.

Der Guru des Gestorbenen oder ein Lama, der ihm nahestand, spricht zu ihm und berät ihn während der Dauer des Zwischenzustandes, der ihn mit ungewohnten Schrekken und Gesichten befängt –: »du siehst deine Angehörigen und sprichst zu ihnen, erhältst aber keine Antwort. Wenn du dann deine Familie weinen siehst, denkst du, ›ach ich bin tot! was soll ich tun?‹ und fühlst große Not, wie ein Fisch, der aus dem Wasser auf rotglühende Asche geworfen ist. Solche Not wirst du jetzt leiden, aber Leiden wird dir nichts helfen. Auch wenn du an deinen Verwandten in Liebe hängst, wird es dir nichts helfen. Darum häng nicht an ihnen. Bete zum Allerbarmenden Herrn (Buddha), sei ohne Kummer, Schrecken und Angst.«

Solcher Zuspruch geleitet den Verstorbenen auf seiner ganzen Wanderung durch das Zwischenreich und sucht ihn auf jedem neuen Stück seines Wegs der drohenden Wiedergeburt in oberen oder unteren Welten zu entreißen. Nur wer das Ziel des Yoga bei Lebzeiten erreichte, zu erfahren, daß alle Gestalt von Welt und Ich nur Ausgeburt des gestaltlos Ungreifbaren ist, Māyā, in die unser Wesen sich verlarvt, bedarf nicht der Deutungen und Hinweise, die hier am Toten ein Letztes versuchen, ihn vor dem Drange seiner eigenen Dämonie, vor der Befangenheit in sich selbst zu bewahren. Da leuchtet jedem, wenn er den

Leib verlassen muß, das reine Licht der Wirklichkeit auf, gestaltlos leere, allerfüllende Helle, – aber nur wer schon als Yogin im Leben von ihm erleuchtet ward, schrickt nicht geblendet vor ihm zurück. Der in sich selbst Befangene begreift es nicht und kann es nicht ertragen und wandelt weiter den Weg seiner Bereitschaften zu Gebärde und Gestalt. Die äußere Welt verblaßt um ihn, den ätherleichten, ». . . wenn du vom Wind des karman, der immer weht, getrieben wirst, wird dein Geist, der keinen Gegenstand findet, darauf zu rasten, wie eine Feder vor dem Winde hingetrieben sein, . . . rastlos und willenlos wirst du wandern. Zu allen, die um dich weinen, wirst du sprechen, ›weine nicht, ich bin da . . . ‹ Aber sie hören dich nicht, und du wirst sagen, ›ich bin tot‹ und wirst dich sehr elend fühlen. Gib aber diesem Dich-elend-Fühlen nicht nach. – Ein grauer zwielichthafter Schein wird um dich sein bei Tag und Nacht, zu aller Zeit. In diesem Zwischenzustand wirst du ein oder zwei, drei, vier und fünf, sechs oder sieben Wochen sein, bis zum neunundvierzigsten Tag. Das karman bestimmt, – wie lange es währt, ist nicht ausgemacht. Der schneidende Wind des karman, schrecklich und schwer zu leiden, wird dich von rückwärts treiben mit schauerlichen Böen. Fürchte dich nicht, – es ist ein Wahn, der aus dir selber kommt. Dichte schreckende Finsternis wird dich ständig von vorn befallen und aus ihr werden drohende Rufe schallen, ›schlag zu! töte!‹, die dir Angst einjagen, – fürchte dich nicht! – Bei Menschen mit viel schlimmem karman werden reißende Dämonen, Ausgeburten ihres karman, vielerlei Waffen schwingen und schreien, ›schlag zu! töte!‹ und einen grausigen Lärm machen. Sie werden sich auf einen stürzen, wie wetteifernd, wer von ihnen zuerst zupackt. Auch Phantasmata, als wäre man von vielerlei reißenden Tieren gehetzt, werden auftauchen. Schnee, Regen und Dunkel, schneidende

Windstöße und Halluzinationen, als verfolge einen viel Volks, werden kommen, dazu ein Dröhnen, als fielen Berge nieder, als walle das Meer in zorniger Springflut über ... Wenn dieses Dröhnen schallt, flieht man entsetzt von ihm nach dieser und jener Seite und achtet nicht, wohin man flieht. Aber der Weg wird gesperrt sein durch drei schauerliche Abgründe, – einen weißen, einen schwarzen, einen roten. Sie werden schreckenerregend und tief sein, und es wird einem sein, als stürzte man in sie hinab. Aber es sind keine wirklichen Abgründe, – es sind Zorn, Verlangen und Stumpfheit.«

Wenn die gewohnte Welt, die durch die Sinne auf den Lebenden eindringt, sich aufgelöst hat im gestaltlosen Grau des Zwischenreichs, das den vom Apparat der Sinne seines Leibes Abgelösten umfängt, dann treten der Drang und die Gewalten seines Inneren als Räume und Gestalten wie von außen vor ihn hin. Er halluziniert das eigene Innere als seine Sphäre um sich, wie ein Träumender, dem die Tagwelt entfiel, Spannungen und Dränge als Landschaften und Gestalten in sich halluziniert, die sein Traum-Ich umfangen, lockern und beklemmen.

Wie ein Träumender ist der Abgeschiedene ganz bei sich allein, – aber wie man zu einem Träumenden sprechen kann und er vernimmt's im Traum, verwebt's darein, so spricht der seelenführende Lama zum Abgeschiedenen. Jetzt kommt heraus was in ihm war an Drängen und Bereitschaften zum Guten und Schlimmsten, – Gestalten der Heiligen, Götter und Dämonen; er muß sie anschauen, die Geister seines Herzens und Hirns, und kann ihnen nicht standhalten, den einen in blendendem Licht, den anderen in jagendem Schrecken. Aber die Stimme des Guru lehrt ihn beten, »möchte ich was immer erscheint durchschauen als spiegelnde Reflexe meiner eigenen geistigen Natur, ... möchte ich die Scharen friedvoller und zornvoller Gestalten nicht fürchten, – sie sind Visionen meiner selbst«.

Im Tode, in dem das Bewußtsein schwindet, wird unser Unbewußtes frei, – nun bricht es allbeherrschend aus. Und alle Triebe und Bereitschaften, die unsere Lebenswelt bestimmten, wie sie jeden individuell umfängt mit ihrer besonderen Gewichtsverteilung und einer eigenen Fülle innerer Beziehungen, alle Wertungen, die wir den Dingen beilegen, alles Kolorit, mit dem wir sie anglühen in Liebe und Abwehr, an ihnen hangend und sie fliehend, – all das projiziert sich, wie es das ganze Leben lang geschah, nach außen. Aber da ist keine gestaltige Körperwelt mehr, Entsprechung unseres eigenen Körpers, die davon übermalt würde und aus neutralem Grau mit lockender und drohender Tönung überschminkt, – da ist nur das gestaltlose Grau des Zwischenreichs. Die Urbilder der heiligen, verführerischen und furchterregenden Gestalten, die wir im Leben auf Menschen projizierten, wenn wir sie verehrten, begehrten oder haßten, treffen jetzt auf kein gestaltiges Gegenüber einer unseren Körper umgebenden Körperwelt; sie fallen auf die graue Nebelwand des Zwischenreichs als glühende Fata Morgana unseres Inneren: da schaut es uns tausendfältig an, in unerträglicher Hoheit uns blendend, in rasender Dämonie uns scheuchend, – wie hielten wir ihm stand?

Aber die Stimme des Lama tönt dazu, »diese Gottgestalten in höchster Vollkommenheit kommen aus deinem eigenen Herzen. Sie sind die Ausgeburt deiner eigenen reinen Liebe und leuchten. Erkenne sie! – diese Sphären kommen nicht von außen irgendwoher ... sie kommen aus dir und strahlen dich an. Auch ihre Gottheiten kommen nicht von außen irgendwoher, – von Ewigkeit an sind sie in dir als Möglichkeiten deines eigenen Gemütes. Erkenne, daß dies ihr Wesen ist«.

Und wenn vom achten Tag an nach dem Tode den milden Ausgeburten des Herzens die grauenstarrenden des Hirnes folgen, flammenlodernd, alle Waffen der Vernichtung schwingend, Schädelschalen voll Menschenblut zum Trunke an die Lippe führend, tönt die Stimme des Guru, »fürchte dich nicht! wisse, das ist eine Verleiblichung deines eigenen Gemütes. Entsetze dich nicht, denn es ist deine eigene Schutzgottheit« ... erkenne: was dich als Teufel schreckt, hat auch einen erhabenen, buddhagleichen Aspekt, – »glaube an den! erkenne ihn, und du wirst erlöst. Nenne ihn bei diesem Namen und halte dich davon durchdrungen, daß dieses das göttliche Wesen ist, das dir Schutz verleiht. Tauche in es hinein! schmilz hinein, bis du eines mit ihm bist (in samādhi), und du wirst deine verborgene Buddhaschaft erwecken«.
Nur wer, schon im Leibe lebend, als ein Yogin der Buddhaschaft zustrebte und diese Projektionen seiner Tiefe in ihrem Wesen durchschaut hat: daß sie es sind und nur sie, die allem außen das Kolorit verleihen, Wert und Gewicht ihm geben und ein Unbestimmtes als seine bestimmte Welt ihm schenken, die lockt und schreckt, – nur ein Yogin ist diesem allmächtig ausbrechenden Māyāspiel seiner Schakti gewachsen. Darum ist das »Bardo Tödol« nicht nur ein Ritual für den Dahingegangenen, ihn zu lehren und zu leiten, sondern auch eine Yogalehre für den Lebenden, daß er sich an Hand seiner Schilderungen beizeiten mit den gestaltigen Ausgeburten seiner Tiefe vertraut mache in innerer Schau und Verehrung und furchtlos sie wiedererkenne, wenn sie ihm im Zwischenreiche begegnen. Wer schon bei Lebzeiten durch seinen Guru eingeweiht ist, kann ihrem Schrecken nachmals gewachsen sein und das reine Licht der Erkenntnis, das alles dies als Māyā hinter sich läßt, in sich verwirklichen.

Das »Bardo Tödol« lehrt den buddhistischen Yogin die dämonischen Gewalten seines Inneren als seine eigenen Schutzgottheiten verehren; dann braucht er keine Furcht vor ihnen zu haben, wenn er ihnen im Zwischenreich begegnet, er hat sie schon immer in Scheu verehrt. Wir müssen beizeiten lernen, mit den Nachtseiten unseres Wesens umzugehen, – nicht um mit ihnen dämonisch in die Welt zu wirken oder bei uns geheim zu spielen – das wäre schwarze Magie oder Teufelsbuhlerei –, aber wir müssen sie ehrfürchtig anerkennen als die dunklen gefährlichen Mächte, die in uns sind. Sie haben Gewalt und Hoheit, denn sie sind Formen unserer formgelüstigen Schakti, der göttlichen Lebenskraft in uns, so gut wie unsere gepriesenen engelgleichen Möglichkeiten, rein und schön zu sein. Wer die Augen vor ihnen schließt und ihnen die Anerkenntnis ihrer mächtigen Allgegenwart weigert, dem wird sie einmal von ihnen fürchterlich bewiesen; aber wer sie in Scheu verehrt, ohne sie für sich entfesseln zu wollen, mit dem leben sie Wand an Wand als seine Schutzgottheiten. Denn ihre teuflisch bleckende Gewalt ist nur der Nachtaspekt ihres Wesens, wenn wir sie vor unserem Bewußtsein nicht gelten lassen wollen; er ist die treffende Hieroglyphe unseres Unbewußten, in dessen Nacht sie abgedrängt sind, daß wir Grauen und Scham vor ihnen empfinden, anstatt uns zu ihnen zu bekennen. Es gilt die Ganzheit unseres Wesens anzunehmen und zu ehren, aus der wir nichts entfernen können, so wenig einer von seinem Leibe, was er schamhaft an ihm verbirgt, abtun und wegwerfen könnte, ohne davon ein völliges Monstrum zu werden.

Dieser Umgang freilich mit der Ganzheit unseres Wesens, die uns unbewußt zu bleiben droht und dann dämonisch uns verstört, fordert ein reines Herz. Wer diesen Umgang sucht, vom Wirbelstaub der Leidenschaft verwölkt, von bestialischer Dumpfheit getrübt, verfällt den Gewalten, die er beschwor, auf daß sie seinen Begierden dienten. Das ist der Sinn der Höllenfurcht, die aus den Geschichten dämonischer Zauberer spricht: den Doktor Faustus der alten Sage und den Doktor Kenodoxus von Paris (im Jesuitendrama des Barock) holt der Teufel, den sie riefen. Er diente ihnen, bis sie ihm ganz verfallen waren; er weiß im vornhinein: er ist der Stärkere, – wie könnte der Mensch der allgestaltigen Macht, die ihn mit Lockungen und Schrecken versucht, auf die Länge gewachsen sein! Das Unbewußte, das man weckt, um sich seiner zu bewußten Zwecken zu bedienen, anstatt es scheu zu verehren, ist gerade soviel mächtiger gegenüber dem bewußten Ich, wie der Leib diesem Ich an Macht überlegen ist, – als Leib des Unbewußten zwingt er das wache Ich, das wirken möchte, sich abzudanken in Schlaf, wann es ihm gefällt.

Indem das »Bardo Tödol« die gewollte Verschmelzung des Adepten mit den teuflischsten Ausgeburten seiner eigenen Tiefe zur Rettung vor ihnen und vor der Flucht in drohende Wiedergeburt fordert, heißt es ihn, in die eigene Hölle fahren. Der Weg zu vollkommenerer Sphäre geht, wie bei Dante, nur durch sie. Diese schauerliche Niederfahrt in die eigene Schicksalstiefe liegt Ödipus im Sinn, wenn er nach jenem fluchbeladenen schicksalsvollen Kinde forscht, das sein Vater frühestem Tode weihte, – das er selbst war, ohne es zu wissen: da will er ganz werden und wird es auch; das ist sein vorbildlich tragischer Gang. Ihm ahnt, daß er auch noch ein anderes ist als der Retter Thebens, Held und König, Gemahl dieser Frau und Vater dieser Kinder. Er fühlt ein anderes, das all dies auslöscht, ein Fürchterliches in sich, aber wie es beschaffen ist und heißen müßte, bleibt ihm ungreifbar, – wie sollte er's erinnern, da er sich selber unbewußt den Vater erschlug, die Mutter zur Frau nahm, diese Kinder in ihr zeugte. »Das Ganze vollendet sich nun!« – das ist sein ungeheurer Laut, als er sein eigenes Dunkel aufgegraben hat, das als Sphinx tödlich bleiern über ihm und seinem Reiche hing, nicht zu bannen, wie er vormals die andere Sphinx bezwang, die dunkle Schuld des Vaters, die Laios nicht bannen konnte. Nun ist er ganz geworden, ist das eine und das andere: Heilbringer und unheilbringender Verbrecher, sein Lichtes und sein Dunkles fließen mächtig in eins. Nun braucht er keine Augen mehr wie andere Menschen, – Augen, die gegeben sind, immer eines vom anderen zu sondern und zwischen mehrerem einen Weg zu weisen; in seiner Ganzheit ist eines das andere, der Rettende ist das Opfer, seine Größe ist sein Fluch, seine Unschuld seine Schuld. Da wirft er seine Augen weg, – er könnte wie der rasend gewordene Ajas des Sophokles, sein tragischer Bruder, rufen, der den selbstgewählten Tod grüßt mit dem Laut, »Dunkel: du mein Licht!«

Ein Gleiches meint die christliche Gebärde: Jesu Ablehnung der Pharisäer, seine Hinwendung zu den sozial und moralisch Bemakelten, sein Hinweis auf das Kind als Vorbild, nicht weil es rein und unschuldig ist, aber noch unbefangen aus seiner Ganzheit lebt. Er zwingt die Jünger, stehenzubleiben vorm Hundeaas, seinem Gestank stillzuhalten und sein Schönes, die weißen Zähne, inmitten seiner Fäulnis zu sehen, es als einen Bestandteil des Schönen der Welt zu sehen, anstatt es als ekel zu verwerfen mit dem Gewimmel seiner Fliegen und Verwesung. Das ist die Gebärde Sankt Julians, die Flaubert der Legende nacherzählt: der Fährmann bettet den aussätzigen Wanderer an seine Brust, – da ist der ansteckende Abscheu der begnadende Heiland. Indem einer verschlingt, was ihm das Widerwärtigste ist, und sich von ihm verschlingen läßt, kann er in den Besitz einer Ganzheit gelangen, in der das Widerwärtigste samt allem wovor man floh, wonach man langte, sich auflöst. Diese Gegensätze alle bedürfen einander und verlangen danach, aneinander in der Ganzheit, die sie bilden wollen, zu verschwinden. Dieses Untertauchen im Anderen, vor dem einer immer Abscheu empfand und das er doch als ihm zu eigen annehmen muß, ist wie das Bad der Sträflinge im Zuchthaus, in das ihr Schmutz zusammenkam, auf daß nach ihnen Oscar Wilde, »the king of life«, seinen Leib darein tauche und das Werk seines Lebens, das er als den eigentlichen Gegenstand seines Künstlertums empfand, aus Gegensätzen zur Ganzheit brächte.

Als gleichnishafter Ritus für diese Aufgabe, ganz zu werden, ließe sich eine Messe denken, deren Kelch nicht mit dem Blute Gottes gefüllt wäre, mit dem Lebenssafte des Lammes, das die Sünden der Welt hinwegnimmt, aber mit allen Lästerungen des Heiligen und Reinen, allem Unflat des Priesters und der Gemeinde, – und indem der Priester all dies Uneingestandene, offenbar Gewordene als ungeheuerlichen Trank sich selbst und der Gemeinde darbringt, geschähe das Wunder der Wandlung: aus dem Grauenvollen, Unsäglichen würde das Lauterste, der Trank der Götter, der entsühnt und ein todloses Dasein schenkt. Solch ein Dasein meint das »Bardo Tödol« mit der verborgenen Buddhaschaft des Adepten, die im Durchgang durch die eigene Höllenwelt sich offenbart: eine übergegensätzliche Ganzheit, unanfechtbar von Widersprüchen und Abgespaltenem. Dieses Durchdringen zur Herrlichkeit des Ganzseins ist in vielen Legenden der Werdenden Buddhas (bodhisattva) dargestellt, die alle Opfer und Schrecken auf sich nehmen, weil sie begreifen, daß ihr Ich, das aufgelöst sein will, sich mindestens so sehr durch Abwehren und Abspalten aller Dinge, die ihm widerstreben, täglich neu kristallisiert, wie durch Gebärden des Zugriffs und umklammernden Bewahrens.

Der Erleuchtete (buddha) aber ist »ohne Brache, ohne Ödland« in sich (a-khila) und darum »ganz« (a-khila meint auch »restlos« oder »ganz«), er hat kein Ich als Fruchtland ausgegrenzt aus der Wildnis seines und alles Wesens und es wohl verwahrt gegen was ringsum in ihm als dunkle Wüste liegt, unbeachtet und drohend: so kann ihn kein Schrecken aus der eigenen Wüste mehr anspringen, kein Tier oder Dämon aus dem Dschungel des ihm unbewußten Teiles seiner Ganzheit sich erheben.
Alle Götter und Gewalten in uns, – da schwillt der Leib zum Kosmos, aber auch der Ernst, die Drohung dieser Situation, wenn wir ihren Ernst nicht würdigen, wird offenbar. Von diesem Göttlichen in uns gilt nicht, wie sonst wohl einer fragend von einem Gott gehöhnt hat, er schliefe wohl oder sei verreist; – wenn es zu schlafen scheint oder fern zu sein, dann ist es schon erzürnt, weil wir die Beziehung zu ihm verloren haben und es nicht zu halten vermochten. Dann sind wir schon nicht mehr im Stande seiner Gnade: es ist schon auf dem Wege, sich in einen gefährlichen Teufel zu verkehren, der sich bösartig gegen uns gebaren muß, wie alle Dummheit und Verzweiflung. Jeder hat das Göttliche in der Gestalt, in der er es verdient, die er in sich selber aufzunähren und zu halten vermag in täglicher Hingabe. Wir nähren den Gott in uns mit unseres Herzens Blut, wie auf Bildwerken der Azteken der Priester das Blut aus seiner Zunge dem Gotte darbringt. Novalis notierte sich: »Jedes Wort ist eine Beschwörung; ein welcher Geist ruft, ein solcher erscheint.« Der aufgeklärte Gottesleugner, für den es alles das nicht gibt, hat nichts Göttliches mehr in seinem Herzen, – das ist seine Gnadenlosigkeit. Dafür plagen ihn die Teufel seines Hirns: »Zufall« oder »Macht der Verhältnisse« und »Unausweichlichkeit der Kausalität« oder »Schuld der anderen« – denn außer sich muß er alle Dämonie suchen, die er

in sich nicht finden und auflösen will. »Wo keine Götter sind, da sind« – nach einem Wort Novalis' – »Gespenster«. Sie entziehen sich, als rechte Gespenster, jedem wirklichen Zugriff mit ihrer Fähigkeit, in immer anderer, unerwarteter Gestalt zu geistern; wer ihre Dämonie nicht in sich selbst beschwören un din das Höhere, das sich in ihr verlarvt, verwandeln kann, lebt ohnmächtig in ihrer Sklaverei, – er ist sein eigener böser und dummer Teufel.

Der Tantra-Yoga lehrt, wie man in Achtung und Verehrung immer auf gutem Fuße mit dem Unbewußten bleibt; es wird zum Ausgleich heraufgerufen, ja Kern des tantrischen Yoga ist, sich immer wieder ganz in ihm zu ertränken. In der zum Steigen heraufbeschworenen dunklen Flut verschmilzt das bewußte Ich mit der glitzernden Welle, die sie als Gottesgestalt aufwirft. So lebt der Adept weiter, immer wieder unbeschwert, unabgespalten von seiner Tiefe, in voller Kommunion mit ihr. »Wie alle strömenden Flüsse« nach einem Wort der Upanischad »im Meer zur Ruhe eingehen, Namen und Gestalt verlierend, so gelangt der Wissende, von Namen und Gestalt befreit, zum göttlichen Wesen, das höher als das höchste ist«, – so kehrt der Yogin mit täglicher Einschmelzung seines sich greifbaren Teils, mit Gestalt und Namen, mit vorstellendem und denkend-benennendem Bewußtsein, in seine göttliche Gegenseite heim. Daraus zieht er die Kraft, Allem gewachsen zu sein.

IV

Es ist schon öfter versucht worden, die indischen Yogalehren in unserer Sprache wiederzugeben und an solche Nachzeichnungen ihrer Umrisse hat sich allerlei Deutung gehängt, aber es wurde dabei nicht völlig klar, auf welche Art oder Sphäre von Wirklichkeit sich Yogaerfahrungen beziehen. Erst die Psychologie des Unbewußten ist in die

Sphäre vorgedrungen, in der Yogaerfahrungen zu Hause sind. Neben ihr stehen erhellend die Versuche eines Einsamen, die über den Kreis psychopathologischer Fachwissenschaft hinaus wenig bekannt geworden sind: im Jahre 1912 veröffentlichte der kgl. Hochschulprofessor für Experimentalchemie am Lyzeum zu Freising in Bayern, Dr. Ludwig Staudenmaier, sein Buch »Die Magie als experimentelle Naturwissenschaft«. Er war sich der Bedenken, die seine Ergebnisse im Kreise strenger Wissenschaft finden würden, bewußt; darum unterbreitete er eine erste Ausarbeitung einer Autorität positivistischer Forschung, dem Chemiker Wilhelm Ostwald, dessen »umfassende wissenschaftliche Kenntnisse auf den einschlägigen Grenzgebieten genügend Garantie bieten mußten«, ob Staudenmaier »den Schritt der Veröffentlichung wagen dürfe«. Als Antwort nahm Ostwald seine Abhandlung in die »Annalen der Naturphilosophie« auf (sie steht dort im Jahrgang 1910). Die Psychiatrie wertet sein Buch wohl nur als die bemerkenswerte Selbstschilderung eines schizophren Erkrankten.
Staudenmaiers äußerer Lebensgang ist farblos und ereignisarm, desto bemerkenswerter ist, was ihm innerlich widerfuhr; dies Widerspiel von Außen und Innen entspricht recht den Proportionen im asketischen Lebensgange eines Yogin oder Heiligen. Im Vorwort seines Buchs erzählt er, er habe 1884 ein bayrisches humanistisches Gymnasium absolviert, danach vier Jahre lang ein Lyzeum besucht, eine »Spezialhochschule für das philosophische und katholisch-theologische Studium«, die den Theologiestudenten die akademische Bildung vermittelt, wenn sie aus irgendwelchen Gründen eine Universität nicht besuchen wollen. Hier trieb er ein Jahr Philosophie und drei Jahre Theologie. Aber nach einem Jahr praktischen Dienstes wandte sich Staudenmaier von dem geistlichen

Berufe ab und begann ein neues Studium, ging nach München und trieb »ausschließlich Naturwissenschaften, namentlich Zoologie, später Chemie«. Er berichtet weiter, »nach Ablegung der beiden naturwissenschaftlichen Staatsexamina für beschreibende Naturwissenschaft und Chemie, sowie des chemischen Doktorexamens an der Universität München, war ich anderthalb Jahre Assistent an einem dortigen naturwissenschaftlichen Universitätsinstitut, bis ich im Jahre 1896 zum Professor der Experimentalchemie am kgl. Lyzeum in Freising ernannt wurde, an welchem ich seit bald 16 Jahren tätig bin«.

So führte sein Weg aus der Stille eines klerikalen Lyzeums über angespannte knappe Studien- und Assistentenjahre wieder in die Stille eines Lyzeums zurück. Er war eine junggesellige Natur, saß hinter seinen chemischen Experimenten wie »ein alter Student« und lebte auch so, anspruchslos und ohne sich als Professor zu zelebrieren. Der illusionäre Glanz einer gelehrten Laufbahn mit dem Theater der Berufungen, Fakultätsbeherrschung und Institutsregiment lagen ihm fern auf seinem toten Gleis in Freising, wie sie seinem Bewußtsein fernlagen. Eros und Kratos, die beiden Gebärden der Schakti, die die Welt bewegen, Liebe und Machtwille oder Geltungstrieb haben sein äußeres, sein bewußtes Leben nicht besessen.

Was ihn zur Begründung der »Magie als experimenteller Naturwissenschaft« brachte, war was man einen Zufall nennt. Ein Bekannter befragte ihn über den Charakter jener phosphoreszierenden Gestaltserscheinungen, wie sie in spiritistischen Sitzungen bemerkt werden, »ob sie sich nicht zum Teil physikalisch oder chemisch erklären ließen«. Derselbe Bekannte regte den skeptischen Professor an, Schreibversuche zu machen, wie sie unter Spiritisten üblich sind, – Versuche, bei denen man die Hand mit dem Stift lose über ein Blatt Papier hält und mit ausge-

hängtem Willen zuwartet, was an Schrift oder Zeichen entstehen wird. Nach anfänglichen Hemmungen und ergebnislosen Versuchen und wiederholter Ermunterung von seiten des Bekannten, fortzufahren, kam bei Staudenmaier der erwartete Prozeß in Gang: zunächst beschrieb der Stift die »sonderbarsten Windungen und Schnörkel«, bald aber fing er an, Schrift zu schreiben und antwortete mit ihr auf innerlich gestellte Fragen. Es war, als spräche bald dieser, bald jener Geist durch diese Schrift, die immer leichter floß. Staudenmaier bezweifelte, ob es sich wirklich um einen Geist handle, da er »auch bei den Antworten selber mitdenken mußte«. Er bemerkt dazu, »im übrigen hatte ich ganz unbedingt den Eindruck, als ob ein mir völlig fremdes Wesen dabei im Spiele sei. Aus dem Vorherwissen dessen, was geschrieben wurde, entwickelte sich mit der Zeit ein ›inneres‹ Vorherhören desseben«. Damit schieden Stift und Papier aus dem Umgang mit den inneren Stimmen aus, nachdem sie noch für eine Zeit des Übergangs als anregende Requisiten zur Einleitung des Prozesses zuhand gewesen waren. »Ich war, wie die Spiritisten sich ausdrücken, zu einem ›hörenden Medium‹ geworden.« Die Zahl der Stimmen, die sich meldeten, war unergründlich, sie meldeten sich »schließlich zu oft und ohne genügenden Grund, auch gegen meinen Willen«, – sie waren »vielfach böswillig, raffiniert, spöttisch, zänkisch, ärgerlich usw. Es ging dann tagelang ganz gegen meinen Willen ein unerträgliches und widerliches Streiten fort. Vielfach erwiesen sich auch die Angaben der sich meldenden Wesen direkt als erlogen«.
Zu diesen »akustischen Halluzinationen, wie sie der Psychiater nennen würde, traten auch andere, namentlich optische, auf. Im ganzen Auftreten und Handeln der sich meldenden Wesen war zweifellos ein gewisses Maß von selbständiger Intelligenz vorhanden, anderseits war ihr

Benehmen so sonderbar, so einseitig befangen, ihre ganze Gesinnung gegen mich häufig so vollständig von meiner mir fühlbaren Nervenstimmung abhängig, daß offenbar der größte Teil der Ursachen der magischen Phänomene in mir selber liegen mußte. Nach naiv-mittelalterlichen Begriffen war ich besessen. Allmählich hoben sich einzelne Halluzinationen immer bestimmter heraus und kehrten öfters wieder, schließlich bildeten sich förmliche Personifikationen, indem die wichtigeren Gesichtsbilder mit den entsprechenden Gehörsvorstellungen in regelmäßige Verbindung traten, so daß die auftretenden Gestalten mit mir zu sprechen begannen, mir Ratschläge erteilten, meine Handlungen kritisierten usw.«.

Es spalten sich in Staudenmaier mehrere Wesen ab, die ein eigenwilliges Dasein bekunden. Besonders bemerkbar machen sich zunächst drei, denen er ihrer Eigenart und Erscheinung entsprechend die Namen »Hoheit«, das »Kind« und der »Rundkopf« gibt. Es lohnt sich, diese Gestalten so genau nachzuzeichnen wie die Erfahrungen einer Yogaübung, zumal Staudenmaiers Buch nur wenigen zuhand sein kann. »Bei Besichtigung von militärischen Übungen« ergab sich für Staudenmaier die Gelegenheit, »eine fürstliche Persönlichkeit aus unmittelbarer Nähe wiederholt zu sehen und sprechen zu hören. – Einige Zeit später hatte ich einmal ganz deutlich die Halluzination, als ob ich dieselbe wieder sprechen hörte«. Diese Halluzination entwickelt sich zum Gefühl der Nähe dieser Persönlichkeit, ». . . die Personifikationen anderweitiger fürstlicher oder regierender Persönlichkeiten traten in analoger Weise auf« – die Gestalt verlarvt sich bald in die Figur des Deutschen Kaisers, dann wieder Napoleons; – »allmählich beschlich mich dabei gleichzeitig ein eigentümliches, erhebendes Gefühl, Herrscher und Gebieter eines großen Volkes zu sein, es hob und erweiterte sich deutlich meine Brust fast ohne Mitwirkung meinerseits, meine ganze Körperhaltung wurde auffallend stramm und militärisch, – ein Beweis, daß die betreffende Personifikation alsdann einen bedeutenden Einfluß auf mich erlangte ... Aus der Summe der auftretenden hoheitlichen Personifikationen entwickelte sich allmählich der Begriff ›Hoheit‹. Hoheit interessiert sich sehr für militärische Schauspiele, vornehmes Leben, vornehmes Auftreten, für Ordnung und Eleganz in meiner Wohnung, für noble Kleidung, gute aufrechte, militärische Körperhaltung, für Turnen, Jagd und sonstigen Sport und sucht dementsprechend meine Lebensweise zu beeinflussen, beratend, mahnend, gebietend, drohend. Sie ist dagegen ein Feind von Kindern, von niedlichen Dingen, von Scherz und Heiterkeit, ... ist namentlich ein Feind von Witzblättern mit karikaturenhaften Abbildungen, ... außerdem bin ich ihr körperlich etwas zu klein«.

Diese glänzende Karikatur eines Landesfürsten um 1900 aus der totalen Ironie und Unbestechlichkeit des Unbewußten gegenüber der ganzen sozialen Sphäre »sucht alle meine Handlungen und Pläne in hoheitlichem Sinne zu beeinflussen und auszulegen, meine ganze Lebensweise und Denkart vornehm zu gestalten. Und wenn sie wirklich nicht Deutscher Kaiser sein und sich als solcher im Ernste fühlen kann, so will sie wenigstens oft an ihn denken und mich zum Gleichen veranlassen, und wenn ich zur Wirklichkeit zurückkehre, soll ich mich wenigstens richtig als Professor fühlen, mich meiner errungenen Stellung freuen, standesgemäß leben, essen und trinken und nicht wie ein alter Student immer weiter grübeln und studieren, um vor lauter Studium den Lebensgenuß gänzlich zu versäumen«.

»Eine weitere wichtige Rolle spielt die Personifikation ›Kind‹: ›ich bin ein Kind. Du bist der Papa. Du mußt mit

mir spielen‹. Kindergedichte werden daher gesummt, ... wunderbar zarte Kindlichkeit und kindlich-naives Benehmen, wie es selbst das echteste Kind nicht so ergreifend und rührend darbieten könnte ... Beim Spaziergang in der Stadt soll ich an Schaufenstern mit Kinderspielzeug stehenbleiben, dasselbe eingehend besichtigen, mir kaufen, soll Kindern beim Spiel zusehen, mich nach Kinderart auf dem Boden herumbalgen, – also durchaus unhoheitlich benehmen. Wenn ich auf Betreiben des ›Kindes‹ oder ›der Kinder‹ (zuweilen tritt Spaltung in mehrere verwandte Personifikationen ein) gelegentlich in München in einem Kaufhaus in der Kinderspielwarenabteilung Umschau halte, ist diese Personifikation ganz außer sich vor Wonne, und entzückt erfolgt oft mit kindlicher Stimme der Ausruf: ›Ach wie schön, das ist der Himmel!‹ Für später wird die Einrichtung eines Kinderzimmers gewünscht«.
Die Personifikation »Rundkopf« bezog ihren Namen und ihren visuellen Teil von einem eher läppischen Gegenstand, einem kleinen Gummiball, der das fidele Gesicht eines Bierstudenten trug, und wenn man ihn drückte, streckte er die Zunge heraus. Ein Hausierer hatte ihn Staudenmaiers Mutter in einem Biergarten aufgedrängt, »sie brachte ihn mit nach Hause und wir spielten gelegentlich mit ihm. Einige Jahre später schien dieser Kopf, aber jetzt von menschlicher Größe, in meiner Nähe zu sein, während gleichzeitig eine der Figur entsprechende innere Stimme zu mir sagte, ›heute bin ich gut aufgelegt. Sei doch nicht so langweilig. Denke an mich. Ich kann auch etwas. Mich freuen lustige Sachen‹, – es folgten verschiedene scherzhafte Bemerkungen sowie Kunststücke. Er stellte mit einem Male die Haare steif in die Höhe, schnitt Grimassen, streckte die Zunge ähnlich wie der Gummiball heraus usw. – Dieser Rundkopf dringt darauf, die Münchener Fliegenden Blätter, überhaupt Witzblätter zu lesen

und die betreffenden Abbildungen eingehend zu betrachten, in unterhaltende Gesellschaft zu gehen, gemütlich Bier zu trinken usw. ... Bald aber vernahm ich anderweitige innere Stimmen, welche sich ärgerlich über das ›plumpe, geschmacklose und bäuerliche Gebaren‹ dieser Personifikation äußerten und dieselbe schnell aus dem Geleise brachten, so daß sich ihre heiteren Züge verzerrten und der Scherz vorüber war. Innerlich hörte ich dann noch sagen, ›so sollte man einen nicht behandeln. Ich hab euch aufheitern wollen‹. – Später nahm ich am ›Rundkopf‹ allerdings auch schlimme, zum Teil sogar sehr schlimme Eigenschaften wahr. Nach gewissen Richtungen hin schien er vollkommen verwahrlost zu sein und arge moralische Defekte zu besitzen. Dann vergaß ich denselben wieder längere Zeit, bis mir eines Tages auffiel, daß in mir eine fremde Macht bestrebt war, die Zunge seitlich hin und her zu bewegen oder auch vorzustrecken. Es stellte sich heraus, daß der ›Rundkopf‹ Übungen machte, ›seine Zunge größer und gelenkiger und allseitiger beweglich zu machen, als es beim Gummiball der Fall war. Obwohl ich die Zunge als die meinige in Anspruch nahm, versuchte er seit dieser Zeit noch öfters Übungen mit derselben auszuführen ... Inzwischen hatte übrigens der Rundkopf einmal wirklich Gutes gestiftet. Als ich nämlich in sehr aufgeregter und ärgerlicher Stimmung über andere Personifikationen nachts im Bette lag, tauchte im größten Ärger, durch ihn veranlaßt, mit einem Male in schwarzer Zeichnung die optische Halluzination eines Gockels auf, der einen Ölzweig des Friedens im Schnabel hielt und unmittelbar darauf ein Ei legte. Ich mußte lachen, und die ganze Situation war jetzt vollständig verändert« – augenscheinlich erinnerte hier Staudenmaier unbewußt einen der derben schwarzweißen Holzschnitte aus Kortums »Jobsiade«: Hieronymus Jobs, der »vollkommen verwahrloste« Bummelstudent bereichert als Dorfschulmeister die Fibel um das Bild eines Gockels samt Ei im Nest und erregte durch diese paradoxe Zusammenstellung Kopfschütteln im Dorfe.

Eigentlich war es Staudenmaiers ungelebtes Leben, das da in Gestalt dieser Personifikationen aus ihm aufstieg, es waren die natürlichen Gehalte, die nie verwirklichten, ja unbewußt gebliebenen Möglichkeiten eines Manneslebens überhaupt, die sich hier eine verspätete, eigenwillige Form innerer Wirklichkeit erzwangen, nachdem der äußere Lebensgang sie nicht zu Worte hatte kommen lassen. Imposanz und respektheischende Geste, das Jupiterhafte des Hausherrn und Familienhauptes, des geehrten Bonzen und Institutsgewaltigen, – das war nie in ihm aufgekommen, hatte sich nie in ihm ausgelebt in seiner junggeselligen schmalen Existenz klerikaler Vergangenheit und klerikaler Umgebung in diesem Kleinstadtlyzeum, dieser schlichteren Lehr- und Lernzelle am Leibe einer großen Hierarchie, in diesem abgedämpften, auf Einordnung und Selbstbescheidung gestellten Bezirk fernab der großen Welt. Aber er war doch in ihm, dieser Zug zu Repräsentanz und hoheitlicher Allüre, den er zeitlebens nicht an sich bemerkt hatte, wie alles in uns allen ist als Möglichkeit.

Er war in ihm, wie die Anlage zur Vaterschaft in jedem Manne ist, die sich auch nicht an ihm entfaltet hatte und nun in jenem inneren »Kind« die Stimme führte. Als er sich einmal eine winzige Puppe kaufte, als Objekt der Fixierung zu optisch-halluzinatorischen Versuchen, rief das »Kind« begeistert aus, »das ist der Anfang vom Kinderzimmer. Schließlich mußt du auch wirkliche Kinder zum Muster nehmen...« – und schon war es nicht mehr ein einziges Kind, es war ein Chor der Ungeborenen, der aus ihm sprach, – »dann wollen Wir dir zeigen, was wir sind und was wir können«, – da sprachen alle Kinder und Enkel aus ihm, die zu haben und zu lieben seine Möglichkeit gewesen wäre, wie jedes Mannes in Tier- und Menschenwelt; – aber er war sich dieser Möglichkeit nie bewußt geworden, er hatte an ihr vorübergelegt. Mit verheißendem Jubel riefen diese »Kinder« – eine lächerliche kleine Puppe genügte, sie zu wecken, zu begeistern–, sie riefen wie jener Chor der Ungeborenen im Märchen der »Frau ohne Schatten« (Hofmannsthal)

»Wäre denn je ein Fest,
wären nicht insgeheim,
wir die Geladenen,
wir auch die Wirte«

– er aber hatte dieses Fest des Lebens nie gefeiert, die Gäste nie geladen und ward nie von ihnen bewirtet.

Die banale Fröhlichkeit, die feierabends entspannt, die Möglichkeit gemütlich zu verwahrlosen wie der Kandidat Jobs in Trunk und etwas Hurerei, der fidele Bierstudent voll Ulk und Albernheit und plattem Behagen an sich selbst, der niemals in ihm aufgekommen war, nicht in der Sphäre klerikaler Erziehung, nicht in der Anspannung des daraufgesetzten Studiums zweier Naturwissenschaften, – das alles hob seinen Rundkopf aus der Tiefe des Unbewußten, in der zu schlummern es verurteilt worden war, – zu schlummern wie jene Ungeborenen im Teiche, aus dem der Storch die kleinen Kinder holt, die leben sollen.

Aber noch mehr drängte nach oben als nur die ungelebten Möglichkeiten der Staudenmaierschen Person, – die Hölle selbst und ihr himmlischer Widerpart, die friedvollen und die dräuenden Gewalten des »Bardo Tödol« in den Varianten des christlichen Unbewußtseins. Da war eine Gestalt in ihm, die Staudenmaier als Gott-Vater erkannte, »eine Personifikation des Göttlichen und Erhabenen, darstellend einen ehrwürdigen Greis mit voller, kräftiger Stimme und

wallendem Barte, welcher ein natürlicher Gegner der diabolischen Personifikationen ist und mich für Tugend und hohe Ziele zu begeistern sucht«. Dazu zwei »meist gehörnt auftretende Personifikationen«, die »eine große Rolle spielen, – ›Bockfuß‹ und ›Pferdefuß‹, gegen welche ich sehr vorsichtig sein muß, da sie sich immer wieder, namentlich, wenn ich mich zu sehr überanstrenge, in gefährlicher Weise zu entwickeln drohen«. – Aber der Teufel begegnet ihm auch sonst als Ausgeburt des eigenen Innern, »manchmal schienen alle Teufel los zu sein. Teufelsfratzen sah ich wiederholt mit voller Klarheit und Schärfe. Einmal hatte ich, als ich im Bette lag, ganz deutlich das Gefühl, daß mir jemand eine Kette um den Hals schlinge. Gleich darauf nahm ich einen sehr üblen Schwefelwasserstoffgeruch wahr und eine unheimliche innere Stimme sagte zu mir: ›Jetzt bist du mein Gefangener. Ich werde dich nicht mehr loslassen. Ich bin der Teufel‹.«
So erfuhr er am eigenen Leibe, was dem heiligen Antonius und anderen Büßern dämonisch begegnete, was die Welt des Tantra-Yoga wimmelnd erfüllt und den Gegenstand seiner Kunst im Lamaismus bildet. Auch die Versucherin, das Phantom Helenas – nach Mephistos Wort »in jedem Weibe« – fehlte dabei nicht: »unter den optischen Halluzinationen ist die bemerkenswerteste: einmal hatte ich einige Tage den Besuch einer hübschen, jungen Dame. Dieselbe machte einen gewissen Eindruck auf mich, der jedoch schnell wieder verschwand, nachdem sie fort war. Ein paar Tage später lag ich nachts in meinem Bette, auf die linke Körperseite geneigt und dabei gelegentlich mit den inneren, sich meldenden Stimmen redend. Als ich mich jetzt auf die andere Seite drehte, sah ich zu meiner größten Überraschung rechts neben mir den Kopf des betreffenden Mädchens aus dem Bette herausragen, wie wenn es neben mir liegen würde. Er war magisch verklärt,

von entzückender Schönheit, ätherisch durchsichtig und in dem fast dunklen Zimmer – auf der Straße brannte in einiger Entfernung eine elektrische Bogenlampe – sanft leuchtend. Im ersten Moment war ich über das Wunderbare völlig verblüfft, im nächsten aber war mir bereits klar, um was es sich handelte, um so mehr, als mir gleichzeitig eine rauhe, unheimliche Stimme innerlich spöttisch zuflüsterte. Ich wandte mich daher entrüstet und ohne mich um das Phantom zu kümmern, mit einem kräftigen Schimpfwort wieder auf die linke Seite. Später sagte mir eine freundliche Stimme: ›das Fräulein ist schon wieder fort‹. Ich sah nach, und als nichts mehr vorhanden war, schlief ich ein. Daß ich damals völlig wach war, kann ich auf das bestimmteste versichern, ebenso, daß ich vorher nicht an die betreffende Person gedacht hatte«.
Staudenmaiers resolutes Verhalten in dieser Versuchung würde manchem Heiligen einige Ehre machen; aber wodurch er sie bestand, die junggesellige Trockenheit seiner Natur war es wohl wiederum, die ihn aus der Bahn des Klerikalen, die ihn zur Heiligkeit hätte führen können, zum Professor der Experimentalchemie hatte werden lassen. Es hatte sich in ihm so viel gestaut im Unbewußten, daß er Gesichte hatte wie irgendein Heiliger und Yogin, aber es fehlte innen das Ventil der Glut und Gläubigkeit, durch das der Drang gestauter, mit sich übersättigter Lebenskräfte hätte aufschießen mögen, um durch Andacht und Verehrung verwandelt zu werden in die kristallene Gestalt des Göttlichen. Der Lamaismus kennt diese »junge Dame« auch, die in gleißender Nacktheit den Trank der Lust kredenzt; aber er hat ihre lockende Dämonie gebrochen und sie durch kultische Beachtung umgeformt zur freundlichen »Fee aller Buddha's« (sarva-Buddha-Dākinī). Sie ist die Schutzgottheit der Saskya-Sekte der rotbemützten Lamas und gehört ins Gefolge der

Schakti, wenn sie sich demanten mit einem Eberkopf darstellt (Vajra-vārāhī), als Ausgeburt der demantenen Sphäre überweltlicher Wirklichkeit.
Auch in der Landschaft draußen begegnete Staudenmaier dem Teufel in vielerlei Gestalt: »damit ich mich von meiner Nervosität erhole, hatte mir der Arzt über meine Experimente lächelnd, geraten, die ganze Magie ›an den Nagel zu hängen‹ und möglichst wenig zu studieren, dafür aber fleißig Spaziergänge zu machen und namentlich auch auf die Jagd zu gehen. In letzterer Beziehung kam ich seinem Wunsche nach«. – Was freute ihn am Jagen mehr als am ziellosen Schlendern? Bezeichnenderweise ging er »allerdings nur auf Raubzeug aus. Auf dieses aber bald in der mir eigenen Art immerhin mit einer gewissen Leidenschaftlichkeit. Speziell spielte die Jagd auf Elstern und Raben eine Rolle«. Staudenmaier sagt nicht, daß ihm der Sinn seiner kleinen Leidenschaft, gerade Raben und Elstern, dieses »Raubzeug« abzuschießen, klar war, – aber das ist ja eine Tiergestalt des Teufels in christlichen Geschichten und Bildern. Auf Hieronymus Boschs »Geburt Christi« (Köln; Abb. 11) sitzt eine große schwarz-weiße Elster rechts über dem Elternpaar des göttlichen Kindes; von links schiebt der Ochs den Kopf zum Bilde herein und der Esel schnuppert in die Krippe, mitten drängt sich das rohe Gesicht eines glückwünschenden Hirten vor –; da sind sie ja alle vereint, die Darsteller des großen Spiels: die Eltern beide, die dumpfe Natur, der plumpe Hirt vertritt die Welt, die der Geburt des Erlösers zujauchzt wie seinem Einzug in Jerusalem und die ihn dafür kreuzigen wird, daß er gekommen ist, – Gott liegt in der Krippe und der Teufel ist auch dabei, denn ihn geht die Geschichte ja vor allen an. So hockt er als schwarzweiß gefleckte Elster auf dem Strohdach des Stalles von Bethlehem in Piero della Francescas »Geburt Christi«

(London); so innig dabei, aus der Hölle zur Stelle, wie die Engel vom Himmel mit ihrem Lobgesang und Lautenspiel. Auch der Louvre hat eine italienische Geburt Christi mit dem Teufel als Elster im Mauerwerk der Ruine des Stalles von Bethlehem.

Aber der Teufel, der dunkle Aspekt unserer allgewaltigen Schakti, kann sich ja in alles verwandeln; – Staudenmaier erfuhr es: »statt der Elstern sah ich häufig da und dort auf Bäumen und Gesträuchern in schattenhaften, aber ganz deutlichen Umrissen Spottgestalten sitzen, dickbäuchige Kerle mit krummen, dünnen Beinen, langen, dicken Nasen« – wer kennt sie nicht vom Höllenbreughel her? – »oder langrüsselige Elefanten, die mich anglotzten. Auf dem Boden schien es manchmal von Eidechsen, Fröschen und Kröten zu wimmeln. Bisweilen waren sie phantastisch groß. Jeder Strauch, jeder Zweig nahm abenteuerliche, mich ärgernde Formen an. Ein andermal schien auf jedem Baum, auf jedem Strauch eine Mädchengestalt zu sitzen, jedes Schilfrohr sich mit einer solchen umgeben zu wollen. Auf den vorüberziehenden Wolken sah ich Mädchengestalten, verführerisch lächelnd oder auch spöttelnd, und wenn der Wind die Zweige bewegte, winkten mir Mädchengestalten zu. Wer die Geschichte der Heiligen der verschiedenen Religionen kennt, weiß, daß dieselben ähnliches gelitten«.

Und wer das »Bardo Tödol« innehat, weiß, daß Staudenmaier nach diesen Ausgeburten seines zur Hölle gestauten Dranges ihm unbewußter Lebenskräfte nicht mehr viel Neues begegnen konnte, als er das Zwischenreich betrat, und daß er dort keiner Stimme bedurfte, die ihm sagte, »fürchte dich nicht: wisse, das ist Verleiblichung deines eigenen Gemütes«, – Staudenmaier schritt unverschreckt von seinen »Illusionen und Halluzinationen« den Forschungsweg seiner experimentellen Magie.

Die Inder haben vom Unbewußten mehr in Erfahrung gebracht als der Westen bislang, wohl mehr als andere irgendwo, – darin liegt ihr Spezifikum, wie das unsere in der beispiellosen Entwicklung der rationalen Naturerfassung und ihrer Ausmünzung zur Vergewaltigung der Schöpfung, zum Triumph des Hirns und seiner Dämonen, – aber Staudenmaier kam auf seinem Wege den Indern nahe. Er störte das Unbewußte auf, daß es mächtig emporquoll, – aber nicht um es zu ehren als sein übermenschlich-ewiges Teil, sondern um es auszuholen und seinen Kindern verächtliche Namen zu geben. Von seinem positivistisch-wissenschaftlichen Denken her nannte er in Kritik am materialistisch gläubigen Okkultismus »Illusion« und »Halluzination«, was bei Tag und Nacht Gewalt über ihn hatte. Er verwarf als bloßen Schein, was doch ein greifbares Teil seiner eigenen wirklichen Ganzheit war und seine Wirklichkeit voll Eigenwillen bekundete. Daß er Teile seines Selbst, die neben seinem Ich personhaften Kontur angenommen hatten, nicht höher werten und als Ausgeburten seiner Schakti begreifen konnte, als Aspekte der Lebenskraft, aus deren Tiefe sie aufwuchsen wie sein bewußtes Ich, – das vergalt ihm seine Tiefe, verteufelt wie sie war.

Aber die Technik und die spezifische Wirklichkeit von Yogaphänomenen rückte Staudenmaier ins Licht. Mit der Hand fing es an, die ohne sein Zutun schrieb; er bemerkte einen eigentümlichen vermehrten Kraftzustrom, der unwillkürlich den Fingern zuwuchs und die unwillkürliche Handlung wirkte. Ein Gleiches bemerkte er am Auge, wenn er es zu willkürlichen Halluzinationen bestimmter Bilder zwang. Er fand, daß man den Energiestrom, der zum unwillkürlichen Schreiben drängt, willkürlich steigern könne, um mit ihm »motorische Halluzinationen« frei im Raum zu wirken: »wenn mit zunehmender Übung der Energiestrom gegen die Fingerspitzen stärker geworden ist und eine merkbare Energiemenge bereits über die Peripherie derselben hinausgeht, wird man den Bleistift immer weniger durch unmittelbare Berührung als vermittelst der ausströmenden Energie zu halten versuchen, bis man imstande ist, ihn aus größerer oder geringerer Entfernung zu dirigieren und mit ihm zu schreiben«. – Ein anderes Tor, Energie nach außen zu projizieren, fand er im Auge; so kam er zu den »optischen Halluzinationen« –: »es handelt sich zunächst um ein rein halluzinatorisches Kopieren einer optischen Vorlage, wobei man das bei starkem und anhaltendem Fixieren noch einige Zeit nach dem Schließen der Augen andauernde optische ›Nachklingen‹ als Unterstützungsmittel verwendet. Mit der Zeit wird es gelingen, eine Halluzination des betreffenden Gegenstandes bei geschlossenen Augen ganz klar vor sich zu sehen. Hauptsache ist dabei, die ungewohnte, entgegengesetzt verlaufende Erregung im optischen Apparat einzuüben und die Vorstellung wirklich *sehen* zu lernen, d. h. zur Halluzination auszubilden ... Ist einmal der prinzipielle Fortschritt, nämlich das wirkliche Sehen der optischen Vorstellung erreicht, dann wird es bald leicht, sich ganz in das vorschwebende optische Bild zu vertiefen und dasselbe unter Aufwendung von Muskelenergie zu verstärken. Besonders veranlagte Naturen können damit auch zur Gewinnung noch größerer Energiemengen merkliche Hemmungen der Atmung und Herztätigkeit eintreten lassen, die bekanntlich von den großen spiritistischen Medien, von indischen Yogis usw. vielfach bis zum Extrem getrieben worden sind«.

Hier scheint wirklich das technische Prinzip der Visualisierung von Schaubildern im Yoga und die ihnen eigene Wirklichkeit erfaßt zu ein. Aber auch die zauberische Möglichkeit des Yogin, solche ihm geläufige Schaubilder als leibhaftige Gestalten vor andere hin zu projizieren, was in den wunderbaren Berichten von Yogin's eine so große Rolle spielt, – »wenn einmal die Halluzination real sichtbar zu werden beginnt, kann man einen verdunkelten Raum aufsuchen und die Augen offen halten ... Will man von dem Bilde eine photographische Aufnahme machen, dann projiziert man dasselbe natürlich möglichst genau auf eine gleichzeitig vorgelegte photographische Platte. – Um etwaigen Einwendungen von vornherein entgegenzutreten, betone ich, daß der Magier das von ihm erzeugte reale optische Bild nicht im gewöhnlichen Sinne sieht, da von demselben im Gegensatz zu den realen Bildern der Außenwelt keine Strahlen in seine Augen gelangen, solche vielmehr von denselben ausgehen. Er nimmt nur die Erregung seines optischen Apparates wahr, er fühlt die Einstellung der Augenmuskulatur auf die betreffende Entfernung, so daß der Effekt für ihn der gleiche ist. Ein fremder Beobachter kann dagegen das Bild unter den gleichen Bedingungen wahrnehmen, unter welchen man ein von einer gewöhnlichen Konvexlinse entworfenes Bild wahrnimmt, d. h. innerhalb des von ihm ausgehenden Strahlenkegels. Allseitig wahrnehmbar wird das Bild (oder auch das Phantom der Spiritisten) erst, wenn es in einem (spiritistischen) Zirkel die Teilnehmer ringsum, jeder von seinem Standpunkte aus, in einheitlichem (vom führenden Medium dirigierten) Sinne nach außen projizieren«.

Das Grundprinzip des Hathayoga, die freie und gesteigerte Energie des Körpers, begriffen als pneumatische Kraft im ganzen Organismus, durch Muskelkontraktion, Stauung und Leitung beliebig verwandeln zu können in Halluzinationen aller Art, vornehmlich optische und akustische, aber auch in die Motorik des Kundalinī-Yoga, hat Staudenmaier aus den eigenen Versuchen abgeleitet: »bei magischen Versuchen handelt es sich vielfach darum, auf den verschiedenen Nervenbahnen die spezifische Energie des jeweiligen Systems in entgegengesetzter Richtung zu treiben als dem normalen Betriebe entspricht. Beim Sehen, Hören, Riechen, Fühlen usw. gelangt die spezifische Erregung von den peripheren Organen, vom Auge, Ohr usw. zentripetal zu den obersten Zentren im Gehirn und schließlich zum Bewußtsein. Bei der Erzeugung von optischen, akustischen und sonstigen Halluzinationen muß man die spezifische Energie von den obersten Zentren im Gehirn in umgekehrter Richtung nach der Peripherie, also zentrifugal befördern lernen. Es handelt sich häufig darum, die betreffende Energieform über den Körper hinauszutreiben, z. B. motorische Energie über die Fingerspitzen, die Hände usw., während beim normalen Betriebe Energie in merklichen Mengen den Körper nicht verläßt. Man muß nach dem Gesetz der Umwandlung der Nervenenergie« – das ist ja der Prāna des Yoga, der in der Suschumnā, der Ader des Rückgrats, läuft – »größere Energiemengen, namentlich solche der Muskeln von einem System in ein anderes übertreiben und dortselbst transformieren lernen. – Bei allen Magiern der Vorzeit spielt das Gesetz der Umwandlung der Nervenenergie eine außerordentlich wichtige Rolle. Mittel der verschiedensten Art, meist unangenehme, wie Hungern, Frieren, Nachtwachen, Anhalten des Atems, anstrengende Körperstellungen, z. B. stundenlanges Knien, selbst körperliche Mißhandlungen werden angewendet, um eben Nervenenergie um jeden Preis zu gewinnen. Wir brauchen aber trotzdem die indischen Yogis, die mohammedanischen Büßer nicht zu bemitleiden, da sie dabei im allgemeinen wohl mehr Lust als Schmerz empfanden, wenn wir auch ihre Methoden vielfach als pervers bezeichnen müssen. Eine wissenschaftliche Magie wird die Nervenenergie hauptsächlich von da her zu bekommen suchen, wo sie in größter Menge vorhanden und am bequemsten zu erhalten ist, d. h. von den Muskeln.« – Auch wenn er im technischen Detail der Energiegewinnung ein wenig von den Yogin abrückt und – gut westlich – die Muskeln preist: dieser Chemieprofessor verstand sich auf die leib-seelische Alchimie des Yoga, wie sie von Übungen des »tapas«, der Energiespeicherung mittels freiwilliger leiblicher Qual, aufsteigt zu den höheren Formen, wie kein anderer unter uns vor ihm.

Freilich, die eigenwilligen Ausgeburten seiner Schakti stauten die flüssig gewordene, verwandlungsgierige Energie seines Mikrokosmos und verwandelten sie zu sich, wie es ihrer Dämonie beliebte. Die Halluzination seines bewußten Ich blieb ihm zwar gehorsam: er konnte in seinem Garten spazieren und vor ihm spazierten drei Gestalten im gleichen Takt, drei Staudenmaier ganz wie er; hielt er an, standen sie schon; hob er den Arm, so hoben sie die ihren: da schnellten vier Arme ideal im Takt, es war eine einzige Gebärde; – aber die Ego's im Leibe, die »Personifikationen« trieben mit der Energie des Ganzen finstere Alchimie. Der »Rundkopf« hatte sich der Zunge Staudenmaiers bemächtigt, er reklamierte sie als die seine, trieb zusätzliche Energie hinein und wollte sie sich vergrößern, »Bockfuß« und »Pferdefuß« trieben ihre schmutzigen Teufeleien in Dickdarm und Enddarm, sie waren die Dämonen der Verdauungsstörungen, unter denen Staudenmaier jahrzehntelang litt. »So liegen, z. T. nach eigenen Mitteilungen der Personifikationen, die peripheren spezifischen Endnerven für die hoheitlichen und vornehmen Gefühle in der Pylorusgegend, diejenigen für die religiösen und erhabenen in der oberen Dünndarmgegend« – und tiefer dann die teuflischen. Kein Wunder, wenn das Zentrum hoheitlicher Gefühle sich am Magenpförtner manifestierte; es macht das Wesen aller Hoheit aus, daß sie sich erfolgreich weigert, das Leben, wie es

auf uns zukommt im Durcheinander seines Erhabenen und Gemeinen, wahllos in sich aufzunehmen und zu verdauen.
So war Staudenmaier im Begriff, die indische Erfahrung »alle Götter an unserem Leibe« an sich selbst zu entdekken, und auch der Sinn ihrer Standorte blitzte dabei auf. Aber was die Reihe der Handauflegungen (nyāsa) und die Kosmologie des Kundalinī-Yoga für die innere Erfahrung des Tantrayogin heiligt, ordnet und durch kultische Übung als ausgewogenes Kosmos erhält, war bei Staudenmaier ein greuliches Gegen- und Durcheinander: aus boshaften Kompetenzkonflikten der Kobolde erhob sich die Forderung nach genauer Abgrenzung ihrer Bereiche. Aber das Wunder der mythischen Tat, das Chaos seiner Leibeswelt voll widerstreitender Kräfte zum Kosmos zu schlichten, zur willigen Zusammenarbeit aller in ihren Provinzen, blieb Staudenmaier versagt. Der Zustand den er schildert, ist dem indischen Mythos wohlbekannt: die Willkür der ungebändigten Kräfte, das im Weltlauf periodisch einbrechende Chaos, das die Ordnung zerreißt, in der jede Kraft als göttliche Personifikation an ihrem ihr angemessenen Orte bescheiden wirkt. Im Mythos der Veden wie des Hinduismus begibt sich immer wieder die kosmogonische göttliche Tat, diese Ordnung herzustellen gegen die Willkür dämonischer Gewalt, die ihre Kraft, ihre Māyā willkürlich und grenzenlos spielen läßt, alle Fülle an sich reißt und aus sich tobt und damit den Leib der Welt verstört. In solcher weltordnenden Tat schnitt Indra vorzeitlich den Bergen die Flügel ab, mit denen sie frei dahinflogen wie Wolkenbänke, die sich auf den Gipfeln türmen, – das war ein furchtbares Durcheinander, von dem die Erde schütterte. Aber mit dem Gewicht der flügellosen Berge festigte Indra die schwankende Fläche wie mit Schwersteinen.

Er zerschlug den großen Wurm, der auf dem Gebirge lag, die Wolke, die alles Wasser in sich geschluckt hatte und nicht hergeben wollte, mit dem Blitzkeil, da zerbarst die Stauung der allnährenden Lebenskräfte, sie strömten lebenspendend die Bahnen, die Indra ihnen zog: der Kreislauf des Lebens konnte wieder durch den Weltleib strömen, der in völliger Kreislaufstörung zu sterben drohte. Aber solch einen göttlichen Heilbringer, der wie Zeus eine neue Zeit als ihr Herrscher heldisch heraufführt, wie ihn die mythische Geschichte des indischen Weltleibes in Indra und nach ihm in den Avatāra's Vischnus immer wieder feiert, brachte Staudenmaiers Mikrokosmos nicht hervor, – genug, wenn es ihm gelang, sich gegen die zerreißende Willkür seiner Dämonen zu behaupten.
Staudenmaier ist am 20. August 1933 in Rom gestorben, wo er die letzte Zeit seines Lebens verbrachte, – im Hospital der Barmherzigen Brüder auf der Tiberinsel. »Er war«, wie ein Freund von ihm, der in Freising sein Kollege war, berichtet, »einige Wochen vorher dorthin aufgenommen worden, ganz erschöpft und zum Skelett abgemagert. Unter der guten Pflege erholte er sich bald wieder gut; aber als er die Kräfte wieder kommen fühlte, ließ er sich nicht mehr halten und kehrte in seine Wohnung zurück. Dort erlitt er mehrere Ohnmachtsanfälle und mußte deshalb wieder ins Spital zurückverbracht werden und starb dort unter urämischen Erscheinungen. Wahrscheinlich hat er zu Hause wieder angefangen mit seinen Exerzitien. Den Anlaß zu seinem Zusammenbruch hat neben der jahrzehntelang fortgesetzten Überanstrengung bei unregelmäßiger, einseitiger und meist recht mangelhafter Ernährung die Alteration über den Sturz des amerikanischen Dollars gegeben. Er hatte seine Ersparnisse diesmal in dieser Währung angelegt...« – Staudenmaier schied als ungebrochener Kämpfer gegen die Dämonen aus

seinem Mikrokosmos, den sie mit Anarchie bedrohten; die letzte Karte, die er zweieinhalb Jahre vor seinem Ende an unseren Gewährsmann schrieb, zeugt davon, so wie der Wille seiner letzten Wochen, zu seinen »Exerzitien«, seinen magischen Experimenten zurückzukehren. Am 8. Februar 1931 schrieb er aus Rom an seinen Freund in Freising: »...alle Deine Glückwünsche zu meinem 66. Geburtstag nehme ich höflichst dankend für empfangen an. Fräulein D. habe ich geschrieben, daß man zu diesem Alter nicht mehr gratulieren soll, sondern kondolieren, weil man immer näher dem Grab kommt. Natürlich bitte ich mich dabei gründlichst auszunehmen! – Da jetzt bald mein Geburtstag rankommt, an welchem Du mir sonst geschrieben hast und ich Deinen Neujahrsbrief noch nicht beantwortet habe, immer in der Hoffnung, möglichst bald mit meinen Experimenten fertig zu werden und Dir etwas Besseres schreiben zu können, so muß ich mich jetzt wenigstens mit einer Postkarte beeilen. Ich arbeite auf Leben und Tod weiter, allein es geht furchtbar langsam und zähe. Obwohl alle vier widerspenstigen Zentren teils unter sich, teils von mir in ihren Personifikationen genug Prügel bekommen haben, fallen sie immer wieder in ihren alten Fehler zurück, so daß es wirklich eine Lammsgeduld erfordert, auszuhalten, – diesen Monat sind es eben 30 Jahre, daß ich mit dem Studium des Spiritismus begonnen habe, allein das Übrige hat im 14. Lebensjahr schon im Knabenseminar begonnen.«

Staudenmaier blieb sich in allem treu bis ans Ende; er lebte in Rom wie ein tibetischer Yogin in seiner Hochgebirgsklause, »...bei uns ist es etwas stile zingaresco«... »ich bin beinahe ausgezogen, da das Wetter seit gestern hundekalt ist und im ganzen Hause keine Heizung ist. Gestern waren noch, als die Sonne schon drauf zu scheinen begonnen hatte, im südlichen Parterre kleine Eiszapfen zu sehen und der Boden war von verspritztem Wasser geeist... Eine deutsche Familie, die hier wohnt, eine Frau mit jungen Töchtern, ist nach drei Monaten schon wieder ausgezogen. Sie hat sich immer gewundert, daß wir es hier so lange aushalten. Sie waren immer krank, bald die eine, bald die andere. Uns beiden hat es bis jetzt nichts gemacht, da ich gegen voriges Jahr große Fortschritte gemacht habe.« Diese Fortschritte beziehen sich augenscheinlich auf seine Alchimie der Leibeskräfte, speziell auf die Umwandlung von Muskelenergie in Körperwärme, die es ermöglicht, äußere Kälte zu kompensieren. Auch in diesem Kunststück war Staudenmaier den Eingeweihten Tibets gewachsen, die in Felshöhlen bei karger Nahrung dem Hochgebirgswinter trotzen, ohne zu erfrieren, und, wie Alexandra David-Neel auf ihrem »Voyage d'une Parisienne à Lhassa« (Paris 1927) beobachten konnte, imstand sind, Tücher, die in eisiges Wasser der Bäche getaucht ihnen aufgelegt werden, mit durch Yoga gesteigerter Hitze des eigenen Leibes zu trocknen, daß ihre Nässe verdampft. Er war in dieser physiologischen Form des Yoga, die »Glut glüht«, – die »tapas« (tibetisch »tumo«), d. i. Energie als Glut in sich transformiert und speichert, – so gut zu Haus wie im Umgang mit Göttern und Teufeln; – wahrhaftig, wie sein Freund ihn nennt: »ein höchst originaler, vielfach verkannter und doch sehr bedeutender Pfadfinder«.

Wir sind lauter Staudenmaier, – immer in Gefahr einer solchen Kreislaufstörung unseres Mikrokosmos, einer Verkehrung der göttlichen Gestaltmöglichkeiten unserer Schakti in dämonische, die ein Chaos aus uns machen, aus uns strömen. Staudenmaier riß diese Gefahr so weit, daß er den tibetischen Adepten des Tantra-Yoga glich, die sich in der Teufels- und Dämonenwelt des Lamaismus als ihrer wahren Wirklichkeit bewegen. Was ihm unwillkürlich zustieß und ihn dann in Bann schlug, wollen diese an sich vollbringen durch bewußte Abkehr von der naturhaften Haltung, mit der die Schakti in Bindung an die äußere Welt sich auf sie projiziert und sie mit lockenden und bösen Farben anglüht. Sie wecken in sich ein schlummerndes Heer von Personifikationen nach den Vorbildern, die das Pantheon des Lamaismus an Heiligen und Fratzen ihnen bereitstellt, ihr Yoga halluziniert sie systematisch nach den kirchlichen Malereien, deren farbig-linearer Stil ganz auf reproduzierende Halluzination gemünzt ist; sie nähren sie mit der Hingabe ihres Wesens und ziehen sie in sich auf. Sie ringen um ihre Gegenwart, die wie bei Staudenmaier ein Innen und ein Außen dämonisch spielend in sich verschmilzt, und dieses Ringen birgt in sich die ständige Versuchung, von der Übermacht der Personifikationen verschlungen zu werden, in Wahnsinn zu stürzen oder aber im Bunde mit ihnen sich dämonischer Magier zu wähnen. Das Ziel des gefahrvollen Weges aber ist, sie zu durchschauen als Ausgeburt des eigenen Inneren und in durchschauender Erkenntnis und überlegener Beschwörung den ganz realen Teufelsspuk des eigenen Wesens, die Dämonie der Schakti zu zerschmelzen in die buddhagleiche Haltung.

Es ist das Wesen der Schakti, überzufließen und sich auszugebären zur Gestaltenfülle: so entfaltet sich der überweltlich ruhende Gott des indischen Mythos mit seiner Schakti zur Māyā der Welt, – der Eine, alle Gegensätze in sich aufgehoben beschließend, stülpt sie aus zur Fülle der Gegensätze im Spiel der Welt. So treibt die unbewußte Tiefe spontan alltäglich das Ich aus sich hervor, so treibt der Pflanzenkeim den Blütenkelch aus sich auf, um Samen aus ihm zu stäuben und in ihn zu schlucken zur Frucht. Wer die Dränge nicht aus sich hervorläßt, hat das Welt-

theater, die ewige Kosmogonie in sich, im eigenen Leibe drin, wie Staudenmaier die Anarchie seiner Teilwesen, und in Halluzinationen bricht sie nach außen. Freilich wer diese Dränge aus sich strahlt und dabei nicht gewahr wird, daß sie, alles Kolorit, alles Gewicht, alle Wirklichkeit der Welt, mit der sie auf uns wirkt, ein von uns selbst Gewirktes sind, wie das Netz, das die Spinne aus sich spinnt, und nun sitzt sie darin als in ihrer Welt, – der ist ganz Samsāra: befangen in sich selbst, in seinem dämonischen Innen als einem Außen, das ihn anstrahlt, schreckt und fasziniert, – der lebt seiner eigenen Māyā, befangen von der Befangenheit in seine Schakti.
Weil einer Eitelkeit hat, existierten andere Menschen als Spiegel seines Verhaltens, weil er an Dingen hängt, sind andere Gegenstand seiner Ausbeutung, seines Neides, sind Rivalen und Gefahr, weil sie nehmen können, woran er hängt. Jede Beziehung, die sie zu ihm haben können, entspringt einer spontanen Affekteinstellung in ihm selbst, durch sie erst erhalten die Anderen ihr Kolorit in Zu- und Abneigung, ein eigenes Gewicht und Dasein, das auf ihn wirkt; sonst sind sie eigentlich gar nicht vorhanden, werden nicht wirklich wahrgenommen, berühren ihn nicht. Aus der schattenhaft fahlen Möglichkeit, zu existieren, werden sie erst wirklich durch das Maß von Affekt, das als naturhafter Drang auf sie strömt und sich an sie heftet. Wie Odysseus die Schatten des Hades mit Blut tränken muß, daß sie ihre Schemenhaftigkeit so weit verlieren, um als Menschen wie einst zu ihm zu reden, so tränken wir die schattenhaft unwirkliche Welt ringsum mit Blut, daß sie uns etwas besage, – aber es ist unser eigenes Herzblut, unsere Lebenskraft und Schakti, die wir in sie strömen: da ist sie auf einmal voll des Lockenden und Schreckenden, voll schmeichelnden und schneidenden Konturs, glühend und dunkelnd von allen Farben.

Sie spiegelt all unsere innersten Möglichkeiten zu agieren und zu reagieren, wir füllen ihre matte Spiegelfläche mit unserem Strahl und nennen, was sie spiegelt, unsere Welt. Eine Welt an sich gibt es nicht; keine Wissenschaft, solang sie rein ist, vermißt sich zu sagen, was die Welt sei; – vermeint sie, es zu können, ist sie schon von Schakti koloriert. Gemessen am weltbildenden Anteil der Schakti am Weltgewebe, das einen jeden befängt, besagen die Bezüge, die der forschende Geist als objektiv darin existierende auffindet, nicht viel, so beachtenswert sie sind. Ein Blitz aus Wolken kann uns zu Asche brennen oder Giftgase und andere Dünstungen der Dämonen unseres Hirns uns wegraffen: die Preisgegebenheit der Kreatur ist Grundmotiv im Spiel des Lebens; aber das Kolorit, mit dem sie auf uns wirkt, wirken wir allein. Weil alle mögliche Dämonie der Welt uns innen ist, ist sie so außen, wie sie uns innen ist. Wir selbst sind die Unendlichkeit in unserer Tiefe, darin liegen Ironie und Hoheit unseres Daseins, – die Drohung seiner Hölle und die Verheißung des Himmels. Daraus schöpft der Adept des Tantra-Yoga die Ehrfurcht vor sich selbst, daß Gott und Welt in ihm gelegen ist, und in der Hingabe an das Göttliche schöpft er die Allmacht über sich selbst.
Das Leben selbst hält jedem die Einweihung in diese Anschauung bereit: was einmal in glühenden Farben leuchtete, Gegenstand des Verlangens und der Liebe, liegt nachmals glanzlos da und wie erkaltete Schlacke. Wie hing einer an Menschen und Dingen einst, sieht sie wieder und begreift sein Ich von einst wie ein fremdes. Dinge und Menschen haben sich kaum gewandelt, es muß ihm wohl selbst geschehen sein, wenn er auch immer wieder enttäuscht, ja erbittert feststellt, wie wenig er sich in dem wandeln kann, worin er es gern möchte. Aber er ist doch weitergewandelt auf einem allgemeinsten geheimen Wand-

lungsgange der Lebensstationen. Das Licht, das er einst über vieles ausgoß, wie ein Kind über sein Spielzeug, daß es darunter vor seinem Auge leuchtete, hat sich mit ihm verwandelt, fällt in andere Richtung, hat einen anderen Schein, – so liegt das Frühere kalt, grau und mißschaffen. Das erlebte der werdende Buddha als Prinz, nachdem ihm die Boten des Todes begegnet waren: die schönen Frauen seines Harems, die den Heimgekehrten erfreuen wollten mit Lautenspiel und dem Wohllaut ihrer Kehlen, dem Schimmer ihrer Glieder im Tanz, der Woge des Gefühls in alledem, – sie sagten ihm nichts mehr damit, und als sie enttäuscht von seiner Gleichgültigkeit zu wirrem Haufen übereinander in dumpfen Schlaf gesunken waren, dünkten sie ihn ein Haufen Leichen, und dieser Leichenhaufen dünkte ihn das Antlitz der Wirklichkeit. Dieses verwandelte Licht, mit dem er die schönen Frauen jählings anstrahlte, wies ihm den Weg unter den Baum der Erleuchtung.

Es handelt sich darum, den rechten Umgang mit sich selbst zu finden, mit dem Gotte Nebukadnezars innen, – mit sich und mit Gott, das ist ein und dasselbe. Die Betrachtung indischer Observanzen und der Übungen des Tantra-Yoga kann uns die Notwendigkeit nahebringen, auf ein Gleiches für uns zu sinnen. Viele dieser Übungen knüpfen an die Visualisierung eines kreisförmigen Diagramms (mandala oder yantra) an. Die Spinne in ihrem Netz ist dem Inder ein Gleichnis für das Göttliche, das die Welt nach Stoff und Gestalt (Substanz und Figur) aus sich hervorbringt. Dieses Göttliche aber – Brahmā – ist in uns als unsere Tiefe. Wir sitzen alle im Netze unserer Welt und wirken es mit den Projektionen unserer Schakti als Māyā, die uns befängt. Diese naturhafte Befangenheit zu überwinden, lernt der Yogin ein dem Spinnweb entsprechendes Gebilde in innerer Visualisierung aus sich zu entwickeln, um sich als quellende Mitte zu breiten:

eine figurerfüllte Ringzeichnung der Welt (mandala) oder ein zeichenbesetztes Diagramm von Linien, in denen die Welt oder die göttlichen Kräfte dargestellt sind, die sich zum Makrokosmos und Mikrokosmos entfalten. Er entfaltet es aus sich in innerer Schau und hält es fest als seine Wirklichkeit und nimmt es wieder schrittweis in sich zurück. So lernt er Entstehen und Vergehen der Welt als einen Vorgang begreifen, dessen Quell und Mitte er selbst ist. Das lehrt ihn die Freiheit, auch die Welt, wie sie naturhaft aus ihm quillt und ihn befangen hält, mit unbefangenem Auge zu betrachten: als Gebilde der geheimnisvollen Willkür seiner Tiefe, der Dränge und Triebe seiner Dämonie. Er lernt seine Schakti, die sich in stündlicher Kosmogonie ausgebiert, durchschauen und das Spiel ihrer Projektionen als das nehmen, was die Welt für Gott ist: – Māyā, die er innerlich durchwaltet, ohne daß sie ihn berührt.

Die buddhistischen Mönche von Ceylon stellen an den Anfang ihrer Überlieferung einen Bericht, wie der Orden des Buddha, des Erwachten, entstanden sei. Dem fürstlichen Yogin ist in seiner Einsamkeit unter dem Baume in Nacht und Morgen jenes große Erwachen widerfahren, nach dem er sich nennt. Sein früheres Sein, das Sein aller Kreatur samt Göttern und Tieren liegt wie Traum und Nacht hinter ihm. Ganz in sich versenkt ist er wie badend in der Helle seines Erwachens. So verweilt er sieben Tage reglos und unangerührt, »das selige Gefühl des Erwachens nachempfindend«. Dann hebt er sich auf, zu gehen, sitzt aber alsbald unter einem anderen Baum, abermals sieben Tage, »das selige Gefühl des Erwachens nachempfindend«. Und so noch ein drittesmal sieben Tage. Dann erst erwacht er mählich zu sich selbst, und die Welt kehrt ihm wieder. Sein Blick fällt auf sie und geht zurück zu seinem Erwachen, und er begreift: was ihm widerfahren ist, läßt sich nicht lehren. Vergebliche Mühe wär's, davon zu reden.

Von oben aber, im Zenit des Welt-Ei's schwebend, es rings durchwebend, gewahrt ihn Brahmā, der Weltgeist, gewahrt seinen Entschluß, sein Erwachen – das von der Welt her gesehen Erlöschen ist, Nirvāna – vor aller Kreatur in sich zu verschließen. Aber er selbst, Brahmā, ist höchste Kreatur, ist Inbegriff alles werdend-vergänglichen Lebens. Mit Gedankenschnelle tritt er vor den Erwachten hin und bittet ihn, Lehrer von Göttern und Menschen zu werden, der kreatürlichen Welt, die im Traumschlaf des Lebens sich wirft, den Weg zum Erwachen zu weisen. Unter den Wesen ohne Zahl gäbe es einige, auf deren Augen wenig Staub der Lebensleidenschaft läge, sie wären doch imstande, sein Wort zu vernehmen. Wie Lotosblumen vom Grunde des Sees aufwachsen: einige mit Knospen in der Tiefe, andere dem Wasserspiegel näher, einige schwimmen schon ausgebreitet und öffnen dem ungebrochenen, ungetrübten Sonnenstrahl ihre Kelche, – so gäbe es auch einige Wesen, die reif seien, den Strahl seiner Lehre in sich aufzunehmen.

Da entschließt sich der Erwachte, den Weg zum Erwachen zu weisen. Es finden sich Schüler, ein Orden, eine Überlieferung entstehen.

Unwillentlich also, aus einer nachträglichen Entschließung wird der Buddha zum großen Lehrer der Welt. Und von vornherein gibt sich die Buddhalehre als ein Weg für Wenige. Sie entspringt keinem anfänglichen Trieb, in die Welt einzugreifen, in ihr zu herrschen, an ihr zu wandeln. Ihre Überlieferung enthält immer wieder Hinweise, sie werde ganz verschwinden in der Zeit, unaufhaltsam verflachen, späten Geschlechtern ganz unvollziehbar werden.

Homer ist eine leuchtende Gestaltenwelt, von den Griechen als eine hohe erzieherische Größe empfunden. Auch für die Christenheit war er immer wieder nicht nur ästhetisch wertbildend, seine Götter und Helden stehen als geistige, sittliche Symbole neben den Erzvätern und Propheten des Alten Bundes wie neben Aposteln und Heiligen des Neuen und neben unseren geschichtlichen Heroen.

Konfuzius, Staatsphilosoph und Sittenlehrer, wurde, was Platon träumte: der große nationale Pädagog seiner Kultur über Jahrtausende. – Zarathustra predigt reinen Eifers dem persischen Volke eine höhere Religion. Er mehrte das Welterbe um eine große Vision: den Kampf der lichten Macht gegen die lügenhafte im Gange der Geschichte, Gericht über die Bösen und Sieg der Reinen steht am glorreichen Ende, Zeit hebt sich auf in Ewigkeit.

Über das Judentum des Exils ist all das als geschichtliche Kraft unserer Christenheit einverleibt. In vielen Verwandlungen lebt seine chiliastische Vision: über Augustins Gottesstaat bis in Hegels Geschichtsphilosophie, in allen Fortschrittsglauben, alle soziale Utopie. In eben solche Zeit, in unsere Wirklichkeit, die Wirklichkeit des Imperium Romanum, trat Jesus aus der Ewigkeit. Leibhaft erfüllte er das Sehnen einer Welt, machte wahr die Weissagungen vergangener Propheten. Als Sohn und Bote des Vaters bringt er das Reich in die Menschenwelt, lehrt er den neuen Weltstand.

Alle diese sind große Verkünder: Homer in einer Welt sinnbildlicher Gestalten und Szenen, Zarathustra als religiöser Gesetzgeber, Konfuzius das hohe Erbe zerfallenden Altertums rettend, sichtend, kommentierend, Jesus als Bringer der »frohen Botschaft«. Der indische Prinz aber aus dem Schākyageschlecht heißt allgemein der »Schākyamuni«: der Schweiger aus dem Schākyageschlecht. (Im neueren Europa hat man nur zwei Männer der Tat »Schweiger« genannt, bedeutende, aber glanzlose Köpfe: Oranien Taciturnus, den Gegenspieler des spanischen Philipp, und den alten Moltke.)

In aller reichen Überlieferung gibt es kein zweifelsfrei beglaubigtes Wort des Buddha. Wandernd und lehrend wurde er achtzig Jahre alt, und in langen Folgen stilisierter Gespräche greifen wir wohl den leuchtenden Schatten einer einzigartigen Person und sind über allen Zweifel angeweht von einer Atmosphäre, die in Indien wie außerhalb nicht ihresgleichen hat. Aber kein Reich der Gestalten tut sich auf, keine Weltvision von hier und drüben, keine Ordnung für alle wird aufgerichtet, – einigen wird ein Weg gewiesen, und die Formeln dafür (bis auf wenige, knappe) führen weg in ein Verschwebendes, – sind kein Ergreifen und Verklammern.

Aber da ist eine, die man, in unseren Begriffen denkend, gern für ein Credo oder Dogma nähme, – diese »vier hohen Wahrheiten« und, in ihnen, die letzte, dieser »hohe achtgliedrige Pfad«. Man darf nicht an ihnen vorbei, wenn man das weltgeschichtliche Schauspiel betrachtet: diesen Stimmenschwall über Jahrtausende Asiens, der das Echo auf das Schweigen des Erwachens ist, diese große Paradoxie und lebendige Spannung des Buddhismus.
Der Sinn dieser Formel ist leicht zu verwechseln mit allem möglichen bei uns, Philosophischem, Religiösem, denn sie bedeutet auch für das Indien, in das sie fünfhundert Jahre vor Christus trat, etwas Neues, Singuläres. Da tritt in einen archaischen Reichtum magisch-religiöser Haltungen, in einen Wald metaphysisch-spekulativer Gebilde mit der Formel des Erwachten ein anderes: ein Heilverfahren. Neben Lehren, die dem Menschen das Göttliche darreichen, neben Wissen, das ihm magische Kräfte verleiht und ihn lehrt, was er in der Welt sei und in Welten sein könne, tritt eine Therapie. Verfährt Spinoza »more geometrico« mit seiner Kontemplation, so spricht der Buddha als Praktiker »more medici« – als ein Arzt. Er heilt vom Leben, wie wir es leben. Wird der indische Arzt zu einem Kranken gerufen, so legt er sich vier Fragen vor, was wirklich sei an diesem Falle. Er stellt vier Wahrheiten fest. So auch der Buddha. Zum ersten stellt der Arzt ein Leiden als wirklich fest, zum zweiten seine wirklichen Anzeichen und Ursachen. Aus diesem Befund schließt er als dritte Wirklichkeit, ob das Leiden heilbar sei. Hier entscheidet sich das Schicksal des Patienten. Denn von unheilbaren Leiden soll der indische Arzt (wie der antike) die Hände lassen. Und als vierte Wirklichkeit weist er den Weg zur Heilung.
Geradeso betrachtet der Buddha den Menschen und stellt als erste Wahrheit fest: er ist nicht heil, er leidet. Das wird

ganz nüchtern befunden, ohne Frage nach Verschuldung, ohne Pathos metaphysischer Ursprünge. Was dieses Leiden des Menschen sei, lehrt kein spekulatives Aufgraben, sondern der einfache Blick auf sein endliches, grenzenlos bedingtes Dasein. Für diesen Blick sind Symptom und Ursache des Leidens, entsprechend archaischer Medizin, völlig in eins geschlungen, sie bilden seine Natur.

Der Mensch ist nicht heil, grenzenlos unangefochten von außen und innen, nicht über alle Begriffe wohl, – dies die erste Wirklichkeit. Die zweite ist eine Kette von Symptomen und Ursachen, in denen die Natur dieses leidhaften Zustandes zutage tritt. Nimmt man alle Namen für sie zusammen, so bilden diese Symptome und Ursachen den Inbegriff unseres endlichen Lebens, unserer alltäglichen Bewußtseinslage, unserer naiv gelebten Existenz, – ob wir sie nun als ein Leiden wahrhaben wollen oder nicht. Der Buddha steht vor dem Menschen etwa wie ein Psychotherapeut vor einem Patienten, der sich gesund wähnt, während das Auge des Arztes all seine Belastungen und Verstrickungen, die ganze Schwere des Falls durchblickt. Der Ur-Grund aber des als leidvoll diagnostizierten Lebens, aus dem alle Symptome des Befundes fließen, ist ein Nicht-Wissen. Ein Es-nicht-besser-Wissen, Naivität. Befangensein des Lebens in sich selbst, wie es sich lebt. Nichtwissen darum, daß es wohl natürlich, aber nicht notwendig sei, sich als Lebende so zu haben, wie wir uns haben oder zu haben meinen. Nichtwissen darum, daß wir in umfassendsten, gewaltigen Konventionen stehen, mit uns und allem denkend, fühlend, handelnd umzugehen, – in Konventionen, aber keiner letzten Wirklichkeit. Freilich nicht bloß in einer menschlichen Konvention von Welt und Ich, die geschichtlich ihre Begriffszeichen und Aspekte wechselt, sondern in einer kreatürlich universalen, die alle Lebensformen umfaßt bis zum Tier und den Göttern in ihren Himmeln, – der Konvention, daß Leben sich selbst samt allem Gehalt als schlechthin wirklich hinnimmt.

An dieser Befangenheit hängen alle übrigen Symptome: alle Vorgänge des Lebens – das zeitlose Werden der Natur in uns, die über Geburt und Tod sich immer neue Gestalten ballt, – hängt alles Geschehen an uns, in dem wir uns vollziehen und geschehen lassen, hängt der spontane Drang unserer lebendigen Tiefe nach außen im Empfinden, im Berühren der Sinne mit der Welt, in der Berührung des Geistes mit seinem Reich der Zeichen und Gestalten, hängt schließlich die ganze schier unausschöpfliche Fülle der ungewußten Bereitschaften, die lebenslang in uns keimen und danach drängen, sich zu vollziehen als Wahl und Tat, der Bereitschaften, mit denen das Leben als Verlauf sich dauernd über seinen Augenblick hinausschnellt, dieser von Urzeiten angeerbte Boden unserer Ahnungen und Neigungen, unserer Träume und Leitbilder des Schicksals. – Dieser ganze Bestand unwillkürlichen Lebens gilt buddhistischer Diagnose als pathologisch. Ein Leidenszustand, der vielleicht zu heilen wäre.

Man darf das Radikale dieser zweiten »Wahrheit«, so lautlos ihr Schritt ist, nicht verkleinern, sonst hat man an den beiden folgenden Wahrheiten nichts zu finden als Stimmungswerte oder Begrifflichkeiten und an allen vieren zusammen nur eine geschichtliche Erscheinung. Die Kühnheit dieser Geste, Leben, wie es sich lebt, insgesamt als eine Art unerwünschten biologischen Ausnahmezustand anzusehen, anstatt es nach Art anderer Stifter und Lehrer in seinem Bestande zu werten und zu regeln, bleibt für Indien ohne einen Schatten von Absurdität oder verzerrter Anmaßung – sie bewegt sich ja im traditionellen Rahmen ärztlicher Diagnose – und tritt für uns in sich selbst zurück, tritt in den Schatten der dritten Wahrheit. Die herausfordernde Wahnsinnsnähe dieser Diagnose verliert ihre Schärfe durch die dritte Feststellung: dieses Leiden ist heilbar. Und der es feststellte, ist ein Genesener und weist den Weg zur Genesung. Und dieser Weg ist gerade so ein Wirkliches wie das Leiden und wie die Therapie heilbarer Krankheiten.

Dieser Weg schließt als vierte die Reihe der hohen Wirklichkeiten, in denen das Sagbare des ältesten Buddhismus formelhaft beschlossen ist, um die aller Reichtum späterer Lehren kreist. Ein Weg innerer Erfahrungen, kein Weltgebäude, das man denkend, glaubend sich zueignen könnte. Keine umfassende soziale Ordnung, aber eine Diät, ein régime des ganzen Menschen, wie es der ärztlichen Situation entspricht, wahlfrei für wenige oder viele: das ist das Positive des Buddhismus, – die Regel des Mönchs oder die Lebensform des Bodhisattva, des Werdenden Buddha inmitten der Welt. Was sich begrifflich daran rankt, in einer Literatur ohne Maß und Ende, Philosophemen gleich, ist nur die geistig leuchtende Schale dieses Kerns, ist Vordergrund, Fassade, Portal hinter Portal, – nur Zeichen am Wege, nicht Name und Wesen des Ziels.

Der Stern des Buddhismus geht über einem späten, sich abkühlenden Indien auf, nach Jahrtausenden vorarischer archaischer Hochkultur. Manches an großartigen Städten des dritten Jahrtausends ist im Induslande freigelegt. Da ist auch eine Fayenceplatte zutage gekommen, die einen Asketen, ganz wie ein Buddha sitzend, zeigt, von Menschen und Göttern verehrt. Indien hat ein lebendiges Gedächtnis bis in seine Vorzeit zurück. Nicht in Annalen und Namen, aber in mythischen Bildern, symbolischen Formen. Schākyamuni ist ihm nicht der erste und einzige Buddha, nur der jüngste, aber nicht letzte einer langen

Reihe durch Aeonen. Damit knüpft es ihn an Asketen und Lehrer der vorarischen Frühzeit an, deren Typus er erneut.

Politisch ist seine Zeit der Ausklang eines Mittelalters mit Kleinkönigreichen des Kriegeradels; despotische Großreiche, im Stile des eben erstandenen Großkönigtums der benachbarten Perser, werden die Folgezeit bestimmen. Die geistige Vorherrschaft des arischen Brahmanismus (oder was sich für unsere Perspektive als eine solche gibt) dankt nach anderthalb Jahrtausenden ab, altes vorarisches Erbe gewinnt für unser Ohr zum erstenmal und vieltönend Sprache. Kosmologien und Lehren vom Menschen, reicher, komplexer und reifer als die arische Theologie der Veden, als Ritual und Magie der Brahmanen, erheben ihre Stimme. Der große Verschmelzungsprozeß altindisch eingesessener und arisch eingewanderter Kultur tritt in ein neues Stadium. Zwei archaische Welten mythisch-magischen Denkens fließen ineinander. Kaum irgendwo war wieder eine Atmosphäre so trächtig an Spekulation und Ekstasen, so dicht an dinglich substanziellen Denkformen, großen Visionen von hier und drüben, gespeist aus Grenzerlebnissen der Tiefenschichten des Ich.

In diesen mit Metaphysik geladenen Raum bricht die Therapie des Buddha wie eine lautlose Explosion. Die Verwölkung des Geistes durch seine eigenen großartig verwobenen Gebilde lichtet sich zur Helle eines späten Nachmittags. Nietzsche hat in seinen Notizen für den »Willen zur Macht« diese Situation mit seiner biologisch-historischen Hellsicht erfaßt, er sagt, sie »drückt einen schönen Abend aus, eine vollendete Süßigkeit und Milde, – es ist Dankbarkeit gegen alles was hinten liegt, ... die hohe geistige Liebe, das Raffinement des philosophischen Widerspruchs ist hinter ihm, auch davon ruht es aus: aber

von diesem hat es noch seine geistige Glorie und Sonnenuntergangsglut«.
Buddhismus bedeutet für Indien die Krise des dogmatischen Denkens; – in Metaphysik wie Materialismus. Natürlich blüht dogmatisches Denken in Indien noch heut, denn die Vielen können nicht ohne es sein, und geistige Entscheidungen fallen nie für alle.
Ein Lehrgespräch, das »Blendwerk-Netz der geistig-gestaltigen Welt« genannt, ist wie ein Fischzug durch den geistigen Besitz der Zeit. Es nennt alle Wissenszweige, von den praktischen Berufen und Fertigkeiten aufsteigend zu den Weltbildern und Lehren des reinen Geistes. Sie alle werden nicht kritisiert, nur umrissen und mit einem Refrain entlassen: »solche Ansichten, so zu eigen gemacht und um-und-um betastet, werden zu diesem oder jenem Ziel in der einen oder anderen Hinsicht führen, werden diese oder jene Folge für die Praxis des Lebens haben. Das alles ist dem Erwachten offenbar, und auch was noch darüber hinausgeht. Aber auf solches Wissen legt er keinen Wert. Ein anderes Wissen trägt er in seinem Innern, das Wissen von der Aufhebung. Und nachdem er der Empfindungen Entstehen und Vergehen, Annehmlichkeit und Bitternis, und wie man ihnen entgeht, der Wirklichkeit gemäß erkannt hat, ist er durch das Nicht-Annehmen von ihnen erlöst«.
Also »auf solches Wissen« – auf das Reich des Geistes – »legt der Erwachte keinen Wert«. Der Buddha weist den »mittleren Pfad«, wie es heißt, einen schwebenden Gang zwischen dogmatischen Verfestigungen, bindenden Bildern des Denkens. Weist seiner Zeit die ungreifbare Mitte zwischen den Extremen des Materialismus und der Metaphysik, die einander bekämpfen und nie bezwingen können. Er fand Metaphysik vor: ihr Grundbegriff ein Seiendes, das in aller Vergänglichkeit bleibt, die Idee des

Göttlichen und der unzerstörbaren Seele. Darin wurzelt alle Theologie. Er fand Materialismus vor, der dem Augenschein folgte und alles Lebendige, Gestalthafte ganz der Vergänglichkeit anheimgegeben sah. In diese Denksphäre apodiktischer Urteile bringt er die schwebende Ebene hypothetischer Aussage: nichts ist oder ist nicht, – alles ist bedingt. Die Bedingung aber liegt in uns selbst. Unser Nicht-Wissen, Es-nicht-besser-Wissen bedingt eine spezifische Wirklichkeit, eine Sphäre von Welt und Ich, in der wir zu Haus sind. Diese Welt, wie wir sie haben, wie sie uns hat, ist nicht das unbedingt Wirkliche, denn sie ist Funktion unserer Naivität. Und diese ist heilbar.

In das dogmatische Denken des alten Indien bricht epochal ein funktionales. Wir leben aus vielen Schichten der Person, und die Welten, in denen wir leben, sind ihre Funktionen. Ein lang geübter Erfahrungsweg einwärts, hinab durch die Schichten der Person, vermag zu lehren, daß keine dieser Schichten ein Letztes, Unbedingtes ist. Nur in Naivität oder Unvermögen verfangen wir uns eingangs, mittwegs in eine von ihnen und unterstellen sie als unbedingt. Der Buddha hat erfahren, »man kann es planvoll betreiben, das Entstehen mancher Seinslagen und das Vergehen anderer in sich hervorzurufen«. Dieser Weg soll hier nicht im einzelnen nachgezeichnet werden. Er ist ein fortgesetztes Sichloslösen: vom Körpergefühl, vom Geist, der in sich rege ist, Loslösen vom Glück des Freiseins von diesen, Loslösen vom Gefühl reiner Raumunendlichkeit, und er führt an die Grenzlage des Nicht-da-seins-von-irgend-etwas. Die durchschrittenen Ebenen liegen zurück als ein Dumpfes, Kompakteres: – abgestreifte betrübende Beschwer. Nach vorn ist es offen, unendlich: die Möglichkeit, überhaupt keine Seinslage zu bilden. Das ist das »Nicht-Annehmen«, die »Aufhebung«, von der die Rede war. Der archimedische Punkt, der selbst im Nicht-irgend-

etwas schwebt, und an seinem Hebelarm schweben Welt und Ich, Äußeres und Innerstes, wie immer gesehen, frei. Als ein nur Bedingtes, der Schicksalsschwere seines unbedingten Seins entleert.
Erwachtsein heißt augenscheinlich, diese Schwebe als das Geheimnis des Wirklichen in sich tragen in unverlierbarem Besitz, – wie alles ist und nicht ist, ganz und gar bedingt, Funktion unser selbst, wir aber, in diesem Wissen und Sein, Herr aller dieser Funktionen, grenzenlos unangefochten, souverän und heil.
Dieser Erfahrungsgang des Erwachens stößt bei seinen Übungen auf nichts Festes in den Schichten der Person. Prozesse lösen sich ab, sublimieren sich, verfliegen. Eine völlig dynamische Psychologie ist die begriffliche Schale, die der Außenstehende gewahrt. Auflösung aller substanziellen Psychologie, die Größen und Kräfte unterstellt, Aufhebung aller räumlichen Metaphern für das Seelenreich, – das scheint die geschichtliche Sendung des Buddhismus für Asien gewesen zu sein. Damit ein großes Fragezeichen hinter den Anspruch des Geistes, mit seinen Gebäuden aus unterstellten Größen vor sich selbst zu gelten. Im Tiefengang nach innen wird er als eine Oberflächenschicht, als flimmernde Spiegelebene der naiven Seinslage abgehoben. Eine vordergründliche Zeichenwelt für ein vordergründlich Wirkliches.
Das Wirkliche, in dem wir stehen, ist eine Konvention der Nicht-anders-Wissenden, darin steckt eine andere Wirklichkeit, in der jene verschwindet, an der jene zergeht: unsagbar, ohne Umriß, ohne Gestalt, Gegensatz und Grenze. Ungreifbar, aber im Vollzug zu erfahren. Ein Übergang, der sich selbst entschwindet, ein Vorgang, der sich auflöst. Ein Schwinden des Schwindens. Das Wirkliche daran ist, daß alles Wirkliche planvoll, schrittweise zum Schwinden kommen kann. Dahin reicht kein Dingwort. Nirvāna –

»Erlöschen« – ist ja bloß ein Bild für einen Vorgang, der sich auflöst. Ist wie eine Brücke, deren Pfeiler diesseits noch zu sehen ist, aber ihr anderes Ende entzieht sich. Ist nur eine Metapher für ein Noch-Loslassen des Sich-völlig-Loslassens. Ein Sich-Entgleiten ins Bodenlose, das ein grenzenloses Sich-Anheimfallen ist.
Geist und Sprache bedürfen des Paradoxons, um darauf hinzielen zu können. So tun auch die Buddhisten, das Paradox hat sich als feinste und klarste Form der Belehrung bei ihnen erwiesen. Alles Sagbare, das der Geist formen kann, muß ja ein Vordergründliches bleiben, es geleitet ein Stück des Weges. Aber im Sprung seiner Formen, im Paradoxon, blitzt ein Hintergründliches auf, das sein Auge blendet.
Der Erwachte nennt sein Verfahren einen Weg oder ein Fahrzeug. Ein Schiff, wie es die Menschen über die großen brückenlosen Ströme Indiens hinübersezt, heil ans andere Ufer. Der Buddha braucht einmal ein Gleichnis von einem Manne, der steht an einem Ufer voll Schrecknis und Gefahr. Drüben ist das Gestade der Unangefochtenheit. Es gelingt ihm unter Mühen, aus Holz und Schilf ein Fahrzeug zu richten, das ihn glücklich hinüberträgt. Da fragt der Buddha die Mönche: »wäre der Mann gescheit, wenn er das Floß, weil's ihn gerettet hat, behielte? es auf den Rükken nähme und landeinwärts trüge?« – »Nein, Erhabener«, antworteten die Mönche, »er soll es dem Strom überlassen, der hinter ihm liegt«. – »So ist es auch mit der Lehre«, schließt der Buddha, »sie ist zum Entrinnen tauglich, nicht zum Festhalten«. – Wer sich vollendet, erreicht den Punkt, wo sie ihm nichts mehr zu geben hat. Formeln, die wesenlos wurden, Meilensteine, die hinter ihm liegen. Alles Sagbare an ihr ist Therapie, ein Genesener bedarf ihrer nicht. Wer den Weg wandelt, erfährt die Lehre selbst als ein sich Wandelndes. Sie ist der Weg mit

wechselnder Landschaft. Sie ist selbst ganz funktional. Was eingangs wiegt, verliert sein Gewicht, zergeht. Hier ist auch die Moral nur ein régime und muß sich wandeln mit dem Wandel zur Genesung.

Die Lehre ist das Fahrzeug. Alle geistigen Welten außer ihr liegen am Ufer diesseits. An ihnen beginnt die Fahrt. Es gilt nicht, sie zu widerlegen, aber sich von ihnen abzustoßen. Von ihnen steigt man ins Schiff. Das ist ihre Bedeutung und zeitliche Würde. Darum ist der Buddhismus bereit, an die geltenden Vorstellungen, an Glauben und Moral seiner Völker anzuknüpfen. Dies geistige Ufer diesseits war in Asien Religion. Sie ist der Grund, von dem er sich aufschwingt, sie bildet die Sockelgeschosse. Von ihren Gewölben aus gesehen scheint er Religion. Er hat sich die Zeichen der Hindureligionen angewandelt wie den Schinto Japans. Dies Offensein allem geistigen Bestande, der ihn nicht binden sollte, erschloß ihm die Welt. Aber was er eingangs duldet, löst er mittwegs auf. So löst er auch auf, was Nietzsche »die hohe geistige Liebe, das Raffinement des philosophischen Widerspruchs« nannte. Es nimmt einen großen Raum in seinen Schriften ein, am großartigsten da, wo es ein Spiel treibt, in dem es sich selbst aufhebt.

Mit diesem Raffinement kann man ein großer Kopf sein, aber fern vom Erwachen. Der letzte indische Patriarch, Bodhidharma, entwich der Gefahr, zum Denker zu entarten. Er zog in die Einsamkeit, nach China. Dort nannte man ihn den »wandanstarrenden Brahmanen«. Ein Schweiger wie Schākyamuni, lehrte er durch Zeichen.

Aus den unterschiedlichen und doch einmütigen Formeln seiner Schulen, die der Buddhismus nicht geschichtlich betrachtet, aber in Selbstschau seiner Erscheinungsformen systematisch als Stufen seines Weges einander zuordnet, wäre es wohl möglich, etwas zu bilden, was eine »Phänomenologie des Geistes« überwölbte – eine Enzyklopädie möglicher Seinslagen –, aber das wäre ein spezifischer Mißbrauch des Gegenstandes Buddhismus durch den westlichen Geist, eine geschichtliche Ironie großen Stils: – auf der Ebene geistigen Ordnens zum Austrag zu bringen, was als therapeutischer Vollzug der Gesamtperson geleistet sein will. – Wie kein Adept eines anderen Weges ist der Buddhist in steter Gefahr, abzugleiten, verwechselt zu werden, mit einem Religiösen oder Denker, – in Gefahr, sich an Meilensteinen seines Weges zu verfangen.

Dieser Weg ist Yoga, – in der besonderen Form des Buddhismus. Yoga selbst ist in Indien viel älter, vorarischen Ursprungs, und dient vielen Zielen: asketischer Läuterung, magischer Selbsterhöhung zu außerordentlichen Kräften, der Erfahrung göttlicher Überwirklichkeit. Immer richtet er sich auf ein dem Willen schon gegebenes Bild. Auf ein Bild der magischen Person, in die man sich verwandeln will, auf das Bild des Gottes, in dessen Grenzenlosigkeit man münden will, das Bild einer erfahrbaren Tiefenperson, die jenseits von Zeit und Tod unangefochten steht. Der Geist hat die Ziele ausgeformt in Bildern und Begriffen, auch wenn ihr Ursprung Tiefenschichten des Lebens sind. Diese Yogaformen sind geistig gebunden. Ein Etwas, dessen Wirklichkeit erfahren werden soll, steht vorab als seiend fest. Die Frage ist nur, wie kommt man zu diesem wahrhaft Seienden.

An diesem metaphysisch Wirklichen hängt alle Mystik. Und dies metaphysisch Wirkliche trennt alle Mystik vom Buddhismus. Unmetaphysisch wie er ist in seinem reinen Wesen, ist er ganz unmystisch. Mag er auch mit manchen seiner Schulen in Mystik abgeglitten sein, die ihn rings umgab.

Der Buddhismus kommt wie ein Todesengel über das mythisch-magische Denken des indischen Altertums. Der

Anspruch des spekulativen Geistes, mit seinen Gebäuden zu gelten, zerspringt. In unserer eigenen Geschichte wird diese archaische Denkschicht begraben unter einem Weltalter des Logos. Sein großer Auftakt: die Genieperiode der Griechen; ein anderer Gipfel: die katholische Philosophie. Dann bricht die Hybris des griechischen Logos, die nationalen Genien der neueren Völker werden mündig, die Weltstunde des Bürgers bricht an; mit seinem Anspruch, vor sich selbst zu gelten, tritt der Geist in die Epoche seiner Selbstkritik. Der Prozeß dieser Krise ist heut die Lebendigkeit des philosophisch-historischen Geistes. Diltheys Torso einer »Kritik der historischen Vernunft« mit der Resignation auf »Erleben und Verstehen« als Quellen geschichtlicher Erkenntnis, Nietzsches Psychologie und was alles ihr folgte, dann Soziologie des Wissens bezeichnen den Stand der Krise. Die Allmacht des Logos zergleitet in die Möglichkeit eines umfassenden Funktionalismus. Unser rationaler Geist entwickelt diesen Funktionalismus im kritischen Umgang mit sich selbst, – dem mythischen Geiste Indiens ward er aufgeprägt im Gange des Yoga durch die Schichten der Person.

Daneben das Reich »exakter« Naturwissenschaft, unangefochten von der Krise des historischen Geistes. Sie befaßt sich mit der naiven Wirklichkeit, findet im qualitativen Schein quantitative Beziehung. Der Stoff ihrer Formeln sind keine unterstellten Größen, wie in Metaphysik und Materialismus, sie sind Zeichen, die reine Symbole sind. In ihnen prägt sich Helle des Geistes in Formen aus, die ihr notwendig sind, nicht aber das Tiefenreich der Ahnungen und Wünsche, Erinnerungen und Nöte, das Weltvisionen und Geschichtsbilder tränkt, und sich Leit-Ideen fürs Leben schafft, die Fetische sind. Mag der buddhistische Yogin, der erwacht ist, die naive Wirklichkeit auf der flachen Hand balancieren: eine Konvention der Nicht-anders-Wissenden, – wohin er auch geht, selbst grenzenlos bewahrt im grenzlos Wirklichen, – in seiner Freiheit steht er unter den Gewalten, die diese Wissenschaft als Gesetze formuliert. Der Stoff naiver Wirklichkeit, die Māyā, nur faßbar in Konventionen geistiger Zeichen, verrät uns eine Struktur, die nicht Konvention unseres Geistes ist. Beziehungen der Wirklichkeit, die Gewalt über uns haben – das Reich der Natur –, sind abbildbar in Formeln. Und diese Formeln geben uns Gewalt über die Wirklichkeit, ihre Anwendung ist die Technik, mit ihr behauptet das naive Leben sich in seiner Sphäre. Der Buddha ginge uns nichts an, wenn er zaubern wollte, wie andere Yogin vor und nach ihm, – zaubern im Reich der Dinge, das Gesetzen folgt. Ein anderes ist seine menschliche Magie von Wesen zu Wesen, – sie folgt auch Gesetzen.

Aus der Māyā erwachend streifte der Buddha den frühen mythischen Geist Indiens ab als seinen Traum, nicht unser spätes rationales Denken. So ist ihm Welt und Ich noch anders in eins verschlungen. Er weiß nicht um jene eigenständige Struktur, die im naiv Wirklichen steckt, – ob man es anerkennt oder aufheben kann. Aber daraus erwächst ihm vom Westen her kein Einwand. Er will ja keinen gültigen Begriff der Māyā vermitteln. Er konstatiert nur ihre Symptome an der Person des Menschen. Sie will er heilen von ihrer Befangeheit. Böte er eine Konstruktion der Māyā, wäre das schon eine Verführung, bei ihr zu verweilen. Es wäre der große Kunstfehler gegen das Prinzip seiner atheoretischen Therapie. »Auf all das legt er keinen Wert.«

Aber auch die geheime Struktur des Wirklichen, die er so nicht kennt, während die Wissenschaft Aspekte von ihr in Formeln faßt, wirft keinen Schatten auf den Weg, den er weist. Den Menschen, zu dem er spricht, die Person, den Träger eines Schicksals geht sie nichts an, – auch wenn ihr

Gehalt ihn umgreift. Wer nach sich selbst fragt, wo und wie er wirklich sei, dem gibt keine reine Wissenschaft eine Antwort. Sie hätte keine bereit. Was sie jeweils sagen kann, ihre letzte Formel, ist Stückwerk, schließt nicht ab. Jenseits ist Niemandsland. Was sie baut, steht auf Abbruch, was sie findet, sind Teilbezüge. Sinnzusammenhänge lehnt sie ab, als unerweislich, weil hinzugedacht. Über sich selbst gebeugt, immer unterwegs zu sich selbst, überhört sie solche unwissenschaftliche Frage nach ihnen. Sie geht ihren Weg des Erkennens immer weiter, weil er unvollendbar ist. Das ist ihr Pathos. Sinnvoll in jedem vollzogenen Schritt, ist ihr Gang als Ganzes, hyperbolisch endlos durch den Raum gebogen, jenseits der Frage nach seinem Sinn. Zu beiden Seiten ihres Ganges streut sie immer neue Grundlagen weiterschreitender Technik hin – dichtere Bindungen an die Māyā durch Herrschaft über sie –, aber aus der Reinheit ihres Prinzips heraus verurteilt sie alle Versuche, ihre Formeln auszumünzen zu einem unbedingten Wissen jenseits ihrer immer sich wandelnden Sphäre.

Wer nach sich selbst fragt, nach dem Geheimnis der Person, dem Träger des Schicksals, nach seinem Stand in sich selbst und in der fließenden Zeit, wird Antwort nur in Erfahrungen finden. Nicht in ihrem Echo: den Worten. Die Finger des Geistes können den Knoten des Herzens nicht lösen.

Der Weg des Buddha tritt neben unsere jüngste Psychologie und Seelentherapie, diese Erfahrungstechniken auf einem neuen Felde. Für ihre Kinderschritte ist der Buddhismus der große ältere Bruder, er hat Meere befahren, zu denen sie erst Segel setzen, aber er redet in einer fremden Zunge. Der Gegenstand ist beiden gemein, das Ziel im Großen wohl ein gleiches, ihr Charakter im Einzelnen fast gegensätzlich. Die Frage, was wir von drüben empfangen können, meint weniger, was wir von dort brauchen können, als: wie weit wir uns zu öffnen vermögen. Wenn wir uns nicht selbst verwandeln, werden wir uns wenig anwandeln können. Die »Goldene Blüte«, die Richard Wilhelm uns reichte, kann sich uns erschließen, aber nicht leicht und auf einmal. Der westliche Seelenarzt ist vor dem Auge des Buddha, des »Großen Lehrers aller Heilkunde« (Bhaischajya-Guru), – ein Patient.

Der Weg buddhistischer Genesung ist eine Form höchster Aktivität, allseitiger Sammlung. Wachsein, Besonnenheit, Wille, Mut und Konsequenz sind Voraussetzungen, dahinter das besondere Reich der Übungen. Mit ihnen wird aber keine Welt der Tiefe neu entdeckt und heraufgehoben, schon Bekanntes, völlig Erhelltes wird zertan. Kein erkennend-theoretischer Wissensdrang. Geist wühlt nicht in den Eingeweiden der Person und gibt den Tieren Namen wie Adam im Paradiese. Alle Begegnungen des Weges müssen Abschiede sein, alle Benennung ist Wegweiser, über das Benannte hinausweisend, ist Verständigung für etwas, das zergehen soll. Buddhistische Therapie ist radikal.

Sie kennt die Schicht, in der die Kräfte fließen, aus denen Individuation sich speist. Das ist kein Reservoir, kein Fundus angeerbt und unaufzehrbar, her wie überall ist alles Prozeß, Bereitschaft sich umzusetzen in Leben, das gelebt wird, und ein Zuströmen von Bestimmungen, die wir uns setzen, wie wir uns leben. Abströmen und Zufließen ohne Unterlaß. Intention der Bereitschaften, zu allen Lebensprozessen aufzubrechen, sie sind die Umwandlung der selbstgewollten Bestimmungen, die wir uns gaben, – in diesem Leben und anfangsloser Präexistenz.

Dieses Strömen soll versiegen, dieser Brand, dem Scheite immer neu zuwachsen, soll verlöschen –: Nirvāna. Da quellen die Bestimmungen, aus dem, was wir waren, zu dem, was wir sind und werden können, – Bindung und

Freiheit in Einem. Diese Behaftungen, die Grenzen von Charakter und Schicksal, selbstgeschaffenes Erbe, wegzuschmelzen, darum geht es. Eine unnennbare Seinslage, jenseits aller Belastung, frei schwebend von aller Bestimmung, dahin weist der »mittlere Pfad«.
Zu diesen Bestimmungen gehört auch die Vitalität, das jedem zugemessene Lebensquantum. Auch diese Größe ist in die Macht eines Erwachten gegeben, das umschreibt eine Erzählung aus den letzten Tagen des Buddha. Auf seiner Wanderung zu dem Ort, bei dem er dann gestorben ist, rastet der Buddha vor einer großen Stadt, die ihm wohlgefällt. Sein Blick geht über das schöne Land, über Heiligtümer rings vor der Stadt, – er sah das alles und sprach zu dem Jünger, der ihn zu begleiten pflegte, »bunt und schön ist die Erde, lieblich das Leben der Menschen«. Und sagte weiter, ein Erwachter wie er könne, wenn er wolle, ein ganzes Weltalter lang leben, oder soviel von einem Weltalter grade noch übrig sei. Er sagte es dreimal, aber der Jünger schwieg. Später wurde es ihm zur Schuld gerechnet, daß er den Buddha nicht gebeten hatte, sein Wort wahr zu machen. – Der Buddha schickte den Jünger beiseite. Und der Versucher, der ihn auf allen Schritten seines Lebens umspähte, ohne daß er ihn mit Bildern des Lebens oder Todes locken konnte oder schrecken, – der Versucher trat an ihn heran und flüsterte ihm ein, jetzt gleich abzuscheiden. Sein Werk, Göttern und Menschen den Weg zu weisen, sei ja vollbracht. Der Buddha wies den Bösen nicht ab, aber er folgte ihm auch nicht. Er vertröstete ihn, »gib dich zufrieden, nicht fern ist mein Hinscheiden, in drei Monden werde ich dahingehen«. Und es heißt, »mit Bedacht und klaren Geistes gab er auf, was man Leben nennt«. Nach eigenem Ermessen entließ er aus sich die tiefste Bereitschaft alles Lebendigen, den Drang, da zu sein, der alles Leben hervortreibt und trägt. Bis in diesem

Grund, das ist der Sinn der Geschichte, könnte einer Macht gewinnen über sich selbst.
Und weiter: so zum Leben stehen als einem nur Phänomenalen, in dem ein anderes steckt, ein Wirkliches, auf das Zeichen wie »Tod«, »Zeit« und »Vergehen« nicht zutreffen, das mitten in diesen Phänomenen stehend unanrührbar ist von Geschehen in irgendeiner Form.
In diesem Ziel liegt die Faszination des Buddhismus, seine zeitlose Wirkung. Getragen wird sie, über die Völkerwellen hin, von seiner umfassenden Toleranz gegenüber ihren Weltbildern und Moralen, von denen er aufsteigt. Sie ist sublime Gleichgültigkeit. So sehr die Menschen dieser Bindungen bedürfen, um sich zu halten in Gemeinschaften, so sehr bedarf es einer Ebene oberhalb und eines Weges, der zu ihr hinauf führt. Die zeitlose Unruhe wechselnder Weltvisionen und Lehren des Menschen über sich selbst verkündet den Zug, jenseits von ihnen grenzenloser Wirklichkeit innezuwerden.
Über den Buddha zu reden, ist ein bedenkliches Unternehmen. Wer über ihn spricht, gleicht jenem Knaben, der auf unseren mittelalterlichen Altarbildern zu Füßen des heiligen Augustinus abgebildet wird: vom Heiligen angesprochen, hält er dabei inne, mit einer Muschel das Meer auszuschöpfen (Abb. 12). Das Bild stimmt zur Resignation. Aber die buddhistischen Mönche haben diese Figur auch, vielleicht ist sie von ihnen zu uns gekommen. Ein Brahmanenjunge verliert auf seiner Seefahrt einen Beutel voll Juwelen, der fällt ins Meer. Aber er muß ihn wiederhaben, um jeden Preis. So setzt er sich ans Ufer und fängt an, unverdrossen das Meer auszuschöpfen. Zuerst verlacht ihn die Meergottheit in ihrer Tiefe, allmählich aber wird ihr bang vor seinem Ernst, der nicht ermattet. Sie tritt vor ihn hin und befragt ihn und gibt ihm seine Juwelen zurück.

Die christliche Legende macht den Knaben mit der Muschel zum Symbol dafür, daß Gottes Wesen menschlichem Verstande unergründlich sei, er bedeutet Resignation auf Grenzen des Menschlichen; in Indien verkörpert er den unbeugsamen Willen zur unlösbaren Aufgabe, die Treue zum großen Vorsatz, die Wunder wirkt, großes Vorbild aller Selbstbezwinger, Weltüberwinder. Dieser Knabe, heißt es, war der Buddha selbst in einem jener früheren Leben, in deren Aeonenfolge die Züge seines Wesens durch Taten und Dulden jene einzige Prägung sich schufen, die von ihm abstreifte, was andere bindet.

Wir im Westen sind erst im Anfang, das Meer für uns auszuschöpfen, und der Buddhismus weist in seine Bodenlosigkeiten. »Tief wie die Tiefe des Weltraums« nennen die Buddhisten ihre »Vollkommenheit der Erkenntnis«. Aber die Fabel zeigt, daß auch diese Tiefen ihre Juwelen heraufreichen müssen, die eigentlich unser eigen sind, unser eigenes Geheimnis, eine tiefste Wirklichkeit, aus ihrem Grunde uns neu geschenkt.

Freilich, wieweit können Worte den Buddhismus, sein Wesen, geben? Seine Eingeweihten in Japan ziehen es vor, dieses Wesen nur durch Zeichen, in einer bloßen Geste zu vermitteln. Worte können nur darauf hinzielen, es nicht umklammern und ausdrücken, die Sprache, das tönende Zeichenreich des Geistes, ist ja der Spiegel der naiven Wirklichkeit. In diesem Sinne kennt der Buddhismus keinen Streit der Aussagen, die auf sein Wesenhaftes hinzielen. Er sieht sie als Fahrzeuge, wie sie sind: – »nicht tauglich zum Festhalten«. – Ein Wort über ihn ist das winzige Bild eines solchen Fahrzeugs. Der Buddhismus sieht diese Boote, die auf dem nächtlichen Meer des Lebens dahinfahren. In der Nacht der Unerwachten, auf die der Buddha, leibhafte Wahrheit, von oben sein Licht des vollen Mondes gießt. Die in den Booten fahren, sehen sein

Spiegelbild im Wasser. Und jeder meint, die goldene Bahn spiegelnden Lichtes gehe auf sein Boot zu. Es hat sogar den Anschein, sie ginge nur auf sein Boot zu. So kann wohl jede Sekte meinen, den wahren Sinn für sich zu besitzen. Aber sie wissen, daß sie nur Boote sind, und der ganze See ist ein Tiegel geschmolzenen Goldes, ein Becken voll Licht.
Es liegt in der Natur des Fahrzeugs der Rede, daß wir in ihm nur einen schmalen Streifen dieses Lichts im Spiegel gewahren. Die wahre Unmöglichkeit, über den Buddhismus adäquat zu reden, liegt in ihm selbst. Ja, wenn sie sich aufhellt, ahnt man seinen Umfang. Näher als im Wort, das ihn bereden will, scheint er im Worte, das an ihm verstummt.

Zu den Abbildungen

1 Die Weltfrau der Jaina's (in einer Handschrift des Museums für Völkerkunde, Berlin)
2 Zwei Jaina-Heilige: Jina oder Kevalin, d.i. »Sieger« oder »Ledig-Gewordenc« (British Museum, London)
3 Bemaltes Wachstuch aus Purī. Darstellung des Jagaunāth-Tempels: rechts Krischna mit schwarzem Gesicht, links Balarāma mit weißem Gesicht, in der Mitte Subhadrā (Sammlung für Völkerkunde, Universität Zürich)
4 Versuchung des Buddha unter dem Baume der Erleuchtung. Amarāvatī, Vorderindien, 2. Jahrh. n. Chr. (Museé Guimet, Paris)
5 Buddhastatue des 5. Jahrh. n. Chr. – Mathurā, Vorderindien (National Museum New Delhi)
6 Commodus mit den Emblemen des Herakles
7 Kolossalbüste des Constantin im Palazzo Capitolino, Rom
8 Vereinfachtes Schema der Zentren psychischer Kraft nach der Tradition des Kundalinī-Yoga.
9 Vischnu als Löwenmann. Darstellung aus der Chamba-Schule, um 1760 (Viktoria- und Albert-Museum, London
10 Simhāsana: Löwenstellung
11 Hieronymus Bosch, »Heilige Nacht« (Wallraf-Richartz-Museum, Köln)
12 Aus einem Fresko in S. Agostino, San Gimignano

Fotos: Abb. 5: Copyright by National Museum, Delhi. Abb. 1: Copyright by Indische Kunstabteilung, Staatliche Museen, Berlin. Abb. 2: Copyright by British Museum, London. Abb. 3: Foto Zoé Binswanger, Zürich. Abb. 4: Foto Musée Guimet, Paris. Abb. 6: Foto Gabinetto Fotografico Nazionale, Roma. Abb. 7 und 12: Foto Fratelli Alinari, Firenze. Abb. 8: Aus Lama Anagarika Govinda, »Grundlagen tibetischer Mystik« (Rascher Verlag). Abb. 10: Aus Yogi Vithaldas, »Das Yogasystem der Gesundheit« mit freundlicher Genehmigung des Hans E. Günther Verlages, Stuttgart. Abb. 9: Copyright by Victoria and Albert Museum, London. Abb. 11: Foto Rheinisches Bildarchiv, Köln.

Wir danken den genannten Museen, Archiven und Verlagen für die Abdruckgenehmigung.

insel taschenbücher

Alphabetisches Verzeichnis

Mutter Gans   it 28

Die Nibelungen   it 14

Orbis Pictus   it 9

Polaris I   it 30

Rainer Maria Rilke:
Das Buch der Bilder   it 26

Rainer Maria Rilke:
Das Stunden-Buch   it 2

Walter Schmögner:
Das Drachenbuch   it 10

Walter Schmögner:
Das unendliche Buch   it 40

Sophokles:
König Ödipus   it 15

Tolstoj:
Die großen
Erzählungen   it 18

Voltaire:
Candide   it 11

Oscar Wilde:
Die Erzählungen und
Märchen   it 5

it 40

Walter Schmögner

Das unendliche Buch

Vierfarbendruck

Die Reise beginnt in einer schwarzen Nacht. Mitten hinein in ihre Finsternis reist du, Jahr um Jahr, und du fliegst auf etwas zu, kommst näher und näher heran; und größer und größer wird der fremde Planet und das Gras auf dem fremden Planeten und der Wassertropfen auf dem Gras des fremden Planeten. Der Wassertropfen wird so groß wie eine ganze Welt, und du wirst klein und immer kleiner. So klein wirst du, daß du immer tiefer in diesen Wassertropfen hineinfliegst. Weil jeder Wassertropfen aus vielen, vielen Millionen Atomen besteht, so wie unsere Welt aus vielen, vielen Millionen Sonnen und Planeten, siehst du plötzlich, daß die Millionen Atome, aus denen der Wassertropfen besteht, in Wirklichkeit Sterne und Planeten sind. Und du fliegst und fliegst – während du die Geschichte siehst und liest.

Walter Schmögner – 1943 in Wien geboren – wurde an der Graphischen Lehr- und Versuchsanstalt in Wien zum Graphiker ausgebildet. Sein erstes überaus erfolgreiches Kinderbuch *Das Drachenbuch* erschien 1966, 1970 das *Traumbuch für Kinder,* 1972 *Das Etikettenbuch für Kinder;* alle im Insel Verlag.

it 41

Daniel Defoe

Robinson Crusoe

Mit Holzschnitten von Ludwig Richter

Der 1719 erschienene *Robinson* ist ein später Nachzügler der im Mittelalter so beliebten Reise- und Abenteuerromane. Gleichzeitig aber auch deren Höhepunkt und Vollendung. Das Buch Defoes wurde zum Urbild einer langen Kette von Robinsonaden.

»1719 erschien, zunächst ohne Namen, *The life and strange surprizing adventures of Robinson Crusoe,* sich stützend auf die wirklichen Erlebnisse des Matrosen Alexander Selkirk, ein realistischer, psychologischer Roman . . . Im Leben Robinsons auf der Insel spiegelt sich, in kleinem Ausschnitt, der Kulturgang der Menschheit bis zur Staatenbildung: keine Utopie im politischen Sinne, sondern, echt englisch, eine Kolonie, die Verwirklichung zunächst eines wirtschaftlichen, dann eines ethisch-kulturellen Ideals, das Genügsamkeit predigen soll.« *Walter Rehm – Werner Kohlschmidt*

». . . . eines der gelesensten und schönsten Bücher der Welt.« *Hermann Hesse*

it 42
Lewis Carroll
Alice im Wunderland
Übersetzt und herausgegeben von
Christian Enzensberger.
Mit den Zeichnungen von John Tenniel

Alice im Wunderland wird von allen Kennern zu den Meisterwerken der Weltliteratur gezählt. Charles Lutwidge Dodgson war der Name des Autors, der sich hinter dem Pseudonym Lewis Carroll versteckte, ein menschenscheuer, eigenbrötlerischer Dozent für Logik und Mathematik in Oxford. Nur unter Kindern wurde aus dem Sonderling ein sprühender Erzähler voller Phantasie und Einfallskraft. Für seinen ›einzigen Liebling‹ Alice Pleasance Liddell schrieb er seine erste Alice-Geschichte, die er ihr 1864 auf den Weihnachtstisch legte. 1865 erschien *Alice in Wonderland* als Buch.

Seitdem die Surrealisten in ›Alice‹ ein Buch des Absurden entdeckt haben, ist die Beschäftigung mit Carroll und seinem Werk immer lebhafter geworden.

»Lewis Carrolls Träume von einem kleinen Mädchen namens Alice haben unversehens auch uns angerührt; sie enden, wie so oft die Träume der Literatur, bei uns selbst.« *Christian Enzensberger*

it 43
Rainer Maria Rilke
Geschichten vom lieben Gott

Die *Geschichten vom lieben Gott* entstanden zwischen dem 10. und 21. November 1899. Sie sind als Werk des gerade noch 23jährigen dem Frühwerk zuzurechnen.

Der Band enthält 13 Geschichten, die zum Teil auf alte slawische und italienische Quellen zurückgehen, hier aber in einer modernen, leicht distanzierten, manchmal ironischen Form neu erzählt werden.
So hält in »Warum der liebe Gott will, daß es arme Leute gibt« ein Lehrer dem Erzähler vor: »Zunächst finde ich es unrecht, religiöse, besonders biblische Stoffe frei und eigenmächtig zu gebrauchen. Es ist das alles im Katechismus jedenfalls so ausgedrückt, daß es besser nicht gesagt werden kann . . .« Der Lehrer ist gekränkt; denn »Es ist immer schlimm für einen Lehrer, wenn die Kinder etwas wissen, was er ihnen nicht erzählt hat.«
Die *Geschichten vom lieben Gott* sind ein sehr beliebtes Buch. Schon zu Lebzeiten Rilkes erschien es in 12 Auflagen. »Rilke hat eine freundliche Gegenwart, er ist ein wunderbarer Erzähler, und er hat ein unvergeßliches Lachen. Er geht schwere Aufgaben an, er steigert sich strebend und wird es tun bis zuletzt, das merkt man seinem Gesicht an (wenn es ganz gesammelt erscheint).«

Carl J. Burckhardt an Hugo von Hofmannsthal

it 44
Jens Peter Jacobsen
Niels Lyhne
Mit Illustrationen von Heinrich Vogeler
Nachwort von F. Paul

Der *Niels Lyhne* ist für das Fin de siècle ein paradigmatisches Buch. Die jungen Intellektuellen und Künstler der Jahrhundertwende fanden ihre Stimmungen und Gefühle, ihre Art, die Welt zu sehen, in dem Roman des dänischen Schriftstellers ausgedrückt. Sein Einfluß ist überall in der deutschen Literatur zu spüren: in den frühen Novellen Thomas Manns, bei Hugo von Hofmannsthal, vor allem aber im *Malte Laurids Brigge* Rainer Maria Rilkes.
Herbst ist die Stimmung der tragischen Liebesgeschichte zwischen Niels und Gerda. Wie ein Schleier liegt Melancholie über den Menschen und der nörd-

lichen Landschaft. Der Tenor des Buches ist die Unmöglichkeit zeitlichen Glücks.
»Es ist nun Herbst; es blühen keine Blumen mehr auf den Gräbern oben im Kirchhof, und das Land liegt braun und faulend in der Nässe unter den Bäumen im Garten von Lönborggaard.« Jens Peter Jacobsen beschwört hier die Stimmung, die Ausgangspunkt für den Jugendstil in der Malerei werden sollte. Für einen Maler wie Heinrich Vogeler bot der 1880 erschienene Roman die kongeniale Vorlage für seine Illustrationen.

it 45
Heinrich Zimmer
Yoga und Buddhismus. Indische Sphären
Mit dreizehn Tafeln

Die Aufsätze dieses Bandes erschienen zwischen 1925 und 1932 zuerst in der Zeitschrift »Corona«. Heinrich Zimmer (1890–1943) entwirft in ihnen eine erste weitgespannte Konzeption von Yoga und Buddhismus als einer Auseinandersetzung der vorarisch-mutterrechtlichen Religion mit der vaterrechtlichen Gesetzesreligion der arischen Eroberer.
Die Frage nach dem Sinn des Lebens hat im indischen Denken stets einen großen Raum eingenommen. Diese Vorstellungen finden ihren Ausdruck in der Geschichte des Yoga, dem das umfangreichste Kapitel des Buches gewidmet ist.
Durch die Vertrautheit Heinrich Zimmers mit den religiösen Erfahrungen und Vorstellungen abendländischer Religionsstifter, Philosophen und Mystiker, die er teils in Parallele, teils in Gegensatz zu den religiösen Ausprägungen des indischen Geistes stellt, wird sein Werk besonders lebendig und eindringlich.

it 46
Das Weihnachtsbuch
Mit alten und neuen Geschichten,
Gedichten und Liedern
Mit vielen Illustrationen
Ausgewählt von Elisabeth Borchers

Dies ist ein Buch zum uralten Fest, das geliebt und gefeiert, verschmäht und angefeindet wird, das Empfindungen von Sanftmut, Freude, Erinnerung oder »zeitgemäße Ungeduld« aufkommen läßt. Ein legendäres Fest, das ein alter Brauch ist und von Bräuchen mißbraucht wird. Das Weihnachtsbuch enthält alte und neue Geschichten, Gedichte, Balladen, Legenden, Briefe, Reden, Betrachtungen, Lieder, Zitate aus Jahrhunderten und Sprachen von: Auden, Artmann, Barlach, Becher, Benjamin, Brecht, Böll, Eich, Eliot, Goethe, Gorki, Grass, Hebbel, Heine, Hesse, Hölderlin, Horváth, Huchel, Jahnn, Kaschnitz, Luxemburg, Luther, Majakowski, Reverdy, Rilke, Ringelnatz, Sartre, Thoor, Trakl, Tucholsky, Martin Walser, Robert Walser, Oscar Wilde u. a.

it 47
Clemens Brentano
Gockel, Hinkel und Gackeleia
Nach der Frankfurter Erstausgabe von 1838
Mit den Initialen und Lithographien von Caspar Braun
nach Entwürfen Clemens Brentanos

Clemens Brentano (1778–1842) ist nach H. W. Eppelsheimer »als Sammler von Schätzen der Volkskunst würdig neben Herder und Grimm, als Darsteller am Entwicklungsbeginn unserer modernen Prosa«. In seinem Märchen »Gockel, Hinkel und Gackeleia«, das besonders in seiner ersten Fassung ein Musterbeispiel einer heiteren romantischen Erzählung ist, treibt er ein ironisches Vexierspiel mit Tieren und Menschen. Illustration und Text sind genau aufeinander bezogen.

»Beide Clemens, der wilde junge und der fromme alte, behalten nach wie vor ihre Gesichter, die bei aller fast grotesken Verschiedenheit doch den wichtigsten Zug gemeinsam haben: der geniale Komödiant Clemens und der enttäuschte, starre Büßer, beide blicken in die Welt mit tiefer gespenstischer Fremdheit, beide sind nicht in ihr zu Hause. Der eine verhöhnt sie, der andere flieht sie – beide aber leiden, beide leben in einer anderen Realität als der unseren und sind bei uns ohne Heimat.« *Hermann Hesse*